Series 21

soccer

축구에 관한 모든것

21 유럽축구선수권대회

박웅찬 저

축구에 관한 모든 것

21 유럽 축구선수권대회

축구에 관한 모든 것 시리즈
21 유럽축구선수권대회

초판 1쇄 발행 _ 2018년 05월 30일
지은이 _ 박웅찬
펴낸이 _ 김명석
편집인 _ 김소율
표 지 _ 진강욱
마케팅 _ 김미영
제작인쇄 _ 정문사
펴낸곳 _ 도서출판 엘티에스 출판부 "사람들"
등 록 _ 제2011-78호
주 소 _ 서울시 관악구 신림동 103-117번지 5F
전 화 _ 02-587-8607
팩 스 _ 02-876-8607
블로그 _ http : //blog.daum.net/ltslaw
이메일 _ ltslaw@hanmail.net
이미지 저작권 : Getty Images / 게티이미지코리아, adidas

* 이 책의 판권은 지은이와
  도서출판 엘티에스 출판부 "사람들"에 있습니다.
  양측의 서면 동의 없는 무단전재 및 복제를 금합니다.
* 저자와의 협의 하에 인지는 생략합니다.
* 축구에 남다른 열정을 가진 분이라면 누구나
  이 시리즈의 저자가 될 수 있습니다.

ⓒ 2018
저자 이메일 ungk05@naver.com
ISBN 979-11-6081-004-2 14690
정가 16,000원

차 례

[서문] 유럽축구선수권대회와 대한민국

제1장 1960 유럽 네이션스컵 (유로 1960) 15
- 유럽축구선수권대회의 탄생 ······17
- '파시스트들은 겁쟁이' ······21
- 소련, 초대 유로 챔피언에 오르다 ······24

제2장 1964 유럽 네이션스컵 (유로 1964) 29
- 축구 종주국의 참담한 유로 데뷔전 ······29
- 레프 야신 vs 산드로 마졸라 ······33
- 야신의 천적, 쿠르트 함린 ······35
- 공산주의를 받아들인 파시스트 ······37
- 소련 선수들에게 마약을 먹이고 싶어 했던 프랑코 장군의 측근들 ······38

제3장 1968 유럽축구선수권대회 (유로 1968) 43
- '새로운 세계 챔피언이 탄생했다' ······44
- 팔에 못을 박은 게르트 뮐러 ······46
- 비쇼베츠를 기억하시나요? ······48
- 동전 던지기로 결승 진출팀을 가리다 ······50
- 영국 최초이자 유로 최초의 레드카드 ······51
- 도둑맞은 페널티킥과 두 번째 결승전 ······53

제4장 1972 유럽축구선수권대회 (유로 1972) 59
- 핀 라우드럽이 누구지? ······59
- 웸블리 불패 신화가 무너지다 ······61
- '붉은 악마'의 탄생 ······65

'폭격기' 뮐러, '붉은 악마'를 짓밟다 ··67
서독, 유럽 챔피언에 등극하다 ··68

제5장 1976 유럽축구선수권대회 (유로 1976)　　　　　　　　　　75

디나모 키예프여, 소련을 구하소서 ··76
낮은 땅 더비 ···78
가공할 언더독, 오렌지마저 집어 삼키다 ··81
A매치 첫 경기에서 나온 유로 최초이자 최연소 해트트릭 ···············82
유로 최초의 승부차기 그리고 파넨카 ··84

제6장 1980 유럽축구선수권대회 (유로 1980)　　　　　　　　　　91

네덜란드 대표팀에 중국계 선수가? ···92
정규 시간에 나온 유로 최초의 해트트릭 ···94
최루탄에 정신 줄 놓고 드러누운 선수들 ···97
1실점, 무패의 기록으로 탈락하다 ··99
서독의 두 번째 유럽 제패 ···101

제7장 1984 유럽축구선수권대회 (유로 1984)　　　　　　　　　 107

12-1, 스페인의 기적은 이루어진 것일까? 구매한 것일까? ··············107
프랑스의 박치기, 그 전통의 시작 ··112
닭들의 피치 난입 사건과 경기장에서 숨을 거둔 팀 닥터 ··············115
유럽 최고의 스트라이커를 미드필더로 기용하다 ···························117
종료 1분을 남기고 추락한 챔피언 ···118
극장골로 털어낸 개최국 4강 징크스 ···120
프랑스를 정상으로 이끈 스페인 골키퍼의 알까기 ·························122

제8장 1988 유럽축구선수권대회 (유로 1988)　　　　　　　　　 127

연막탄과 함께 사라진 8-0 승리 ···127
실수를 주고받으며 끝난 거인들의 대결 ···130
페테르 슈마이켈의 암울한 유로 데뷔전 ··132
리누스 미첼 vs 발레리 로바놉스키 ··134
쉴튼의 잔칫상을 엎어 버린 반 바스텐의 해트트릭 ························137

엉뚱한 곳으로 날아갔던 심판들, 어디까지 갔다 왔니? ·················140
Go West ·················143
네덜란드를 유럽 정상으로 이끈 유로 최고의 골 ·················145

제9장 1992 유럽축구선수권대회 (유로 1992) 151

농부와 목수가 월드컵 출전팀을 꺾다 ·················152
UN 안보리 결의안 제757호, 유로의 역사를 바꾸다 ·················155
그들은 바다에 가지 않았다 ·················157
프랑스의 박치기는 계속 된다 ·················159
가장 위협적인 스트라이커를 교체한 놀라운 용병술 ·················161
오렌지 삼총사와 달타냥 베르캄프 ·················163
교체 투입되었다가 교체되어 나오다 ·················166
우린 '유니폼 따위는 바꿔 입지 않아 ·················168
패배를 부른 오렌지의 오만 ·················171
입장권 없이 들어온 덴마크의 동화 같은 우승 ·················173

제10장 1996 유럽축구선수권대회 (유로 1996) 179

아주리의 천적이 등장하다 ·················180
Football's Coming Home ·················183
히딩크 감독에게 대들다 집으로 돌아간 다비즈 ·················187
스토이치코프 vs 하지 그 승자는? ·················189
결승골이 된 맨땅의 헤딩슛 ·················192
유로 역사상 최악의 죽음의 조 ·················193
죽음의 조의 3막, 승자승이냐? 골 득실이냐? ·················196
체코와 이탈리아의 운명을 바꾼 5분간의 롤러코스터 ·················200
크로아티아의 오만에 챔피언이 탈락하다 ·················202
블록버스터? 미안해 작가주의 영화였어 ·················205
'지단? 수준 이하네, 기량도 의심스러워' ·················208
사우스게이트 가출 사건 ·················209
신데렐라 비어호프의 유로 첫 골든골 ·················213

제11장 2000 유럽축구선수권대회 (유로 2000) 221

- 유럽의 2위 전문팀? ···222
- 도시를 초토화시킨 잉글랜드 훌리건 ··225
- 처음으로 꼴찌를 한 유로 최다 우승국 ··228
- 월드 클래스 다이버, 인자기 ··230
- 인저리 타임의 기적, 알폰소의 라스트 미니트 골 ····························234
- 거인들의 조? 두 경기만에 끝! ··238
- 6-1, 유로 본선 최다 득점 승리 기록을 새로 쓰다 ···························240
- 10명의 선수만으로도 수비의 미학을 보여준 이탈리아 ···················242
- 프랑스, 골든골로 두 번째 정상에 오르다 ·······································245

제12장 2004 유럽축구선수권대회 (유로 2004) 251

- 스파이와 폭탄 테러, 전쟁 이야기? 축구 이야기! ····························251
- 68초, 유로 역사상 가장 빠른 골이 나오다 ······································254
- 90분을 지다가 3분 만에 이기다 ··257
- 태권 동자 이브라히모비치 ···260
- 음모론 크리에이터 이탈리아의 '바이킹 음모론' ·····························262
- 죽음의 Death조 ···265
- 아드보카트의 패착이 낳은 유로 2004 최고의 명승부 ······················267
- 슈팅 라이크 베컴? NO! ··270
- 승부차기 약체가 승부차기 강호를 승부차기로 이기다 ···················272
- 유로 최초의 실버 골 ··274
- 우승 확률 1/100 ···276

제13장 2008 유럽축구선수권대회 (유로 2008) 281

- "텔레파시로 경기를 지휘하겠다." ···282
- 조별리그에서 승부차기를? ··286
- 사상 초유의 사태 발생, 양 팀 감독의 동시 퇴장 ····························289
- "친구 반 바스텐을 믿는다." ···292
- 두 경기만에 탈락한 디펜딩 챔피언 ···297
- 경기 종료 7초전에 기사회생하다 ··299

'히딩크가 러시아 혁명을 지휘했다' 300
88년 만에 아주리의 벽을 넘다 302
히딩크 감독의 4강 징크스? 304
무적함대의 44년 만의 정상 복귀 306

제14장 2012 유럽축구선수권대회 (유로 2012)   311

폭발적인 에스토니아, 폭발물의 세르비아 312
'모두가 모두를 꺾을 수 있는 조' 315
여기는 러시아? 몰지각한 러시아 316
행운의 여신이 외면한 조 320
2연승도 탈락? 2연패도 8강? 323
제로톱 vs 스리백 325
평화의 전도사 이탈리아 328
'셰브첸코, 넌 오늘 두 골을 넣을 거야 331
구제금융 매치 335
승부차기 못하는 나라들의 승부차기 대결 337
독일은 이탈리아를 못 이긴다 339
스페인의 메이저 대회 3연패 달성 342

제15장 2016 유럽축구선수권대회 (유로 2016)   347

땅에는 하켄크로이츠, 하늘에는 드론 348
유로 최초의 형제의 대결 354
그레이트 브리튼 대격돌 355
냄새 중독자 뢰브 359
팬이야? 테러리스트야?? 362
황금 세대? 도금도 안됐네 365
24개국 덕에 살아난 포르투갈 367
오른쪽으로 뭉쳤다 370
'축구 선수보다 화산이 많은 나라에 졌다' 373
승부차기 못한 독일이 처음으로 이탈리아의 벽을 넘다 375
58년 만에 개최국 킬러를 꺾다 378
포르투갈의 사상 첫 유로 정상 등극 381

필자 서문

유럽축구선수권대회와 대한민국

유럽축구선수권대회는 뜻밖에도 우리나라와 많은 인연의 끈으로 얽혀 있다. 대한민국 축구 대표팀의 감독을 역임한 바 있던 7명의 외국인 감독 중 5명이 유로 무대에서 활약했던 이력이 있기 때문이다.

이들의 활약상도 인상적이다. 2002 한일 월드컵 4강 신화에 빛나는 거스 히딩크 감독은 유로 96에서는 네덜란드를, 유로 2008에서는 러시아를 유럽축구선수권대회 본선에 진출시키면서 각기 다른 2팀을 유로 본선에 이끈 최초의 감독이자 그 2팀을 모두 4강 토너먼트로 끌어올린 유로 역사상 유일한 감독으로 남아 있다. 2006 독일 월드컵에서 우리나라를 이끌었던 딕 아드보카트 감독 역시 유로 2004에서는 네덜란드를, 유로 2012에서는 러시아를 본선 무대에 올리며 각기 다른 2팀을 유로 본선으로 이끈 감독 중 한 명이 되었고, 지난 2003년에 부임했던 움베르투 쿠엘류 감독은 유로 2000에서 포르투갈을 16년 만에 유로 4강으로 견인했다. 대한민국 축구 대표팀 최초의 외국인 감독이었던 아나톨리 비쇼베츠 감독은 유로 68에서는 선수로, 유로 92에는 감독으로 나서서 고국 소련을 유로 본선으로 이끌었고, 울리 슈틸리케 전 감독도 유로 80에서 전 경기 풀타임으로 활약하며 그의 유일한 메이저 대회 우승컵인 앙리 들로네컵을 들어 올렸다. 이렇듯 지리적인 거리와 달리 유럽축구선수권대회는 의외로 우리와 가까이 있었다.

세상에서 가장 치열한 축구 대회로 평가 받는 유럽축구선수권대회의 시작은 초라했다. 1927년에 처음 제안된 대회의 구상은 어둠의 시대를 거친 후 1957년에 이르러서야 그 씨앗을 심을 수 있었지만 유로가 첫 걸음을 떼던 당시만 해도 과연 그 싹이 온전히 돋아날 수 있을지 의문이었다. 하지만 들로네 부자가 혼신을 다해 심은 씨앗은 자칫 사그라질지도 모를 시련을 이겨낸 후 움을 틔웠고, 오늘날에는 전 세계의 시선을 사로잡는 화려한 꽃을 피우는 아름드리나무로 우뚝 섰다.

유로의 꽃에 매혹되기는 우리나라도 마찬가지다. 유럽 이외 대륙의 대다수 국가가 그랬듯 우리나라 역시 한동안은 먼발치서 유럽축구선수권대회를 지켜만 봤다. 하지만 유로 92가 치러지던 1992년, 국내 언론에서 사상 첫 현지 특파원을 파견하는 한편 - 비록 대회 폐막 후 몇 달이 지나서였지만 - 대회 주요 경기가 지상파 방송을 통해 방영되자, 국내 축구팬들은 월드컵 못지않은 또 하나의 축구 축제가 있음을 인식하게 됐다.

이후 미디어의 발달과 더불어 유럽축구선수권대회는 축구팬들의 뇌리 속에 더욱 깊숙하게 각인됐다. 본선 참가국 수가 16개국으로 늘어나며 월드컵 못지않은 이벤트로 성장한 유로 96의 거의 모든 경기가 라이브로 중계된 데 이어 유로 2000에서는 지상파 3사 중 2곳이, 유로 2004에 이르러서는 지상파 3사가 모두 나서서 전 경기를 중계하며 유라시아 대륙 서쪽의 열정과 환희를 동쪽 끝까지 전했다.

이처럼 유럽축구선수권대회는 더 이상 남의 나라의 얘기가 아닌 국내 축구팬들의 관심사가 된지 오래지만 뜻밖에도 관련 서적 하나 찾아볼 수 없는 것 또한 현실이다. 이에 과거 각종 축구 대회의 DB를 제작하는 과정에서 얻은 노하우와 그간 모아온 수십 권의 관련 서적 및 수백 편에 달하는 경기 영상 등을 바탕으로 우리나라에서는 처음으로 유럽축구선수권대회의 과거 발자취를 되짚어 보는 일을 진행, 그 연대기를 작성하게 됐다.

지면 관계로 이 책을 쓰면서 참고한 여러 자료들의 출처를 일일이 다 언급할 수는 없으나 'The European Football Championships, 1958-96'와 각 대회별 공식 프로그램, UEFA에서 발매한 다수의 유로 관련 공식 DVD 및 www.uefa.com 등이 주요 참고 문헌임을 밝혀 둔다. 이 책에 사용된 외국 인명이나 지명은 '국립국어연구원 외래어표기법'을 따라 표기했으나 이미 굳어진 인명 등에 한해서는 관용에 따랐고, 내용의 이해를 돕기 위해 본문 내에 작은 글씨로 주석을 달았다.

EURO 1960
FRANCE

UEFA European Football Championship

EURO 1960 Qualifying

Preliminary round

Ireland	2 : 0	Czechoslovakia
Czechoslovakia	4 : 0	Ireland

First round

Soviet Union	3 : 1	Hungary		France	7 : 1	Greece
Hungary	0 : 1	Soviet Union		Greece	1 : 1	France
Poland	2 : 4	Spain		Norway	0 : 1	Austria
Spain	3 : 0	Poland		Austria	5 : 2	Norway
Romania	3 : 0	Turkey		East Germany	0 : 2	Portugal
Turkey	2 : 0	Romania		Portugal	3 : 2	East Germany
Denmark	2 : 2	Czechoslovakia		Yugoslavia	2 : 0	Bulgaria
Czechoslovakia	5 : 1	Denmark		Bulgaria	1 : 1	Yugoslavia

Second round

Soviet Union	w/o	Spain		France	5 : 2	Austria
Spain	o/w	Soviet Union		Austria	2 : 4	France
Romania	0 : 2	Czechoslovakia		Portugal	2 : 1	Yugoslavia
Czechoslovakia	3 : 0	Romania		Yugoslavia	5 : 1	Portugal

제1장 유로 1960 (1960 유럽 네이션스컵)

전 유럽을 대상으로 하는 축구 국가 대항전인 유럽축구선수권 대회에 대한 최초의 구상은 1927년, 프랑스 축구 협회의 사무총장인 앙리 들로네Henri Delaunay와 오스트리아 축구 협회의 사무관이자 대표팀 감독으로 있던 후고 마이즐Hugo Meisl에 의해 처음으로 제안되었다.

물론 그 당시에도 유럽 곳곳에서는 지역 규모의 축구 국가 대항전이 꾸준히 펼쳐지고 있었다. 잉글랜드와 스코틀랜드의 정기전에 웨일즈와 아일랜드(현재는 북아일랜드)가 가세해 탄생한 세계 최초의 국제 축구대회인 브리티시 홈 챔피언십British Home Championship이 1883년부터 이어져 내려오고 있었고, 1924년에는 덴마크, 스웨덴, 노르웨이, 핀란드가 벌이는 노르딕컵The Nordic Cup이 창설됐다. 1927년에는 마이즐이 조직한 중부유럽선수권대회 Central European International Cup에 오스트리아, 이탈리아, 체코슬로바키아, 헝가리, 스위스 등이 참가해 각축을 벌였고, 1928년에는 발트해 국가들이 그들만의 축구 대회인 발틱컵Baltic Cup를 열었다.

이처럼 유럽 국가들 사이에서는 이미 활발한 축구 교류가 이루어지고 있었지만, 이들 대회 모두 지역적인 범위를 넘어서지 못한다는 한계를 두고 있었다.

이 같은 분위기에 과거 유럽의 식민지였던 남미에서 세계 최초로 대륙별 국가 대항 축구 대회가 열리고 있다는 소식은 유럽을 자극하기에 충분했다. 1905년 스코틀랜드의 홍차왕 토마스 립튼Thomas Lipton이 주최한 립튼컵Lipton Cup의 트로피를 놓고 펼쳐진 아르헨티나와 우루과이의 대항전은 5년간 계속되다 1910년에 칠레가 합류하며 발전된 형태를 띠었다. 1916년에는 아르헨티나의 독립 200주년을 기념하며 아르헨티나가 우루과이, 칠레, 브라질 등 4개국을 초청해 대회를 가졌는데 그것이 훗날 코파아메리카가 되는 남미선수권대회South America Championship[1]의 시작이었다. 이에 당시 FIFA 사무총장으로 재직하고 있던 H.들로네는 1926년에 FIFA 회장인 줄 리메Jules Rimet를 도와 월드컵을 공식 출범시켰던 경험을 바탕으로, 마이즐과 함께 전 유럽이 참여하는 축구 국가 대항전인 유럽 네이션스컵The European Nation's Cup의 창설을 공식 제안했지만, 이 제안은 유럽 축구계의 복잡한 이해관계에 휘말리며 실현되지 못했다.

먼저 당시 세계 최강팀이자 축구 종주국인 잉글랜드를 중심으로 한 영국의 축구협회들이 시큰둥한 반응을 보였다. 자신들이 최강팀인데 굳이 다른 대회에 나갈 필요가 없다는 것이 이유였는데, 여기에는 FIFA 출범 이후 축구계에서 영향력이 사라져 가고 있는 와중에 또 다른 화근이 될지도 모를 싹을 키우는데 참여할

---

[1] 1916년 대회는 비공식 대회로 간주되었고, 트로피가 수여된 공식 대회는 1917년에 개최됐다.

필요가 없다는 속내도 있었다. 그렇다고 FIFA가 H.들로네의 의견에 적극적으로 동조한 것도 아니었다. 영국과 사사건건 대립각을 세우고 있던 FIFA였지만, FIFA는 또 그들 나름대로 유럽의 국가 대항전에 두려움을 갖고 있었다. 유럽 국가들만을 대상으로 한 축구 대회가 생길 경우 FIFA가 야심차게 추진하고 있는 월드컵의 지위가 위협을 받을 수도 있었기 때문이었다. 하지만 가장 결정적인 문제는 대회를 이끌고 운영할 구심점이 없었다는 것이었고, 이에 유럽의 국가대항전에 대한 구상은 결실을 내지 못한 채 전 유럽을 뒤흔든 2차 세계대전의 포화 속에 잠시 잊혀졌다.

유럽축구선수권대회의 탄생

유럽 네이션스컵에 대한 논의가 본격적으로 재개된 것은 1954년 6월 15일 스위스 바젤에서 25개의 가맹국을 기초로 유럽축구연맹UEFA이 창설된 후부터다. UEFA 초대 사무총장에 오른 H.들로네는 UEFA 회원국들이 자국 리그 운영과 월드컵 준비에 차질이 있을 것을 우려하자 많은 수의 경기를 치르지 않고 월드컵의 방해도 받지 않을 것이라며 설득하는 한편 관련 위원회를 조직해 차분히 준비에 나섰다. 그러나 H.들로네의 노력에도 불구하고 유럽 네이션스컵은 여전히 논의 단계에 그쳤을 뿐 그 싹을 틔우기 위해서는 공감대가 필요했다. 그러던 중 그의 노력은 의외의 출발로부터 시작된 한 대회를 통해서 힘을 얻게 됐다.

1954년 당시 세계 최강팀으로는 '황금의 팀'으로 일컬어지는 헝가리가 꼽혔다. 1954 스위스 월드컵의 우승컵은 서독에게 내줬으나, 헝가리 대표팀이 세계 최강이라는 인식에는 별다른 이견이 없었다. 페렌츠 푸스카스Ferenc Puskas, 산도르 코츠시스Sandor Kocsis 등 헝가리 대표팀의 주축 선수들이 몸담고 있던 부다페스트 혼베드Budapest Honvéd 역시 자타 공히 유럽 최고의 클럽으로 인정받고 있었다. 그러던 1954년 12월 13일, 잉글랜드 챔피언 울버햄튼 원더러스Wolverhampton Wanderers가 홈구장인 몰리뉴 스타디움을 방문한 부다페스트 혼베드에 3-2로 승리하자, 영국의 신문들은 울버햄튼이 세계 챔피언이라고 선언했는데 이것이 유럽 축구계의 논쟁거리가 됐다. 영국의 이 같은 주장을 인정할 수 없었던 프랑스의 스포츠 저널리스트이자 레퀴프L'Equipe의 편집자인 가브리엘 아노Gabriel Hanot는 그런 주장을 입증할 만한 제대로 된 대회를 열라고 요구하는 한편 유럽 각국 리그의 챔피언들이 자웅을 겨루는 클럽 대항전의 창설을 제안했다. 이후 활발한 논의 끝에 그의 제안이 받아들여졌고, 그 결과 이듬해인 1955년에 유로피언컵European Champion Clubs' Cup[2]이 막을 올리게 됐다.

그러자 클럽 대항전과는 별도로 유럽 국가들만의 국가 대항전을 만들자는 의견이 다시금 고개를 들기 시작했고, 분위기가 무르익자 H.들로네는 오랜 숙원인 유럽 네이션스컵의 창설을 공식적으로 제안하려 했다. 하지만 1955년 11월 9일, H.들로네는 그의 아이디어가 싹을 틔우는 것을 끝내 보지 못한 채 생을 마감했고 유럽의 국가 대항전 창설의 꿈도 그와 함께 멈춰 섰다. 그렇지만 유럽 네이션스컵에 대한 잉걸은 사그라지지 않았다. H.들로네의 아들 피에르 들로네Piere Delaunay가 아버지의 뒤를 이어 UEFA 사무총장에 취임하면서 그의 뜻을 이어 나갔고 1957년 6

---

[2] UEFA 챔피언스리그의 전신으로 정식 명칭은 유로피언 챔피언 클럽스컵이나 흔히 유로피언컵 또는 챔피언스컵으로 부른다.

▲ 유로 1960부터 유로 2004까지 사용된 첫 번째 앙리 들로네컵. 유로 2008 부터는 대리석 주춧돌을 없애고 은으로만 제작한, 18cm가 더 크고 2kg이 더 무거워진 새로운 앙리 들로네컵이 우승팀에게 수여됐다.

월 28일에 열린 UEFA 총회에서 유럽 네이션스컵의 창설을 확정 짓기에 이르렀다. 유럽 네이션스컵의 대회 조직 위원장을 맡은 P.들로네는 무게 720g, 높이 52cm의 스털링 은(Sterling Silver[3])으로 만든 대회 우승컵을 자비로 부담하여 제작했는데, 이에 UEFA에서는 유럽축구선수권대회의 산파 역할을 한 H.들로네의 노고를 기리는 뜻에서 대회 우승컵을 '앙리 들로네컵'이라 명명했다.

UEFA는 P.들로네의 진두지휘 아래 유럽 네이션스컵의 성공적인 개최를 위해 부단히 노력을 했지만 초기에는 대회 개최를 낙관할 수 없었다. 잉글랜드, 스코틀랜드, 웨일즈, 북아일랜드 등 영국의 4개 축구 협회가 불참 의사를 밝힌 것은 물론 서독, 이탈리아, 스웨덴 등 유럽의 주요 축구 강국들 역시 대회 개최의 불확실성 등을 이유로 참가 거부 의사를 밝혔기 때문이다.

1958년 스웨덴 월드컵에 유럽을 대표해 참가할 예정인 12개국 중 절반인 6개국(잉글랜드, 스코틀랜드, 웨일즈, 북아일랜드, 서독, 스웨덴)이 불참 의사를 밝혀 오자, 당초 대회 참가에 긍정적인 의견을 제시했던 국가들 또한 이에 동요하며 대회 참가 의사를 철회하기 시작했다. 이렇게 되자 UEFA가 당초 예상했던 16개국의 출전도 장담할 수 없게 되면서 대회 개최 가능성 또한 불투명한 상황에 놓였다. 결국 UEFA는 참가 신청 기한을 연장함과 동시에 UEFA 가맹국들과 개별적인 비밀 협상을 벌여 가며 설득에 나섰고, 가까스로 33개국의 회원국 중 17개국으로부터 대회 참가 의사를 얻어낼 수 있었다.

---

3) 순도 92.5%의 법정 순은

대회는 홈&어웨이 토너먼트 방식으로 승부를 가려 승자가 다음 라운드에 진출하는 방식으로 4강을 가린 후 준결승 진출국 중 한 곳에서 결승 토너먼트[4]를 치르기로 했다. 하지만 이 토너먼트 방식이 문제가 됐다. 원활한 토너먼트를 위해서는 16개국이 되어야 했지만, 유럽 네이션스컵의 참가를 신청한 나라는 17개국으로 1개국이 더 많았던 것이다. 결국 16강 토너먼트의 자릿수를 맞추기 위해서는 희생양이 필요했고, 추첨에 의해 선택된 체코슬로바키아와 아일랜드가 첫 유럽 네이션스컵 16강 토너먼트 진출을 위한 별도의 예선 경기를 치르게 됐다.

예선 라운드

'파시스트들은 겁쟁이'

유럽 네이션스컵의 역사적인 첫 경기는 1958년 9월 28일 모스크바에서 펼쳐졌다. 100,572명의 관중이 지켜보는 가운데 시작된 소련과 헝가리의 1라운드 1차전은 경기 시작 4분 만에 터진 아나톨리 아이린Anatoli Ilyin의 대회 첫 골을 시작으로 전반에만 3골을 넣은 홈 팀 소련의 3-1 승리로 끝이 났다. 소련은 1년 뒤인 1959년 9월 27일 부다페스트에서 벌어진 2차전에서도 1-0으로 이기면서 4-1의 성적으로 다음 라운드에 올라, 폴란드를 합계 7-2로 물리친 스페인과 2라운드에서 맞붙게 됐다.

---

[4] 제1회 유럽 네이션스컵의 개최국으로는 유럽축구선수권대회의 산파국이자 서유럽 국가 중에서 동유럽 국가들과 가장 우호적인 관계에 있던 프랑스가 본선 토너먼트 개최지로 확정 되었다. 하지만 프랑스가 본선 토너먼트 진출에 실패할 경우에는 본선에 오른 국가들 중에서 새로 개최국을 뽑기로 했다.

경기 진행 순서를 놓고 본다면 가장 먼저 치러졌어야 할 아일랜드와 체코슬로바키아의 유럽 네이션스컵 예선 플레이오프 1차전은 1959년 4월 5일에야 치러졌다. 더블린에서 열린 1차전에서는 아일랜드가 2-0으로 이기면서 예선 라운드 진출을 내심 기대했지만, 5주 후 브라티슬라바에서 열린 경기에서는 체코슬로바키아가 4-0의 대승을 거두며 역전에 성공, 합계 4-2로 첫 유럽 네이션스컵 예선 참가 티켓을 거머쥐었다. 체코슬로바키아는 이후 예선 1라운드에서 만난 덴마크를 합계 7-3으로 누르고 8강 토너먼트에 진출했고 이 밖에 루마니아, 프랑스, 오스트리아, 포르투갈, 유고슬라비아 등이 예선 2라운드에 합류했다.

8강 토너먼트에 해당되는 2라운드에서 가장 주목을 받는 경기였던 소련과 스페인의 대결은 뜻하지 않은 결말과 함께 막을 내리며 두고두고 사람들의 입에 오르내리게 됐다. 소련과 스페인의 첫 경기는 1960년 5월, 소련의 홈인 모스크바에서 치러질 예정이었다. 하지만 철저한 반공주의자였던 스페인의 독재자 프랑코 장군은 스페인 내전 당시 소련이 공화국군을 지원하기 위해 참전했던 사실을 빌미로 스페인 대표팀의 소련 원정을 허용치 않았다.

소련은 이에 '파시스트들은 겁쟁이'라며 스페인을 조롱했는데, 어찌됐든 그 덕에 부전승의 행운을 누리면서 단 2경기만 치르고도 유럽 네이션스컵 본선에 진출해 프랑스, 체코슬로바키아, 유고슬라비아와 자웅을 겨룰 수 있게 됐다. 이후 UEFA는 스페인에 벌금을 부과하는 한편 이를 납부하지 않을 경우 향후 모든 국제 대회에서 추방할 것이라고 경고했다.

유로 60 프랑스

유로 60 본선 진출팀 중 가장 관심을 모은 팀은 역시 개최국 프랑스였다. 1958 스웨덴 월드컵에서 6경기 동안 23골이라는 가공할 득점력을 뽐내며 3위에 올랐던 프랑스는 예선 1, 2라운드를 거치는 동안 막강한 파괴력이 여전함을 보여주며 토너먼트에 올라온 데다, 안방에서 경기를 치르는 터였기에 네이션스컵의 유력한 우승 후보로 꼽혔다. 하지만 유고슬라비아와의 대결을 앞둔 프랑스의 상황은 그리 좋지 못했다. 1958년 발롱도르Ballon d'or[5] 수상자인 레이몽 코파Raymond Kopa와 스웨덴 월드컵 득점왕 쥐스트 퐁텐Just Fontaine 그리고 2차례나 프랑스 리그 득점왕에 오른 로제 피앙토니Roger Piantoni 등 팀의 주축 선수들이 모두 부상을 입었던 터라 핵심 전력이 대거 이탈한 상태에서 준결승전을 치러야 했기 때문이다. 그리고 우려 대로였다.

1960년 7월 6일, 파리의 파르크 데 프랭스에서 유럽 네이션스컵 본선의 첫 경기를 알리는 휘슬이 울리자 프랑스는 심각한 전력 누수에도 아랑곳하지 않는다는 듯이 이전처럼 거침없이 공격을 전개해 나갔고 이내 유고슬라비아를 압도했다. 전반 11분에 선제골을 허용했지만 불과 1분 만에 동점을 만드는 등 전반을 2-1로 앞선 채로 마쳤고, 이후에도 계속해서 경기를 주도한 덕에 후반 중반에는 4-2로 앞서고 있었다. 이때까지만 해도 승리의 기운은 프랑스로 향해 있는 듯 했다. 하지만 경기 종료 15분여를 남기고 시작된 유고슬라비아의 대반격에 승부의 향방은 완벽히 뒤바뀌었다. 후반 30분 한 골을 더 따라 붙은 유고슬라비아

---

5) 프랑스의 축구 전문지 '프랑스 풋볼'에서 수여하는 유럽 올해의 선수상.

가 후반 33분과 34분에 연이어 터진 드라잔 예르코비치Dražan Jerković의 동점골과 역전골에 힘입어 5-4로 경기를 뒤집은 것이었다. 역전을 허용한 프랑스는 이후 재차 동점을 만들기 위해 안간힘을 썼으나 더 이상의 반전은 없었다. 이로써 75분 동안 끌려가던 유고슬라비아가 거짓말 같은 역전 드라마를 쓰며 결승 진출에 성공, 체코슬로바키아를 3-0으로 꺾은 소련과 사상 첫 유럽 네이션스컵 우승을 놓고 다투게 된 반면 허망하게 역전패를 허용한 프랑스는 3위 결정전에서도 0-2로 패하면서 첫 유로 본선에서 2패만을 기록한 채 4위에 머물러야 했다.

결승전

소련, 초대 유로 챔피언에 오르다

1960년 7월 10일, 파리의 파르크 데 프랑스는 몹시 한산했다. 사상 첫 유럽 네이션스컵 결승전이라는 무대가 준비되어 있었지만 개최국 프랑스의 탈락에 더해 폐쇄적인 동유럽 국가 간의 대결이었기에 의외로 주목을 받지 못했고, 결국 4만 명 넘게 수용할 수 있는 파르크 데 프랑스를 찾은 관중은 고작 17,966명에 불과했다.

4년 전인 1956년 멜버른 올림픽 축구 결승전에서도 맞붙은 바 있는 철의 장막 너머 두 거인의 대결은 경기 초반 복수를 꿈꾸는 유고슬라비아의 우세로 진행됐다. 프랑스와의 준결승에서 대역전극을 펼친 유고슬라비아는 그 기세를 몰아 소련의 골문을 위협했다. 소련은 수문장 레프 야신Lev Yashin이 고군분투하며 선방을 펼쳤지만, 전반 43분 유고슬라비아의 밀란 갈리치Milan Galić에게 헤딩 선제골을 허용하며 0-1로 뒤진 채 전반전을 끝마쳤다. 그러나 소련이 유고슬라비아를 따라 잡는 데는 그리 오랜 시간이 걸리지 않았다. 후반 4분 발레틴 부부킨Valetin Bubukin의 강력한 중거리 슛은 유고슬라비아의 블라고예 비디니치Blagoje Vidinić 골키퍼의 선방에 막히며 무산되는 듯 했지만, 옆으로 흐른 공을 슬라바 메트레벨리Slava Metreveli가 재빨리 달려들어 골문 안으로 밀어 넣음에 따라 승부는 다시 원점이 되었다. 동점을 만든 소련은 이후 주도권을 갖고 유고슬라비아의 골문을 향해 압박해 들어갔지만 더 이상의 골은 기록하지 못했고, 초대 유럽 네이션스컵의 우승팀은 연장전을 통해 가려지게 됐다.

연장전은 소련의 우세 속에 진행됐다. 프랑스와의 준결승에서 격전을 치른 탓인지 유고슬라비아의 움직임은 시간이 지날수록 눈에 띄게 둔해졌고, 체력적인 우세함을 보인 소련은 쉴 새 없이 공격을 시도하며 골 기회를 만들어 냈다. 그러던 연장 후반 8분 유고슬라비아의 오른쪽으로 파고 든 미하일 메스히Mikheil Meskhi의 크로스에 이은 빅토르 포네델니크Viktor Ponedelnik의 헤딩슛은 기어이 골 그물을 가르며 소련의 우승을 확정 짓는 결승골로 연결됐고, 이로써 22개월에 걸쳐 진행된 유로의 첫 발자취는 소련이 앙리 들로네컵의 초대 주인공이 되면서 막을 내렸다.

냉전 초창기의 축구는 단순히 축구가 아니었다. 스포츠도 체제 경쟁의 일환이던 당시 소련에게 있어 유럽 네이션스컵 우승은 승리 그 이상의 의미가 있었다. 소련 축구의 유럽 정복은 서구 자본주의에 대한 사회주의의 우위를 증명하는 것으로 여겨졌고 이에 레닌 동상이 서 있는 모스크바의 루즈니키 스타디움에서는 10만여 인파가 모여 대대적인 환영 행사를 벌였다.

EURO 1964
SPAIN

UEFA European Football Championship

EURO 1964 Qualifying

Preliminary round

Spain	6 : 0	Romania		Hungary	3 : 1	Wales
Romania	3 : 1	Spain		Wales	1 : 1	Hungary
Poland	0 : 2	Northern Ireland		Denmark	6 : 1	Malta
Northern Ireland	2 : 0	Poland		Malta	1 : 3	Denmark
Ireland	4 : 2	Iceland		Netherlands	3 : 1	Swiss
Iceland	1 : 1	Ireland		Swiss	1 : 1	Netherlands
Bulgaria	3 : 1	Portugal		Norway	0 : 2	Sweden
Portugal	3 : 1	Bulgaria		Sweden	1 : 1	Norway
Bulgaria	1 : 0	Portugal				
England	1 : 1	France		Yugoslavia	3 : 2	Belgium
France	5 : 2	England		Belgium	0 : 1	Yugoslavia
East Germany	2 : 1	Czechoslovakia		Italy	6 : 0	Turkey
Czechoslovakia	1 : 1	East Germany		Turkey	0 : 1	Italy

First round

Spain	1 : 1	Northern Ireland		Denmark	4 : 0	Albania
Northern Ireland	0 : 1	Spain		Albania	1 : 0	Denmark
Austria	0 : 0	Ireland		Netherlands	1 : 1	Luxembourg
Ireland	3 : 2	Austria		Luxembourg	2 : 1	Netherlands
Bulgaria	1 : 0	France		Yugoslavia	0 : 0	Sweden
France	3 : 1	Bulgaria		Sweden	3 : 2	Yugoslavia
East Germany	1 : 2	Hungary		Soviet Union	2 : 0	Italy
Hungary	3 : 3	East Germany		Italy	1 : 1	Soviet Union

Second round

Spain	5 : 1	Ireland		Luxembourg	3 : 3	Denmark
Ireland	0 : 2	Spain		Denmark	2 : 2	Luxembourg
					Denmark	1 : 0	Luxembourg
France	1 : 3	Hungary		Sweden	1 : 1	Soviet Union
Hungary	2 : 1	France		Soviet Union	3 : 1	Sweden

제2장 유로 1964 (1964 유럽 네이션스컵)

1964 유럽 네이션스컵은 17개국만이 참가했던 - 사실상 반쪽짜리 대회인 - 1960 유럽 네이션스컵과 달리 UEFA 33개 가맹국 중 29개국이 참가 신청을 하면서 대회 명칭에 걸맞은 면모를 갖추게 된 대회였다. 하지만 서독과 스코틀랜드가 월드컵 준비를 이유로 불참을 선언했고, 핀란드와 키프로스 역시 또 다른 이유를 들어 대회에 불참하는 등 앙리 들로네가 구현하고자 했던 범 유럽이 참여하는 국가 대항전의 모습을 갖추기엔 다소 부족한 면이 있었다.

1라운드

축구 종주국의 참담한 유로 데뷔전

1라운드에서 가장 큰 주목을 받은 대결은 단연 잉글랜드와 프랑스의 대전이었다. 잉글랜드가 1962 칠레 월드컵 본선에 진출했던 것에 반해 프랑스는 예선 탈락했고, 전력상으로도 잉글랜드가 우위에 서 있다는 평이 우세했으나 경기를 앞둔 양 팀의 분위기는 전혀 딴판이었다. 프랑스는 레몽 코파Raymond Kopa가 과연 경기에 출전할 수 있느냐의 여부로 다소의 동요가 있었지만 새로이 프랑스 대표팀 사령탑으로 선임된 앙리 구에린Henri Guérin 감독이 일찌감치 팀을 정비하여 결전을 준비하고 있었다. 반면 잉글랜드는 혼란스러운 상황이었다. 1946년부터 대표팀을 이끌던 월터 윈터버텀Walter Winterbottom 감독이 이번 경기를 마지막으로 사임할 예정인데도 후임 감독이 여전히 미정이었던 데다, 당대 최고의 골게터인 지미 그리브스Jimmy Greaves가 심각한 무릎 부상으로 몇 주째 경기에 출전하지 못하고 있었기 때문이었다.

물론 그 같은 와중에도 잉글랜드의 2라운드 진출을 기정사실화하는 의견이 다수를 이뤘지만 이 같은 분위기는 1962년 10월 3일 셰필드의 힐스보로에서 첫 번째 대결이 시작되자 곧 소멸됐다. 경기에 출전하지 못할 것으로 우려됐던 잉글랜드의 에이스 그리브스가 경기에 출전했지만 피치를 지배하고 있던 쪽은 예상과 달리 프랑스였다. 프랑스는 브라질이 칠레 월드컵 8강전에서 잉글랜드를 완파했을 당시 사용했던 4-2-4 전술을 바탕으로 맹공을 퍼부었는데, 잉글랜드는 전반 8분 만에 선취점을 내줬음에도 좀처럼 반격을 펼치지 못하며 계속해서 허둥댔다. 전열을 가다듬은 잉글랜드는 후반 12분 페널티킥으로 동점을 만들었지만 경기 내용 자체는 전반의 실망스러운 플레이에서 크게 나아지지 않았고 결국 간신히 무승부로 경기를 마칠 수 있었다. 패배와도 마찬가지인 결과에 잉글랜드의 팬들은 실망감을 감추지 못했지만, 홈에서의 이 무승부는 차라리 나은 결과였다. 5개월 뒤인 1963년 2월, 프랑스 파리에서는 더 참담한 결과가 기다리고 있었다.

▲ 프랑스의 이본 두이가 팀의 두 번째 골을 기록하는 모습. 왼쪽은 잉글랜드의 골키퍼 론 스프링에트, 오른쪽은 바비 무어.

잉글랜드 대표팀의 새 사령탑으로 부임한 알프 램지Alf Ramsey 감독은 1차전의 패배와 같은 무승부를 만회함과 동시에 월드컵에서의 부진을 유럽 무대에서 털어버리고자 공격적인 플레이를 펼쳐줄 것을 선수들에게 주문했다. 하지만 A매치 출전 경험이 많지 않았던 탓에 긴장한 채로 경기에 나섰던 잉글랜드의 골키퍼 론 스프링에트Ron Springett는 경기 시작 3분 만에 실책을 범하며 골을 내주는 등 전반에만 3골을 허용하며 램지 감독을 당혹스럽게 했다. 잉글랜드는 후반 12분과 29분에 연속골을 넣으며 추격에 나섰지만 2-3을 만든 지 불과 1분 만에 추가골을 내주는 등 이후 2골을 더 허용하며 2-5의 참패를 당했고 축구 종주국 잉글랜드의 유로 데뷔 무대는 그렇게 처참하게 끝이 났다.

불가리아와 포르투갈은 1라운드 최고의 난타전을 펼쳤다. 불가리아는 소피아에서 포르투갈을, 포르투갈은 리스본에서 불가리아를 각각 3-1로 꺾으며 1승 1패를 이뤘다. 이후 두 팀의 다음 행선지는 로마였다. 현재와 같은 규정대로라면 연장전을 벌인 후 승부차기에 들어가야 했다. 하지만 승부차기는 물론 '원정 경기 다득점 우선 규정'조차 도입되지 않은 시기였기에 양 팀은 중립 지역인 이탈리아의 로마에서 플레이오프를 벌여야 했고, 후반 종료 3분여를 남기고 결승골을 뽑아낸 불가리아가 1-0으로 이기면서 동독, 아일랜드, 스페인, 네덜란드, 스웨덴, 덴마크, 유고슬라비아, 이탈리아 등과 함께 2라운드에 합류했다.

한편 아드리아해의 이웃 그리스와 알바니아의 경기는 정치적인 문제로 경기를 치르지 않았다. 그리스와 알바니아는 1912년 알바니아의 독립 이후 불편한 관계를 유지하고 있던 사이로, 알바니아 남부 지역에 대한 그리스의 영유권 주장 등으로 인해 정

> UEFA에 원정 경기 다득점 우선 규정이 처음으로 적용된 것은 1965~66 시즌 UEFA 컵 위너스컵에서였으며, 공식 도입된 것은 1966~67시즌 UEFA컵의 전신이었던 인터 시티 페어스컵에서부터였다. 원정 경기 다득점 우선 규정은 이후 1967~68시즌 유로피언컵에 도입되며 점차 일반화된 규칙으로 자리를 잡기 시작했는데 이 또한 예선 1라운드에서만 적용 됐고, 추가 시간에 들어간 골은 원정 득점에 포함시키지 않았다. 이후 1968~69 시즌에는 예선 2라운드, 1969~70 시즌부터는 플레이오프를 대신해 모든 단계에 걸쳐 원정 경기 다득점 우선 규정을 적용했는데, 이 또한 동률일 경우에는 '동전 던지기'를 통해 다음 라운드 진출 팀을 가리도록 했다. 경기가 무승부로 끝날 경우 다음 라운드 진출팀을 선택하기 위해 채택했던 '동전 던지기' 대신 '승부차기'가 처음으로 도입된 시기는 1970~71 시즌부터로 이때부터 추가 시간에 기록된 원정 득점도 정규 시간의 득점처럼 원정 경기 다득점 계산에 포함시켰다.

치적으로 매우 냉랭한 관계였다. 이에 그리스가 자국 선수들의 안전을 염려하며 알바니아와의 경기를 거부했고, 결국 알바니아는 땀 한 방울 흘리지 않고 2라운드에 진출했다.

2라운드

레프 야신 vs 산드로 마졸라

유로 64 2라운드 최고의 하이라이트는 결승에서나 만날 것으로 예상됐지만 너무 빨리 만나버린 소련과 이탈리아의 대결이었다. 두 팀의 첫 대결은 모스크바의 센트럴 레닌 스타디움에서 펼쳐졌는데 당초 팽팽할 것이라는 예상과 달리 소련의 압승으로 끝이 났다. 이탈리아는 0-1로 끌려가던 전반 23분 에지오 파스쿠티Ezio Pascutti가 소련의 수비 라인을 돌파하던 중 두아르드 더빈스키Eduard Dubinski에 의해 넘어지자 그의 유니폼을 찢고 박치기를 하다 퇴장을 당하면서 그렇지 않아도 힘든 경기를 더 어렵게 했고, 결국 경기는 전반전 막바지에 추가골을 기록한 소련의 2-0 승리로 끝이 났다.

1차전에서 뜻밖의 완패를 당한 이탈리아는 로마에서 열리는 2차전에서는 복수를 하고자 했지만 이 역시도 뜻대로 되지 않았다. 그간 젊은 선수들 위주로 대표팀을 구성해 네이션스컵에 나섰던 소련의 콘스탄틴 베스코프Konstantin Beskov 감독은 이탈리아 원정의 중요성을 감안해 '검은 문어' 레프 야신Lev Yashin을 다시 불러 들였는데, 이 구상이 성공적이었다. 원정경기의 패배를 의식한 이탈리아는 경기 초반부터 맹공을 펼쳤으나 거미 손 야신이 버티고 있는 난공불락 같은 소련의 골문은 열리지 않았다. 선제골도 소련의 몫이었다. 이탈리아의 공격을 막느라 제대로 된 슈팅조차 하지 못했던 소련은 전반 33분경에야 사실상 첫 공격을 펼쳤는데 한 번의 공격을 성공시키며 1-0으로 달아났다.

전반을 소득 없이 끝낸 이탈리아는 후반이 시작되자 다시 거세게 몰아붙였고 후반 12분에는 페널티킥을 얻어내는데 성공했다. 그리고 인터 밀란의 전설적인 스타 산드로 마졸라Sandro Mazzola가 키커로 나서자 이탈리아의 관중들은 그의 발끝에서 동점골이 나올 것으로 기대했다. 하지만 그가 날린 슛은 이번에도 야신의 손에 걸렸고 경기장 곳곳에서는 탄식만이 흘러 나왔다. 결정적인 득점 찬스를 놓친 이탈리아는 후반 44분 지아니 리베라Gianni Rivera가 기어이 동점골을 넣으며 1-1을 만들었지만 끝내 승부를 뒤집지 못하면서, 홈에서 소련의 8강행을 지켜봐야 했다.

대회 최대 이변은 2라운드에서 나왔다. 1라운드를 행운의 부전승으로 통과한 룩셈부르크가 네덜란드와 8강행을 놓고 다투게 되었는데 이 대결의 승자는 누가 봐도 명백해 보였다. 두 팀의 경기력이 확연했던 데다 자국의 경기장 사정이 여의치 않았던 룩셈부르크가 홈&어웨이 경기 모두를 네덜란드에서 치르기로 했기에 모두들 뻔한 결과가 나올 것이라 예상했다. 하지만 암스테르담에서 네덜란드의 '홈경기'로 치러진 1차전의 결과는 뜻밖이었다. 룩셈부르크와의 경기에서는 후보 선수들을 투입해왔던 네덜란드가 베스트 일레븐을 모두 투입했음에도 1-1 무승부로 경기를 마쳤던 것이다. 예상치 못한 결과에 비난이 쏟아졌지만 네덜란드 대표팀이나 팬들 모두 이때까지만 해도 크게 문제를 삼지 않는 분위기였다. '로테르담'에서 열릴 예정인 원정경기에서는 확실히 이길 것이라 생각했기 때문이었다.

그러나 로테르담에서 가진 '원정경기'에서 네덜란드가 마주한 것은 더 큰 충격이었다. 네덜란드는 전반 20분에 선제골을 내줬지만 전반 35분 동점을 만든 후에는 경기를 완벽하게 지배했고 그러자 이후의 상황은 확실해 보였다. 그렇지만 경기는 당초 예측과는 다른 방향으로 진행됐다. 공격에만 매진하던 네덜란드가 후반 23분 룩셈부르크에 역습을 허용하며 되레 골을 내줬던 것이다. 뜻밖의 결과와 마주하게 된 네덜란드는 재차 동점을 만들기 위해 파상공세를 퍼부었는데 이 공격이 얼마나 심했던지 이를 막아내던 룩셈부르크의 골키퍼 니코 슈미트Nico Schmitt는 어깨가 탈골되는 부상을 입었다. 하지만 슈미트는 아픈 어깨를 부여잡으면서도 놀라운 선방을 계속했고 네덜란드는 부상당한 골키퍼가 지키는 골문을 끝내 열지 못하며 1-2로 패배, 전 유럽을 충격에 빠뜨렸다.

8강 토너먼트

야신의 천적, 쿠르트 함린

룩셈부르크의 분전은 8강 토너먼트에서 계속됐다. 1960 로마 올림픽에서 은메달을 따낸 덴마크와 1차전에서 3-3, 2차전에서 2-2 무승부를 기록했던 것이다. 하지만 룩셈부르크는 암스테르담에서 가진 플레이오프에서는 0-1로 패하며 마지막 고비를 넘지 못했고 결국 덴마크가 첫 유로 본선 무대를 밟게 됐다.

지난 대회 우승팀이자 강력한 우승 후보인 소련은 1964년 5월 14일, 북유럽의 강호 스웨덴을 상대로 험난한 원정길에 나섰다. 지난 대회 준우승팀 유고슬라비아를 꺾으며 실력을 과시한 스웨덴은 초반부터 소련을 몰아 붙였지만 발레리 보로닌Valery Voronin을 주축으로 한 탄탄한 중원에 야신이 버티고 있던 소련의 방어망을 뚫기는 쉽지 않은 일이었고, 후반 17분 소련에게 되레 골을 내주며 끌려갔다. 홈 팀 스웨덴은 패배의 문턱을 앞둔 종료 3분 전에 쿠르트 함린Kurt Hamrin의 극적인 동점골로 1-1 무승부를 만들었지만 다음 일정이 모스크바 원정이라는 점을 감안한다면 불만족스러운 결과였다.

2주 후 모스크바에서의 2차전도 1차전과 비슷한 양상으로 진행됐다. 스웨덴이 공격을 주도하는 가운데 소련은 야신을 기점으로 방어에 총력을 기울이고 있었다. 경기의 흐름이 바뀐 것은 전반 30분이 흐를 즈음으로 소련이 사실상 첫 공격에서 골을 성공시키자 분위기는 이내 뒤바뀌었고, 후반 11분 추가 득점을 올리면서 2-0으로 앞서나가자 경기의 분위기는 소련 쪽으로 넘어가는 듯 했다. 그러나 스웨덴에는 함린이 있었다. 골키퍼로는 최초이자 현재까지도 유일하게 발롱도르를 수상한 세계 최고의 골키퍼 야신이었지만, 그런 그에게도 천적이 있었고 그가 바로 함린이었다.

1961년 피오렌티나Fiorentina의 UEFA 컵 위너스컵UEFA Cup Winners' Cup 우승의 주역이기도 한 함린은 그 자체로도 훌륭한 공격수였지만, 야신에게 있어 함린은 단순히 훌륭한 공격수가 아니었다. 함린 앞에만 서면 어김없이 작아지며 거의 매번 골을 허용해 왔던 야신은 1차전에 이어 이번에도 실점을 허용하자 고개를 내저었고, 한 골 차로 따라 붙은 스웨덴은 추격 의지를 불태우며 소련을 몰아세웠다. 하지만 추격 골을 허용한지 5분이 채 되지 않은 시점에 소련이 세 번째 골을 터뜨리자 스웨덴의 추격 의지는 그것으로 꺾였고, 결국 3-1로 승리한 소련이 유로 60에 이어 2회 연속으로 본선 토너먼트 진출에 성공했다. 이밖에 스페인은 아일랜드를, 헝가리는 프랑스를 물리치고 본선에 합류했다.

유로 64 스페인

공산주의를 받아들인 파시스트

유로 64의 개최국으로는 스페인이 낙점됐다. 이에 따라 유로 60에서 소련으로의 원정경기조차 거부했던 스페인이 과연 소련의 입국을 허용할지 여부가 초미의 관심사가 됐다. 하지만 UEFA로부터 제재를 받은 경험 때문인지, 대회 주최국으로서의 경기 진행을 위해선지 이번만큼은 스페인이 별다른 조건 없이 소련의 입국을 허용했고 차질 없이 대회가 진행될 수 있었다. 토너먼트 대진 추첨 결과 마드리드에서는 주최국 스페인과 헝가리가 일전을 벌이게 됐고, 바르셀로나에서는 소련이 덴마크를 상대로 결승행을 다투게 됐다.

1964년 6월 17일, 마드리드의 산티아고 베르나베우에서 열린 스페인과 헝가리의 준결승전의 전반전은 피치의 반쪽만을 사용했다고 말해도 무방할 정도였다. 그러나 스페인은 특유의 빠른 공격으로 경기를 지배만 했을 뿐 결정적인 장면은 연출하지 못했고, 되레 화끈한 공격을 보여준 쪽은 오히려 움츠려 있던 헝가리였다. 1962 칠레 월드컵 득점왕인 플로리안 알베르트Flórián Albert의 강슛은 경기를 지켜보던 홈 팬들의 간담을 서늘하게 만들었는데 스페인의 골키퍼 호세 앙헬 이리바José Ángel Iribar가 혼신을 다해 쳐내지 않았다면 그대로 골이 될 뻔했다.

스페인이 공격다운 공격을 펼친 것은 전반 35분에 이르러서였다, 스페인 최초의 발롱도르 수상자이자 팀 에이스인 루이스 수아레스Luis Suárez가 올려준 환상적인 크로스를 헤수스 마리아 페레다Jesús María Pereda가 머리로 받아 넣으며 선취점을 올렸고, 이로써 스페인은 1-0으로 리드한 채 후반전을 맞이하게 됐다. 하지만 스페인은 후반전이 시작되자 다소 수세적으로 경기에 나섰는데 이것이 실수였다. 헝가리에 주도권을 내준 스페인은 경기 종료 5분여를 남기고 동점골을 허용했고 이에 스페인의 승리로 끝나는 듯 했던 경기는 연장전으로 돌입하게 됐다. 그러나 스페인의 근심은 연장 후반 7분에 나온 아만시오 아마로Amancio Amaro의 결승골과 함께 사라졌고 결국 헝가리를 2-1로 이긴 스페인이, 덴마크를 3-0으로 완파한 소련과 결승에서 맞붙게 됐다.

결승전

소련 선수들에게 마약을 먹이고 싶어 했던 프랑코 장군의 측근들

1964년 6월 21일, 마드리드의 산티아고 베르나베우에서는 프랑코 장군과 8만여 홈 관중들이 지켜보는 가운데 개최국 스페인과 숙적 소련이 유럽 네이션스컵을 차지하기 위한 일전을 벌였다. 일반적으로 원정 팀이 받는 부담감이 큰 것이 사실이나, 실제로는 홈 팀 스페인이 받는 압박감이 훨씬 심했다. 철저한 반공주의자인 프랑코 장군은 홈그라운드에서 소련에게 우승컵을 내어주지 않을까 하는 불안감에 전전긍긍했고, 이에 프랑코 장군의 측근들은 소련 선수들에게 마약을 먹이고 싶어 할 정도였다.

전통적인 청색 유니폼[6]을 입고 나온 스페인은 극심한 압박감

속에서도 붉은색 상의에 흰색 하의로 경기에 나선 소련을 몰아내며 전진했고 얼마 지나지 않아 결실을 얻게 됐다. 전반 6분 소련의 수비수 빅토르 추스티코프Viktor Shustikov가 긴장을 했던 탓인지 공을 흘리는 실수를 범하자 뒤에서 달려들던 페레다가 놓치지 않고 소련의 골 그물을 출렁였다. 순간 산티아고 베르나베우를 가득 메운 홈 관중들은 그라운드에 엎드린 채 망연자실해 있는 야신을 보고 일제히 환호를 했지만 기쁨도 잠시뿐이었다. 반격에 나선 소련이 불과 2분 만에 1-1이 되는 동점골을 만들어내자 뜨겁게 달아올랐던 관중석은 이내 얼어붙은 듯 조용해졌다.

이후 장대 같은 비가 쏟아져 내리자 선수들은 미끄러지지 않게 조심스레 플레이를 펼쳤고 1-1의 균형은 좀처럼 깨지지 않을 듯 보였다. 하지만 승리에 대한 스페인의 집념은 대단했다. 프랑코 장군이 보고 있는 앞에서만큼은 소련을 반드시 이겨야 한다는 신념 때문이었는지 스페인은 디펜딩 챔피언 소련을 물고 늘어졌다. 그러던 후반 39분, 페레다가 코너 플랙 부근에서 올린 크로스를 마르셀리노Marcelino Martínez가 헤딩으로 꽂아 넣으며 기어이 2-1을 만들어 냈고, 얼마지않아 경기 종료를 알리는 휘슬 소리와 함께 스페인의 우승이 확정되자 프랑코 장군의 입가에는 그제야 미소가 흘렀다.

디펜딩 챔피언 소련의 이날 패배는 유로에서의 첫 패배였을 뿐만 아니라 스페인에게 당한 첫 패배이기도 했는데, 스페인으로서는 이날의 역사적인 승리로 인해 사상 처음으로 메이저 대회 정상에 서는 영광을 누리게 됐다.

---

6) 지금과는 달리 당시 스페인 대표팀의 주 유니폼은 청색이었다.

BEST 11

EURO 1964 SPAIN

UEFA European Football Championship

EURO 1968
ITALY

UEFA European Football Championship

EURO 1968 Qualifying

Group 1

SPAIN	6	3	2	1	6	2	8
Czechoslovakia	6	3	1	2	8	4	7
Ireland	6	2	1	3	5	8	5
Turkey	6	1	2	3	3	8	4

Group 2

BULGARIA	6	4	2	0	10	2	10
Portugal	6	2	2	2	6	6	6
Sweden	6	2	1	3	9	12	5
Norway	6	1	1	4	9	14	3

Group 3

SOVIET UNION	6	5	0	1	16	6	10
Greece	5	2	1	2	7	8	5
Austria	5	2	1	2	7	9	5
Finland	6	0	2	4	5	12	2

Group 4

YUGOSLAVIA	4	3	0	1	8	3	6
West Germany	4	2	1	1	9	2	5
Albania	4	0	1	3	0	12	1

Group 5

HUNGARY	6	4	1	1	15	5	9
East Germany	6	3	1	2	10	10	7
Netherlands	6	2	1	3	11	11	5
Denmark	6	1	1	4	6	16	3

Group 6

ITALY	6	5	1	0	17	3	11
Romania	6	3	0	3	18	14	6
Swiss	6	2	1	3	17	13	5
Cyprus	6	1	0	5	3	25	2

Group 7

FRANCE	6	4	1	1	14	6	9
Belgium	6	3	1	2	14	9	7
Poland	6	3	1	2	13	9	7
Luxembourg	6	0	1	5	1	18	1

Group 8

ENGLAND	6	4	1	1	15	5	9
Scotland	6	3	2	1	10	8	8
Wales	6	1	2	3	6	12	4
Northern Ireland	6	1	1	4	2	8	3

제3장 유로 1968 (1968 유럽축구선수권대회)

세 번째 대회인 유로 68부터 대회의 공식 명칭이 유럽 네이션스컵European Nations Cup에서 현재의 유럽축구선수권대회European Football Championship로 바뀌었다. 대회 참가국 또한 31개국으로 늘어났는데 1966 잉글랜드 월드컵의 4강 진출팀(잉글랜드, 서독, 포르투갈, 소련)을 포함해 유럽의 주요 국가들이 모두 참가하며 명실상부한 유럽 최고의 대회로 자리를 잡았다.

대회 경기 진행 방식에도 큰 변화가 있어 그 동안 토너먼트로 진행되던 예선 라운드에 리그 시스템을 도입했다. 31개국은 8개조로 나누어 홈&어웨이 방식의 예선 조별 리그를 치른 후 각 조 1위 팀들이 8강에 진출하고, 8강에 오른 국가들은 다시 추첨을 통해 2팀씩 짝을 지어 홈&어웨이 방식으로 경기를 벌여 승자들이 4강이 겨루는 결선 토너먼트에 진출하도록 했다. 이번 대회부터는 또 강팀들끼리 예선에서 맞붙는 것을 미연에 방지하고자 시드 배정 방식이 도입되었다. 아울러 영국의 4개 협회는 모두 같은 조에 편성되었는데, 이들의 예선 조별 리그는 브리티시 홈 챔피언십British Home Championship과 병행해서 치러졌다.

예선 리그

'새로운 세계 챔피언이 탄생했다'

1966~67, 1967~68 브리티시 홈 챔피언십과 병행해서 치러진 8조 예선에서는 월드컵 챔피언 잉글랜드가 숙명의 라이벌 스코틀랜드를 간발의 차로 제치고 8강에 진출했다. 승점 4점과 승점 3점으로 각각 1, 2위를 달리고 있던 잉글랜드와 스코틀랜드의 첫 번째 대결은 1967년 4월 15일, 잉글랜드 축구의 성지인 웸블리에서 열렸다. 이날 경기는 8조 예선의 중요한 승부처이자 1966~67 브리티시 홈 챔피언십 우승팀을 가리는 대결이기도 했는데 두 팀 모두 그들이 가장 최근에 얻어낸 최고의 성과를 들고 나오면서 흥미진진한 대결을 펼쳤다.

홈 팀 잉글랜드가 1966 월드컵 챔피언의 스쿼드를 거의 그대로 내세우자, 스코틀랜드는 영국의 클럽 팀 중에서는 사상 처음으로 유로피언컵 우승컵을 들어 올린 셀틱Celtic의 멤버를 주축으로 맞섰는데, 결과는 유로피언컵 우승팀의 승리였다. 스코틀랜드는 데니스 로Denis Law와 바비 레녹스Bobby Lennox의 골 등을 묶어 3-2로 승리했고 이로써 숙적의 성지에서 1966~67 브리티시 홈 챔피언십 우승을 차지함과 동시에 잉글랜드를 조 2위로 끌어내리며 8강행의 유리한 고지를 선점할 수 있었다. 월드컵 챔피언 잉글랜드의 패배는 1년 6개월여 만의 일이자 월드컵 우승 이후 처음이었는데, 이에 다음날 스코틀랜드의 신문들은 '새로운 세계 챔피언이 탄생했다'는 내용의 기사를 1면에 장식했다.

하지만 스코틀랜드는 1967~68 브리티시 홈 챔피언십의 시작과 함께 다시 2위로 추락했다. 잉글랜드가 웨일즈 원정에서 3-0

낙승을 거두며 패배의 충격을 씻어낸 데 반해, 북아일랜드 원정에 나섰던 스코틀랜드는 조지 베스트George Best의 활약에 넋을 놓고 있다가 0-1로 패했던 것이다. 스코틀랜드는 한 달 후 웨일즈를 3-2로 격파했지만 잉글랜드 역시 북아일랜드를 2-0으로 이겼기에 1위는 여전히 잉글랜드의 몫이었고, 스코틀랜드가 재차 선두로 올라서기 위해서는 잉글랜드와의 최종전에서 반드시 이기는 것 외에는 방법이 없었다.

1968년 2월 24일, 전 유럽의 이목은 유럽축구선수권대회 역사상 최다 관중인 134,461명이 운집한 글래스고의 햄던 파크로 몰렸다. 스코틀랜드의 팬들은 적지에서 그랬던 것처럼 이번에도 잉글랜드를 물리칠 것이라 생각하며 뜨거운 응원을 쏟아냈지만, 경기는 1-1 무승부로 끝을 맺으면서 끝내 승부를 가리지 못했다. 결국 영국 팀들의 대결로 관심을 모은 8조 예선 리그에서는 잉글랜드가 적지에서 1967~68 시즌 브리티시 홈 챔피언십 우승과 함께 8강행 티켓이라는 두 마리 토끼를 잡으며 막을 내렸고, 잠시 동안 세계 챔피언이었던 스코틀랜드는 아쉽게도 탈락했다.

8조와 마찬가지로 대부분의 조에서는 당초 예측대로 시드국들이 8강 진출권을 가져갔다. 5조의 시드국 헝가리는 네덜란드와의 5조 개막 경기에서 이날 처음으로 유로 무대를 밟는 21살의 요한 크루이프Johan Cruyff에게 골을 허용하면서 2-2 무승부라는 기대에 못 미치는 결과와 마주하기도 했지만 뒤이어 가진 4차례의 경기를 모두 이기면서 일찌감치 8강행을 확정 지었다. 6조에서는 1966 잉글랜드 월드컵에서 북한에게 충격적인 패배를 당하며 썩은 토마토 세례를 받았던 이탈리아가 유로 68 예선 참가국 중 가장 좋은 성적 예선 리그를 통과하며 자존심을 회복했고, 3조의 소련 역시 손쉽게 8강 진출권을 획득했다.

물론 예상과 다른 결과도 없지는 않았다. 2조에서는 당초 잉글랜드 월드컵 3위 팀 포르투갈의 우세가 점쳐졌지만 8강 진출권을 가져간 팀은 뜻밖에도 불가리아였다. 하지만 이 같은 사례는 이변의 축에도 들지 못했다. 월드컵 준우승팀이 유럽 최하위 팀에게 덜미를 잡히는 일이 벌어졌기 때문이다.

팔에 못을 박은 게르트 뮐러

8개조 중에서 유일하게 3개국으로 구성된 4조에서는 잉글랜드 월드컵 준우승 팀인 서독이 쉽게 8강행 티켓을 따낼 것으로 보였지만, 마지막 순간에 뜻밖의 상대의 뜻밖의 전술에 발목이 잡히며 8강 진출에 실패했다.

서독은 1967년 4월 8일 도르트문트에서 가진 유로 데뷔전에서 A매치 데뷔골을 포함해 4골을 터뜨린 게르트 뮐러Gerd Müller의 활약에 힘입어 알바니아를 6-0으로 대파하며 기분 좋은 출발을 했다. 그러나 서독의 기쁨은 잠시 뿐이었다. 한 달여 뒤에 가진 유고슬라비아 원정에서는 스트라이커 뮐러를 부상으로 잃고, 팀도 0-1로 패했던 것이다. 특히 뮐러의 오른팔 골절은 예상보다 심각했다. 2개의 은못으로 뼈를 고정시켜야 했는데, 그 못들은 4년 8개월 후에나 제거할 수 있었다. 하지만 서독은 다섯 달 뒤에 가진 유고슬라비아와의 리턴 매치는 3-1로 이기면서, 조 1위 자리를 탈환하는 한편 골득실에서도 여유 있게 앞서게 됨에 따라 8강행의 유리한 고지를 점할 수 있었다. 서독과 유고슬라비아 모

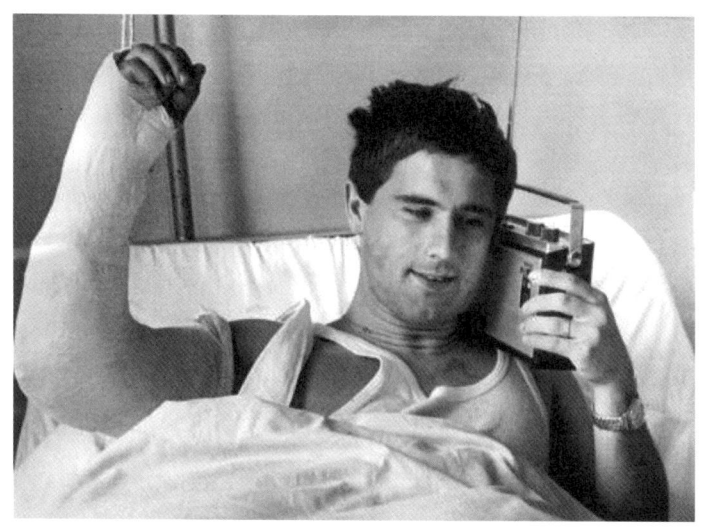

▲ 오른팔 골절 부상을 입고 입원한 게르트 뮐러가 라디오로 경기 중계를 듣고 있다.

두 알바니아와의 경기만을 남겨 놓고 있는 상황에서 - 원정경기와 홈경기라는 차이가 있기는 했지만 - 두 팀 다 무난히 이길 것으로 여겨졌기 때문이었다. 이후 유고슬라비아가 알바니아를 홈에서 4-0으로 꺾고 다시 1위로 나섰지만 경기를 치르지 않은 서독에 불과 승점 2점만 앞선 상황에서 골득실은 뒤지고 있었기에 사실상 8강 진출에 대한 기대를 접었다.

그렇지만 독재자 엔베르 호자가 지배하고 있던 극단적인 공산국가 알바니아 입장에서는 자신의 안방에서 그들이 '파시즘의 요새'라 부르는 서독에게 또 다시 패한다는 것은 용납할 수 없는 일이었기에 8개월 전에 당한 0-6 패배의 수모를 설욕할 궁리를 했다. 알바니아가 설욕의 방법으로 선택한 것은 바로 서독의 예선 탈락으로, 그들이 선택한 더욱 구체적인 전술은 얼마 전 루마니아가 그랬던 것처럼 11명 모두가 수비만 하는 것이었다. 서독은 3주 전에 가진 루마니아와의 친선 경기에서 극단적인 수비 전략에 말려들며 뜻밖의 패배를 당한 바 있었다. 이에 알바니아 선수들은 루마니아가 서독을 이겼을 때의 전술을 머릿속에 숙지한 채 경기에 나섰고, 11명의 선수 전원이 혼연일체가 되어 수비만 한 덕택에 서독과 0-0 무승부로 경기를 끝마칠 수 있었다. 무승부에도 불구하고 알바니아는 마치 승리를 거둔 것처럼 기뻐했는데, 이들보다 더 환호작약한 이들이 있었으니 바로 예선 탈락을 기정사실화하며 낙심했던 유고슬라비아였다.

8강 토너먼트

비쇼베츠를 기억하시나요?

8강 토너먼트의 대결 중 가장 큰 이목을 집중시킨 월드컵 챔피언 잉글랜드와 유럽 챔피언 스페인의 대결은 월드컵 챔피언의 승리로 끝이 났다. 런던의 웸블리 스타디움에서 벌어진 홈경기를 바비 찰튼Bobby Charlton의 결승골로 이기며 기선을 제압한 잉글랜드는 한 달여 뒤 마드리드의 산티아고 베르나베우에서 재개된 원정 경기에서도 2-1로 승리, 디펜딩 챔피언을 합계 3-1로 제압하며 사상 처음으로 유로 본선 무대에 올랐다.

소련 역시 1964 올림픽 챔피언 헝가리를 상대로 쉽지 않은 경기를 펼쳤다. 부다페스트 원정에서 0-2로 패하고 돌아왔던 것이다. 하지만 소련은 모스크바에서 이를 뒤집었다. 전반 22분에 나온 헝가리의 자책골과 후반 9분에 터진 추가골로 2-0을 만들며 합계 2-2의 동률을 이룬 소련은 후반 27분 - 훗날 한국 대표팀의 사령탑을 맡게 되는 - 아나톨리 비쇼베츠Anatoliy Byshovets의 쐐기골로 3-0을 만들면서 합계 3-2로 승리, 3회 연속 본선 진출에 성공했다. 라틴의 강자 이탈리아도 의외로 고전을 면치 못했다. 불가리아 원정에서 뜻밖에도 2-3으로 패하고 돌아왔던 것이다. 하지만 이탈리아는 9만여 홈 관중들의 뜨거운 응원 속에 치러진 나폴리에서의 홈경기를 2-0 승리로 이끌며 합계 4-3으로 역전에 성공, 사상 첫 본선 진출을 확정 지었다. 이밖에 유고슬라비아는 마르세유 원정을 1-1로 마치고 돌아왔으나 베오그라드에서 프랑스를 5-1로 크게 이기면서 8년 만의 본선 무대에 복귀했다.

유로 68 이탈리아

월드컵 챔피언 잉글랜드, 월드컵 3위 팀이자 초대 유로 챔피언인 소련, 유로 60 준우승팀 유고슬라비아 그리고 전통의 강호이자 개최국인 이탈리아 등 유로 68 본선 진출국들의 화려한 면면은 유럽을 넘어 전 세계 축구팬들에게 유럽축구선수권대회에 대한 관심을 불러일으키게 했다. 이 중 월드컵 챔피언 잉글랜드의 우승 확률이 특히 높게 점쳐졌는데, 잉글랜드의 유럽 정복을 기정사실화하며 2년 전의 우승을 어떻게 재현할 것인지에 주목을 하는 이들도 있었다. 준결승 토너먼트의 대진 추첨 결과 주최국 이탈리아는 소련과 나폴리에서, 잉글랜드는 유고슬라비아와 피렌체에서 결승행 티켓을 놓고 일전을 벌이게 됐다.

동전 던지기로 결승 진출팀을 가리다

유로 68의 개막전이자 준결승 토너먼트의 첫 번째 경기는 나폴리에서 펼쳐진 이탈리아와 소련의 대결이었다. 이들의 대결은 두 팀의 명성만으로도 기대되는 경기로 꼽혔으나 비가 내리는 그라운드 사정에 더해 수비적인 성향이 강한 팀들의 대결이어서 기대와는 달리 매우 따분하게 진행했다.

두 팀은 2년 전 월드컵에서도 맞붙은 경험이 있었는데 당시에는 소련이 이고르 치슬렌코Igor Chislenko의 결승골을 앞세워 1-0으로 이겼고, 이에 이탈리아는 소련을 부담스러워 했다. 이탈리아에게 있어 그나마 다행스러웠던 점은 소련이 공수의 핵을 잃고 나폴리를 방문했다는 점이었다. 소련은 나흘 전 열린 체코슬로바키아와의 올림픽 축구 예선에서 결승골을 터뜨린 스트라이커 치슬렌코와 수비수 후르칠라바가 부상을 당함에 따라 유로 본선에서는 가장 유용한 창과 방패를 두고 전투를 치러야 했다. 하지만 이탈리아 역시 지아니 리베라Gianni Rivera를 경기 시작 1분 만에 부상으로 잃고 말았는데 당시 유로에서는 선수 교체에 대한 규정이 적용되지 않았었기에 10명의 선수로 경기가 끝날 때까지 버텨야 했다. 양 팀 모두 날카로움을 잃게 되자 경기 또한 활기를 잃었다. 어느 팀이든 1골만 넣으면 이길 것처럼 보였다. 하지만 이탈리아와 소련 모두 수비에는 일가견이 있다고 정평이 난 터였기에 양 팀의 골 그물은 좀처럼 미동이 없었고, 결국 관심을 모았던 경기는 120분간의 사투에도 불구하고 김빠진 맥주처럼 0-0으로 끝나며 승부를 가리지 못했다.

그러나 결승전이 열릴 로마에 두 팀을 모두 보낼 수는 없는 노

롯이었기에 어떻게든 승자는 가려야 했고 이 같은 상황에서 선택한 방법은 '동전 던지기'였다. 당시만 해도 결승전에서 승부를 가리지 못했을 경우에는 재경기를 치러 우승팀을 가리는 것이 규정이었지만 이는 결승전에만 해당되는 사항으로 그 외의 라운드에서는 대회 스케줄과 형평성 등의 문제로 인해 재경기를 치를 수 없었다. 여기에 당시에는 승부차기가 도입되지 않은 시기였기에 동전 던지기 외에는 선택의 여지가 없었다. 황당하기 그지없는 방법이었지만 어쩔 수 없이 동전을 던져야 했고, 결국 개최국 이탈리아가 이 희대의 사건의 승자로 낙점되어 동전 한 닢으로 결승에 진출하게 된 반면 소련의 3회 연속 결승 진출은 무산되었다. 이처럼 어이없는 해프닝에 UEFA는 유로 72의 예선이 시작된 1970~71 시즌부터 유로피언컵 등 UEFA에서 주관하는 모든 대회에 승부차기를 정식으로 도입했다.

영국 최초이자 유로 최초의 레드카드

비록 골이 아닌 동전에 의해 판가름되기는 했지만 나폴리에서의 경기가 당초 예상대로 호각지세를 보이다 막을 내린 반면 같은 날 저녁 피렌체에서 치러진 월드컵 챔피언 잉글랜드와 유고슬라비아의 경기는 전혀 뜻밖의 결과로 끝을 맺으며 모두를 놀라게 했다. 잉글랜드가 나흘 전 하노버에서 가진 서독과의 친선경기의 여파로 제프 허스트 Geoff Hurst와 노비 스타일스 Nobby Stiles가 엔트리에서 빠지는 등 선수단 전체가 피로를 호소했지만, 이 같은 악재가 잉글랜드의 우승 행진에 걸림돌이 될 것이라 생각한 이들은 없었기 때문이다.

승리를 자신한 잉글랜드는 경기 초반부터 한 수 위의 기량을 뽐내며 골을 노렸다. 하지만 젊고 패기어린 유고슬라비아는 그리 호락호락한 상대가 아니었다. 이들의 경기는 후반전 시작을 알리는 휘슬이 울리자 더욱 격렬해졌고, 한 치의 치우침 없는 팽팽한 흐름 속에 거친 몸싸움이 난무하면서 부상자가 속출했다. 이 같은 상황은 잉글랜드에게 불리하게 작용했다. 잉글랜드는 공격의 핵 B.찰튼이 부상으로 인해 제 역할을 수행하지 못하자 이내 점점 뒤로 밀려났고 급기야 후반 42분이라는 치명적인 시간에 골을 허용하고 만 것이다.

그러나 잉글랜드의 악재는 그것이 끝이 아니었다. 후반 44분에는 미드필더 알란 멀러리Alan Mullery마저 퇴장을 당했던 것이다. 사실 멀러리가 유고슬라비아의 공격수 도브리보예 트리비치 Dobrivoje Trivić에게 가한 파울은 경미한 수준이었다. 그러나 트리비치의 오스카급 연기에 속은 주심의 눈엔 큰 반칙으로 비쳐졌고, 멀러리는 결국 - 1872년 잉글랜드와 스코틀랜드의 최초의 A매치 이후 - 96년 국제 축구 역사상 처음으로 퇴장을 당한 영국선수이자, 유럽축구선수권대회에서 최초로 레드카드를 받은 선수가 되었다. 잉글랜드는 부당함을 호소했으나 소용없었다. 동점을 만들 시간적인 여유도 없는 상황에서 10명만이 남게 되자 잉글랜드의 추격 의지는 꺾였고, 당연한 것으로 여겨지던 월드컵 챔피언의 유럽 정벌의 꿈 또한 그렇게 끝이 났다. 잉글랜드는 소련과의 3위 결정전을 2-0 승리로 이끌면서 그나마 체면치레를 했는데, 잉글랜드가 이때 거둔 성적은 유로 역사상 최고의 기록으로 이후 다시 유로 4강에 들기까지는 꼬박 38년이 걸렸다.

결승전

도둑맞은 페널티킥과 두 번째 결승전

이탈리아는 자국에서 열린 1938 월드컵 이후 줄곧 세계 정상과 멀어져 있었다. 1950 브라질 월드컵과 1954 스위스 월드컵에서는 조별리그조차 통과하지 못했고, 1958 스웨덴 월드컵에서는 아예 지역 예선에서 자취를 감췄다. 1962년에 이르러서야 다시금 월드컵 무대에 복귀했지만 머나먼 칠레까지 갔음에도 단 3경기만 치르고 돌아와야 했고, 여기에 적어도 조별리그 정도는 무난히 통과할 것으로 기대를 모았던 1966 잉글랜드 월드컵에서는 북한에게 덜미를 잡히면서 한밤중에 몰래 귀국해야 했다. 이처럼 오랜 시간 동안 침체의 늪에서 헤어나지 못하고 있던 이탈리아에게 유로 68은 축구 강국으로서의 부활을 알리는 신호탄이나 마찬가지였고, 이에 관중들은 첫 유럽 정복을 노리는 자국의 대표팀을 열렬히 환영했다.

조짐도 좋았다. 행운의 동전 덕에 러시아 불곰이 버티고 있던 철의 장막을 무사히 넘을 수 있었고, 유로 우승의 가장 큰 장애물로 여겨졌던 잉글랜드는 유고슬라비아에 발목이 잡히며 사라진 터였다. 이 같은 분위기에 로마의 스타디오 올림피코에는 7만여 이탈리아 홈 팬들의 열화와 같은 함성이 메아리쳤고, 경기 초반 분위기도 이탈리아의 지배 아래 놓여 있었다. 그러나 시간이 흐르자 이탈리아의 공세는 점차 사그라졌고 피치의 주도권은 이내 유고슬라비아가 가져갔다. 유고슬라비아는 부상을 당한 이비차 오심Ivica Osim을 대신해 19살의 요반 아치모비치Jovan Aćimović를 투입한 것을 제외하고는 잉글랜드전과 동일한 멤버를 출전시켰는데, 월드컵 챔피언을 꺾은 자신감 때문이었는지 이탈리아를 몹시 힘들게 했다.

이탈리아는 '빗장 수비'라는 말이 무색할 정도로 흔들렸는데, 결국 전반 39분 드라간 자이치Dragan Džajić에게 골을 허용하며 0-1로 끌려갔다. 그것이 끝이 아니었다. 유고슬라비아의 매서운 공격이 또 한 번 몰아치며 이탈리아를 절체절명의 위기 속으로 몰아넣었다. 유고슬라비아의 미로슬라브 파블로비치Miroslav Pavlović가 골문 앞에서 이탈리아의 노 마크 찬스를 잡자 뒤를 따르던 지오르지오 페리니Giorgio Ferrini가 파블로비치를 밀어 넘어뜨렸던 것이다. 이는 누가 봐도 페널티킥으로 보였고, 그 같은 분위기에서 추가 득점을 허용한다면 이탈리아의 숨통은 그대로 끊어질 터였다. 그러나 스위스의 고트프리트 다인스트Gottfried Dienst - 잉글랜드 월드컵 결승전의 주심이었다 - 주심은 어떠한 조치도 취하지 않았고, 이에 유고슬라비아 선수들이 강하게 항의를 했지만 판정은 번복되지 않았다. 주심의 오심 덕분에 위기를 모면한 이탈리아는 전반 막바지에 동점 찬스를 잡았지만 안젤로 도멘기니Angelo Domenghini의 날카로운 프리킥은 골문 구석에 맞고 튕겨 나왔고 전반전은 유고슬라비아의 리드 속에 끝이 났다.

후반전에도 유고슬라비아의 지배는 계속됐다. 횃불을 치켜든 이탈리아 홈 관중들은 열광적인 응원을 펼쳤지만, 꼬인 실타래는 풀리지 않았고 앙리 들로네컵은 유고슬라비아의 차지가 될 것처럼 보였다. 하지만 이탈리아는 경기 종료 10분여를 남긴 시점에 얻은 프리킥을 도멘기니가 골로 연결시키며 1-1을 만들었고 덕분에 동점인 채로 후반전을 마칠 수 있었다. 이후 경기는 연장전에 돌입했지만 더 이상의 골은 나오지 않았고, 앙리 들로네컵의 주인은 이틀 후 재경기를 통해 가리기로 했다.

이틀 후인 1968년 6월 10일, 스타디오 올림피코에서는 유럽축구선수권대회 처음이자 마지막으로 결승전 재경기가 열렸다. 이탈리아가 결승 1차전에 나서지 못했던 산드로 마졸라Sandro Mazzola와 루이지 리바Luigi Riva 등을 비롯해 5명의 선수를 새로 투입하며 여유롭게 재경기에 임한 반면 유고슬라비아는 이틀 전과 똑같은 선수 구성으로 경기에 나섰다. 도둑맞은 페널티킥에 대한 아쉬움 때문이었는지 체력적인 부담 때문이었는지 유고슬라비아는 이전의 결승전에서처럼 활발하게 모습을 보여주지 못했는데, 그러자 마졸라의 지휘 아래 일사불란하게 움직인 이탈리아가 유고슬라비아 진영을 파고들며 공격을 전개했다.

승부는 쉽게 갈렸다. 전반 12분 1차 결승전의 극적인 동점골의 주인공 도멘기니의 실축성 어시스트[7]를 리바가 골로 성공시키며 기선을 잡은 데 이어 전반 30분에는 피에트로 아나스타시Pietro Anastasi의 강력한 중거리 슛으로 점수 차를 2-0으로 벌렸다. 그리고 경기는 그것으로 사실상 끝이 났다. 긴장감이라고는 찾아 볼 수 없었던 후반전에는 아무 일도 일어나지 않았고, 결국 이탈리아가 자국에서 앙리 들로네컵을 들어 올리며 사상 첫 유럽 정상에 오르게 됐다.

---

7) 도멘기니는 훗날 중거리 슛을 시도했는데 실축이 되면서 공이 리바에게 향했다고 밝혔다.

EURO 1972
BELGIUM

UEFA European Football Championship

EURO 1972 Qualifying

Group 1
ROMANIA	6	4	1	1	11	2	9
Czechoslovakia	6	4	1	1	11	4	9
Wales	6	2	1	3	5	6	5
Finland	6	0	1	5	1	16	1

Group 2
HUNGARY	6	4	1	1	12	5	9
Bulgaria	6	3	1	2	11	7	7
France	6	3	1	2	10	8	7
Norway	6	0	1	5	5	18	1

Group 3
ENGLAND	6	5	1	0	15	3	11
Swiss	6	4	1	1	12	5	9
Greece	6	1	1	4	3	8	3
Malta	6	0	1	5	2	16	1

Group 4
SOVIET UNION	6	4	2	0	13	4	10
Spain	6	3	2	1	14	3	8
Northern Ireland	6	2	2	2	10	6	6
Cyprus	6	0	0	6	2	26	0

Group 5
BELGIUM	6	4	1	1	11	3	9
Portugal	6	3	1	2	10	6	7
Scotland	6	3	0	3	4	7	6
Denmark	6	1	0	5	2	11	2

Group 6
ITALY	6	4	2	0	12	4	10
Austria	6	3	1	2	14	6	7
Sweden	6	2	2	2	3	5	6
Ireland	6	0	1	5	3	17	1

Group 7
YUGOSLAVIA	6	3	3	0	7	2	9
Netherlands	6	3	1	2	18	6	7
East Germany	6	3	1	2	11	6	7
Luxembourg	6	0	1	5	1	23	1

Group 8
WEST GERMANY	6	4	2	0	10	2	10
Poland	6	2	2	2	10	6	6
Turkey	6	2	1	3	5	13	5
Albania	6	1	1	4	5	9	3

제4장 유로 1972 (1972 유럽축구선수권대회)

1972 유럽축구선수권대회에는 지난 대회보다 1개국이 늘어난 32개국이 참가해 각축을 벌였다. 대회 경기 진행 방식은 이전 대회와 크게 다르지 않았다. 4개 팀이 8개조로 나뉘어 예선 리그를 벌인 후 각 조 1위 팀이 홈&어웨이로 8강전을 치러 본선 토너먼트에 진출할 4개 팀을 가리도록 했으며, 1970년 멕시코 월드컵 8강에 진출했던 유럽의 4개국 이탈리아, 서독, 잉글랜드, 소련은 각각 다른 조에 배정되도록 했다.

예선 리그

핀 라우드럽이 누구지?

유로 72의 예선 리그는 대체로 큰 이변 없이 마무리됐다. 3조의 잉글랜드와 6조의 이탈리아, 7조의 유고슬라비아와 8조의 서독은 모두의 예측대로 어렵지 않게 8강행 티켓을 가져갔고, 유로 64 챔피언 스페인과 초대 유로 우승팀이자 유일한 3회 연속 본선 진출국인 소련의 격돌로 예선 리그 8개조 중 가장 많은 주목을 받은 4조에서는 소련이 예상외로 쉽게 토너먼트 진출권을 손에 넣었다.

나름 치열하게 레이스를 펼친 곳은 당초 예측 불허의 조로 꼽혔던 5조였다. 5조에서는 유고슬라비아와 스페인을 제치고 멕시코 월드컵에 진출했던 벨기에가 티켓에 더 가까이 있는 듯 보였지만, 스코틀랜드와 포르투갈의 전력도 만만치 않았고, 덴마크도 전통적인 아마추어 강팀으로 분류되고 있었기에 섣불리 1위를 예상치 못했다. 하지만 결코 녹록치 않을 것 같던 아마추어 강팀은 의외로 하잘 것 없었고, 초반 3경기 만에 일찌감치 8강 토너먼트와 작별을 고하는 등 연패의 늪에서 헤어나지 못했다.

1승은커녕 승점 1점조차 얻지 못하고 대회를 마감할 위기에 처하자 덴마크 축구 협회는 - 예선 탈락이 확정된 상황에서도 - 해외에서 활동 중인 프로 선수들도 대표팀에서 뛸 수 있도록 규정을 바꿨고, 이에 승점 2점을 노리고 코펜하겐을 찾은 팀들은 진땀을 흘리고 돌아가야 했다. 선두를 질주하던 벨기에는 간신히 2-1로 이기면서 연승을 이어갔지만, 남은 경기를 모두 이겨야만 가능성이 있었던 스코틀랜드는 - 미카엘 라우드럽Michael Laudrup과 브라이언 라우드럽Brian Laudrup 형제의 아버지인 - 핀 라우드럽Finn Laudrup에게 결승골을 내주며 뭉개졌고, 결국 덴마크에게 예선 리그 유일한 승리를 안겨주면서 2경기나 남겨 놓은 상황에서 예선 탈락을 확정 지었다.

뜻밖이었던 것은 예선 탈락이 확정된 팀에게 패하면서 탈락의 아픔을 맛본 스코틀랜드가 2위 포르투갈과 1위 벨기에를 연이어 격파했다는 사실이다. 이에 마지막 경기에서 벨기에를 최소한 3골차 이상으로 이겨야 했던 포르투갈은 경기 종료 직전 벨기에 수비수의 핸드볼 반칙으로 얻어낸 페널티킥으로 1-1 무승부를 거두는데 그쳤고, 결국 벨기에가 8강에 진출했다.

한편 체코슬로바키아와 핀란드의 1조 개막 경기는 유로 역사상 처음으로 교체 선수 규정이 적용된 경기였으며, 7조의 네덜란드는 아인트호벤에서 열린 룩셈부르크와의 '원정경기'에서 8-0 대승을 거두며 유로 한 경기 최다 득점 신기록[8]이자 최다 점수 차 승리 신기록[9]을 새로 썼다.

8강 토너먼트

1972년 1월 13일, 스위스 취리히에서 열린 8강 토너먼트의 추첨 결과 잉글랜드와 서독, 벨기에와 이탈리아, 헝가리와 루마니아, 소련과 유고슬라비아가 유로 72 본선 진출권을 놓고 각축을 벌이게 되었다. 공교로운 점은 서유럽 4팀과 동유럽 4팀이 토너먼트 양쪽으로 나뉘어 경기를 치르게 됐다는 점이었다. 잉글랜드 대 서독전의 승자는 벨기에 대 이탈리아전의 승자와, 헝가리 대 루마니아전의 승자는 소련 대 유고슬라비아전의 승자와 준결승전에서 만나게 됐는데, 이에 유로 72의 결승전은 서유럽 대 동유럽의 구도로 짜이게 됐다.

웸블리 불패 신화가 무너지다

8강 토너먼트의 격돌 중 세간의 이목을 집중시킨 경기는 단연 잉글랜드 대 서독의 대결로 유럽을 넘어 전 세계 축구팬들의 뜨

---

8) 합계 점수로는 유로 60 예선 1라운드 '프랑스 7-1 그리스'의 스코어와 동률.
9) 이전 기록은 유로 68 예선 6조의 '루마니아 7-0 키프로스'.

거운 관심을 모았다. 1966 잉글랜드 월드컵 결승에서 격돌했던 두 팀은 4년 뒤인 멕시코 월드컵 8강전에서 운명처럼 다시 만나 또 한 번의 명승부를 펼쳤는데, 이때는 서독이 0-2로 끌려가던 경기를 3-2로 뒤집으며 잉글랜드 월드컵에서의 패배를 톡톡히 갚아줬다. 이에 잉글랜드는 숙적 서독을 꺾고 멕시코 월드컵에서의 쓰라린 패배를 설욕하고자 다짐하며 복수의 칼날을 갈았다.

잉글랜드는 1908년 독일과 첫 A매치를 가진 이후 60여 년간 독일에 단 한 차례도 패한 적이 없었다. 1908년 4월 20일, 베를린에서 첫 대결을 가진 이래 1966 월드컵 결승전까지 독일을 상대로 8승 2무의 압도적인 전적을 기록하고 있었고, 이에 잉글랜드는 '독일은 영국을 절대 이길 수 없다'는 굳은 신념을 가지고 있었다. 그러나 이 같은 전통은 1968년에 산산이 부서졌다.

1968년 6월 1일, 잉글랜드는 하노버에서 가진 서독과의 친선 경기에서 프란츠 베켄바워Franz Beckenbauer의 결승골에 0-1로 무릎을 꿇으며 60년 만에 첫 패배를 당했던 것이다. 잉글랜드는 이 패배에 큰 충격을 받았지만 그래도 그때는 친선 경기였을 뿐이라는 핑계로 위안을 삼을 수 있었다. 하지만 멕시코 월드컵에서의 패배는 달랐다. 친선 경기가 아닌 메이저 대회에서의 첫 번째 패배였고, 후반 중반까지 2-0으로 이기고 있다가 내리 3골을 내주며 역전을 당한 끔찍한 패배였다. 여기에 서독에게 당한 첫 연패라는 점에서 잉글랜드가 받은 충격은 이루 말할 수 없었다. 이에 이번에는 반드시 이겨야 했고, 또 그러리라 믿었다.

그도 그럴 것이 웸블리에서 가진 공식 경기에서 잉글랜드가 외국팀에게 패한 적은 단 한 번도 없었기 때문이다. 잉글랜드의 웸블리 불패 신화는 1953년 11월 25일, 페렌츠 푸스카스Ferenc

Puskás가 이끌던 마법의 팀 헝가리에게 3-6으로 무참히 패하며 막을 내렸고, 이후에도 스웨덴과 오스트리아에게 패배를 당한 적이 있었다. 그렇지만 이는 모두 친선 경기의 결과였을 뿐 월드컵이나 유럽축구선수권대회 같은 메이저 대회에서는 잉글랜드가 웸블리에서 패한 적은 없었다. 그 같은 '전통'이 있었기에 잉글랜드는 여전히 자신감에 넘쳐 있었고, 서독과의 대결에서 승리할 것을 믿어 의심치 않았다.

여기에 서독 대표팀 부동의 수비수이자 분데스리가 최고의 풀백으로 평가 받는 베르티 포그츠Berti Vogts의 부상은 행운처럼 여겨졌다. 서독의 헬무트 쇤Helmut Schön 감독은 포그츠를 대신할 선수로 베테랑 수비수 호르스트-디터 회트게스Horst-Dieter Höttges를 다시 대표팀에 발탁했는데, 이 같은 소식에 잉글랜드 팬들은 내심 미소를 지었다. 잉글랜드에게 있어 회트게스는 즐거운 기억의 편린이었다. 회트게스는 1966 월드컵 결승전에서 제프 허스트Geoff Hurst에게 연이어 뚫리며 해트트릭을 허용했는데, 그런 허스트가 여전히 건재했던 - 혹은 건재하다고 믿고 있던 - 것이다. 하지만 이들은 잉글랜드가 6년 전 월드컵 챔피언의 지위에 만족해하며 우쭐해 하고 있는 사이에 서독이 완벽한 신구 조화를 이루며 1970 월드컵 이후 더욱 강한 팀으로 성장했다는 사실을 간과했다.

유로 72 최고의 빅 매치인 잉글랜드와 서독의 8강 토너먼트 1차전은 1972년 4월 29일, 10만여 관중이 몰려든 웸블리 스타디움에서 펼쳐졌다. 홈 관중들의 뜨거운 응원에 힘입어 초반 주도권을 잡은 잉글랜드는 6년 전 승리의 주역인 허스트를 중심으로 시작부터 날카로운 공격을 퍼부으며 과거의 영광을 재연하고자 했지만 경기는 잉글랜드의 뜻대로 흘러가지 않았다. 잉글랜드는 베켄바워와 한스-게오르그 슈바르첸벡 Hans-Georg Schwarzenbeck이 버틴 중앙과 파울 브라이트너Paul Breitner가 지키고 있는 오른쪽은 물론 허스트가 쉽게 열어젖힐 것이라 생각했던 회트게스의 왼쪽 수비 라인도 쉽사리 넘어서지 못했다.

잉글랜드에게 있어 이날 베켄바워가 이끄는 서독의 수비진은 결코 넘을 수 없는 벽과도 같았고, '미드필드의 마술사' 귄터 네처 Günter Netzer의 화려한 플레이가 시작되자 경기 초반 잉글랜드가 잠시나마 쥐고 있던 경기의 주도권은 이내 서독의 수중에 떨어졌다. 수세에 몰린 잉글랜드는 주장 바비 무어Bobby Moore를 중심으로 서독의 공세에 맞섰지만 힘겹게 버틸 뿐이었고, 전반 25분 울리 회네스Ulrich Hoeneβ가 날린 기습적인 중거리 슛에 선제골을 허용하며 되레 끌려갔다.

잉글랜드의 고전은 후반에 들어서도 좀처럼 나아지지 않았다. 후반 15분 프란시스 리Francis Lee의 동점골로 1-1을 만들었지만 주도권은 여전히 서독의 몫이었고, 후반 39분 지그프리트 헬트 Sigfried Held가 무어의 다리에 걸려 넘어지며 얻어낸 페널티킥을 네처가 득점으로 연결시키며 다시금 앞서 나갔다. 그리고 4분 뒤 게르트 뮐러Gerd Müller의 오른발 터닝슛이 스코어를 3-1로 만들자, 그와 함께 잉글랜드의 메이저 대회 웸블리 불패 신화도 끝났다.

2주 후인 5월 13일, 베를린의 올림피아 슈타디온에서 벌어진 두 팀의 2차전은 비가 내리는 가운데 치러진 탓이었는지 기대와 달리 볼거리를 만들어 내지 못했다. 홈에서 쓰라린 패배의 설욕을 다짐했던 잉글랜드는 웸블리에서 보다는 한결 나아진 모습을 보여줬지만 베켄바워의 지휘 아래 일사불란하게 움직이는 철옹성 같은 서독의 수비 라인을 넘어서기에는 여전히 부족했다. 결국 경기는 0-0으로 끝이 났고, 이로써 서독이 잉글랜드를 제치고 본선 토너먼트에 진출하며 유럽 지배의 서막을 열었다.

'붉은 악마'의 탄생

8강 토너먼트 중 가장 관심을 모은 경기는 서독 대 잉글랜드의 대결이었지만, 8강 토너먼트의 가장 큰 뉴스를 제공한 팀은 벨기에였다. 다윗 벨기에와 골리앗 이탈리아의 대결은 누가 봐도 승자가 명백한 싸움으로 보였다. 왜냐하면 벨기에가 이탈리아를 이긴 적은 이제껏 단 1번 - 그것도 20년 전의 일이다 - 밖에 없었고, 굳이 과거 전적을 들추지 않더라도 1970 월드컵 조별리그 탈락 팀이 준우승 팀을 꺾는 일 따위는 일어나지 않을 것으로 생각했기 때문이다.

그렇기에 벨기에가 이탈리아 원정에서 0-0 무승부를 거두고 돌아왔을 때까지만 해도 단지 운이 좋았을 뿐이라며 치부됐고, 벨기에가 2차전을 홈에서 갖는다 해도 승리는 당연히 디펜딩 챔피언 이탈리아의 차지가 될 것으로 생각했다. 그러나 레이몽 괴탈Raymond Goethals 감독이 1968년부터 다져온 벨기에는 만만한 상대가 아니었다. 상대팀에 대한 면밀하고 철저한 분석으로 유명한 괴탈 감독은 벨기에 선수들에게 끈질긴 정신을 갖도록 가르쳐 '붉은 악마'라는 애칭을 얻게 했는데, 그런 그에게 멕시코 월드컵의 주전 멤버 중 단 2명만이 바뀐 평균 연령 29세의 늙은 이탈리아는 결코 두려운 상대가 아니었다.

벨기에와 이탈리아의 2차전은 브뤼셀의 에밀리 버어스 스타디움에서 이뤄졌다. 벨기에가 총 수용 인원 28,063석 가량의 이 작은 경기장을 낙점한 것은 탁월한 선택이었는데, 그라운드에 가깝게 자리 잡은 26,000명가량의 홈 관중이 펼치는 응원은 이탈리아 선수들을 주눅 들게 만들기에 충분했다. 팽팽하던 경기의 균형이 깨진 것은 전반 24분의 일로 벨기에의 빌프리트 반 모에르Wilfried Van Moer의 헤딩슛이 이탈리아의 골 그물을 가르자 벨기에 벤치와 관중석에서는 뜨거운 환호가 쏟아져 나왔다.

하지만 이 골은 끔찍한 재앙으로 다가왔다. 벨기에가 1-0으로 앞선 가운데 하프 타임을 알릴 휘슬이 울리기 직전 이탈리아의 마리오 베르티니Mario Bertini가 작정을 한 듯 - 선제골의 주인공 - 반 모에르에게 거친 태클을 날렸는데, 단순한 태클로 판정된 이 파울에 반 모에르의 다리가 부러지고 만 것이다. 그러나 이탈리아의 거친 파울에도 불구하고 벨기에는 공격을 멈추지 않았고, 후반 26분에는 또다시 이탈리아의 골 그물을 흔들며 2-0을 만들었다. 생각지도 못한 결과에 당황한 이탈리아는 이후 총공세를 퍼부었지만 득점은 후반 41분 루이지 리바Luigi Riva의 페널티킥으로 한 점을 만회한 것이 전부였고, 디펜딩 챔피언 이탈리아는 그렇게 대회 최대 이변의 조연으로 전락하며 사라졌다.

그 밖의 8강 토너먼트 대결에서는 헝가리가 루마니아와 무려 3차례나 격전을 치른 끝에 승리를 거두면서 사상 첫 유로 본선 무대에 진출하는 기쁨을 누렸고, 유로의 단골손님 소련은 유고슬라비아를 합계 3-0으로 물리치고 4회 연속 본선 진출에 성공했다.

유로 72 벨기에

'폭격기' 뮐러, '붉은 악마'를 짓밟다

 1972년 유럽축구선수권대회 본선 토너먼트는 벨기에에서 개최됐으며 이미 확정된 대진 결과에 따라 개최국 벨기에는 서독과, 소련은 헝가리와 결승 진출을 놓고 다투게 되었다.

 벨기에와 서독의 대전은 1972년 6월 14일, 앤트워프의 보사윌 스타디온에서 펼쳐졌다. 벨기에는 이탈리아와의 경기에서처럼 홈 관중들이 경기장을 가득 메워 응원해주기를 바랐지만 서독의 국경과도 가까운 탓에 경기장을 장악한 것은 서독의 응원단이었고, 이들의 열광적인 응원에 경기장은 서독의 홈구장인 것처럼 느껴졌다. 경기는 서독의 주도 속에 흘러갔지만 8강전에서 대어를 낚은 벨기에는 서독의 공격을 무리 없이 잘 막아냈고 또 한 번의 이변을 향한 순항을 계속하는 듯 했다. 하지만 벨기에의 이 같은 꿈은 천재 미드필더의 로빙 패스 한 방과 천재 스트라이커의 전광석화 같은 움직임 한 번에 깨지고 말았다. 전반 24분 페널티 지역 외곽에 있던 네처가 벨기에 골문 근처로 공을 높이 차 올렸을 때까지만 해도 공은 그대로 벨기에 골키퍼의 두 손 안으로 들어갈 듯 보였다. 그러나 그때 쏜살같이 나타난 '폭격기' 뮐러가 힘차게 뛰어 올라 잘라 먹는 헤딩을 하자 공은 골문을 비우고 나온 벨기에 골키퍼를 넘어 골문 구석으로 들어가며 선취골로 연결됐다.

 벨기에는 이후 동점골을 뽑기 위해 서독의 골문을 지속적으로 압박해 나갔지만 서독의 골키퍼 마이어의 선방에 막히며 좌절감을 맛봐야 했다. 하지만 벨기에의 더 큰 좌절은 피치의 절반을 순식간에 가로지르는 환상적인 패스가 세상에서 가장 위험한 공격수의 발끝에 연결되며 나왔다. 후반 21분 공격에 나선 네처가 하프 라인을 넘어서자마자 길게 찔러준 기습적인 롱 패스는 벨기에의 페널티 지역을 파고드는 뮐러의 발끝에 한 치의 오차도 없이 전해졌고, 뮐러는 이를 골로 연결시키며 승부를 결정지었다. 벨기에는 후반 38분에 한 골을 만회했지만 더 이상 따라잡지 못했고 결국 서독이 2-1의 승리를 거두며 결승에 진출, 헝가리를 1-0으로 꺾고 3번째 유로 결승 무대에 오른 소련과 앙리 들로네컵을 놓고 다투게 됐다.

결승전

서독, 유럽 챔피언에 등극하다

서독과 소련의 유로 72 결승전은 1972년 6월 18일, 브뤼셀의 헤이젤 스타디움에서 열렸다. 헤이젤 스타디움을 찾은 43,437명의 관중 중 상당수는 서독에서 건너 온 응원단이었는데, 서독 팬들의 일방적인 응원 소리만큼이나 경기 흐름 역시 서독의 압도적인 우위 속에서 진행됐다.

소련의 선축으로 시작된 경기는 채 몇 분도 지나지 않아 서독의 수중으로 떨어졌고 소련이 기댈 곳은 에브게니 루다코프 Evgeni Rudakov 골키퍼의 선방 외에는 없어 보였다. 서독의 공세는 초반부터 매섭게 몰아쳤다. 전반 2분 소련의 중원을 단번에 꿰뚫은 네처의 킬 패스는 루다코프 골키퍼를 경기 초반부터 허겁지겁하게 만들었고, 2분여 뒤에 나온 뮐러의 강슛 역시 루다코프의 대담한 방어가 없었더라면 그대로 골 그물을 출렁일 뻔 했다. 여기에 운까지 따라주는 듯 했다. 전반 8분 소련의 오른쪽 측면을 완벽하게 허물어버린 브라이트너의 돌파에 이은 슈팅은 루다코프 골키퍼도 어떻게 할 도리가 없었지만 다행히도 골문을 살짝 비켜갔고, 전반 13분에 나온 회네스의 결정적인 헤딩슛은 크로스바가 지켜줬다.

그렇지만 소련을 지탱해줬던 루다코프의 선방과 크로스바의 행운도 소나기처럼 퍼붓는 서독의 공세에는 그리 오래 버티지 못했다. 전반 27분 수비 라인에 있던 베켄바워가 미드필드를 쏜살같이 헤치고 들어가 최전방의 공격 진영에 건넨 공은 순식간에 뮐러를 거쳐 네처의 중거리 슛으로 이어졌다. 하지만 이 슛은 또다시 크로스바를 맞고 나왔고 이때까지만 해도 행운은 여전히 소련과 함께 하는 듯 했다. 그러나 소련의 행운은 거기까지였다. 크로스바를 맞고 나온 공을 소련의 수비가 재차 걷어냈지만 공은 하필이면 페널티 지역 오른쪽 구석에서 버티고 있던 유프 하인케스Jupp Heynckes의 앞에 떨어졌던 것이다. 하인케스의 대포알 같은 강슛은 소련의 수호신 루다코프 골키퍼가 또 다시 몸을 던져 쳐냈지만 소련의 골문을 노리고 있던 뮐러의 반 박자 빠른 마무리 슈팅은 그로서도 어쩔 도리가 없었고, 결국 뮐러의 슛은 소련의 골문 구석에 박히며 서독의 선취점으로 이어졌다.

1-0이 되자 분위기는 확연히 서독에게로 쏠렸다. 소련은 간간히 반격을 시도하며 동점을 만들려고 애를 썼지만 베켄바워와 네처가 피치를 완벽하게 장악한 탓에 서독의 진영으로는 좀처럼 넘어올 수 없었다. 이후 소련의 수비 라인이 앞으로 올라오며 잠시 동안 팽팽한 균형을 이룰 수 있게 됐지만 이내 다시 서독의 공격에 휘청거리다 위태롭던 전반전을 끝마칠 수 있었다.

후반이 시작되자 소련은 보다 적극적인 모습으로 경기에 임했고 잠시나마 서독을 압도하는 듯 보였다. 그러나 전반전 막바지처럼 이번에도 역시 그 같은 모습은 오래 가지 못했고, 후반 7분 하인케스의 킬 패스에 이은 빔머의 슛에 재차 실점을 허용하며 휘청거렸다. 서독의 맹폭은 이것이 끝이 아니었다. 후반 13분에는 뮐러의 결승전 2번째 골이자 유로 72 본선 4번째 골[10]이 터졌고, 이것으로 서독의 우승은 사실상 결정되었다. 3-0인 상황에서 후반 40분경에 이르자 승리를 확신한 서독의 응원단은 관중석을 벗어나 그라운드 주변을 온통 에워 쌓고, 몇 분 후 종료 휘슬이 울리자 서독의 국기를 흔들며 쏟아져 들어와 피치를 뒤덮었다.

유럽 챔피언에 등극한 서독은 이제 적수를 찾을 수 없을 만큼 강력한 팀이 되어 있었다. 대부분의 사람들 역시 이에 동의를 했는데 2년 뒤에는 사상 처음으로 유럽축구선수권대회와 월드컵을 연속으로 석권하며 이를 증명했다. 유로 72의 결승전은 유로 2012 결승전과 함께 유럽축구선수권대회 결승전 역사상 가장 일방적인 경기로 꼽히며, 이때의 서독 대표팀은 역대 독일 대표팀 역사상 최고의 팀으로 평가 받고 있다.

그 해 '발롱도르' 투표에서는 서독의 베켄바워, 뮐러, 네처가 나란히 1~3위를 차지했는데, 이처럼 한 국가의 선수들이 발롱도르의 1~3위를 휩쓴 사례는 1972년의 서독이 처음이었다.

---

10) 유로 72 예선 리그를 포함하면 11번 째 골이다. 게르트 뮐러는 유로 72 예선과 본선에서 모두 9경기에 나서 11골을 기록했다.

▲ 앙리 들로네컵을 안고 내려오는 서독의 주장 베켄바워와 헬무트 쇤 감독.

EURO 1976
YUGOSLAVIA

UEFA European Football Championship

EURO 1976 Qualifying

Group 1
CZECHOSLOVAKIA	6	4	1	1	15	5	9
England	6	3	2	1	11	3	8
Portugal	6	2	3	1	5	7	7
Cyprus	6	0	0	6	0	16	0

Group 2
WALES	6	5	0	1	14	4	10
Hungary	6	3	1	2	15	8	7
Austria	6	3	1	2	11	7	7
Luxembourg	6	0	0	6	7	28	0

Group 3
YUGOSLAVIA	6	5	0	1	12	4	10
Northern Ireland	6	3	0	3	8	5	6
Sweden	6	3	0	3	8	9	6
Norway	6	1	0	5	5	15	2

Group 4
SPAIN	6	3	3	0	10	6	9
Romania	6	1	5	0	11	6	7
Scotland	6	2	3	1	8	6	7
Denmark	6	0	1	5	3	14	1

Group 5
NETHERLANDS	6	4	0	2	14	8	8
Poland	6	3	2	1	9	5	8
Italy	6	2	3	1	3	3	7
Finland	6	0	1	5	3	13	1

Group 6
SOVIET UNION	6	4	0	2	10	6	8
Ireland	6	3	1	2	11	5	7
Turkey	6	2	2	2	5	10	6
Swiss	6	1	1	4	5	10	3

Group 7
BELGIUM	6	3	2	1	6	3	8
East Germany	6	2	3	1	8	7	7
France	6	1	3	2	7	6	5
Iceland	6	1	2	3	3	8	4

Group 8
WEST GERMANY	6	3	3	0	14	4	9
Greece	6	2	3	1	12	9	7
Bulgaria	6	2	2	2	12	7	6
Malta	6	1	0	5	2	20	2

제5장 유로 1976 (1976 유럽축구선수권대회)

1974 서독 월드컵은 유럽의 잔치로 끝났다. 유로 72의 우승국인 서독은 세계 최고를 가리는 월드컵에서도 정상에 올랐으며, 준우승 역시 토털 풋볼로 전 세계의 센세이션을 몰고 온 네덜란드의 몫이었다. 이 밖에 폴란드가 브라질을 꺾고 3위를 차지하는 등 월드컵 8강 진출국 중 6개국이 유럽 국가였다. 유럽 이외에 8강에 진출한 나라는 브라질과 아르헨티나뿐이었는데 4강에 들며 체면치레를 했던 브라질도 유럽의 힘에 밀리며 1966 잉글랜드 월드컵 이후 최악의 플레이를 보여줬고, 아르헨티나는 유럽 팀을 상대로는 단 1승도 얻어 내지 못하고[11] 귀국길에 올랐다. 이같은 결과는 자연스레 유럽축구선수권대회의 권위를 높여주는 한편 세계의 주목을 받는 이벤트로 성장하게 했다.

이번 대회 역시 32개국이 8조로 나뉘어 조별리그를 벌인 뒤 각 조 1위 팀이 8강 토너먼트에 진출, 홈&어웨이 방식으로 경기를 치러 그 승자가 본선 토너먼트에 나가도록 했다.

---

11) 아르헨티나는 1974 월드컵에서 모두 6경기를 치러 1승 2무 3패를 기록했는데, 이 1승은 서인도 제도의 섬나라 아이티를 상대로 거둔 것이었다.

예선 리그

디나모 키예프여, 소련을 구하소서

월드컵 준우승팀 네덜란드, 올림픽 우승팀이자 월드컵 3위에 빛나는 폴란드, 빗장 수비를 자랑하는 전통의 강호 이탈리아가 속한 5조는 유로 역사상 손꼽히는 죽음의 조로 예선 리그부터 이런 강호들이 집중적으로 배치된 사례는 이제껏 없었다. 이들과 함께 5조에 편성된 핀란드의 입장에서는 쓴웃음조차 나오지 않았는데, 이는 비단 핀란드만의 이야기가 아니었다. 폴란드와 이탈리아 역시 다른 조에 속했더라면 능히 조 1위를 차지하고도 남았을 터였지만, 하필 네덜란드와 한 조가 되는 바람에 너무 일찍 유로 76과 작별을 고했다.

결국에는 8강 진출 티켓을 손에 넣었지만 예선 리그 중반만 해도 네덜란드의 예선 통과 가능성은 미지수였다. 핀란드와의 2연전과 이탈리아와의 홈경기를 손쉽게 쓸어 담으며 3연승으로 조 선두를 내달렸지만 폴란드 원정에서 1974 서독 월드컵 이후 최악의 플레이를 펼치며 1-4로 패한 탓에 조 2위로 물러났던 것이다. 하지만 예선 3경기에서 고작 승점 3점만을 기록했던 이탈리아가 조 최약체 핀란드와의 홈경기를 0-0 무승부로 마치며 8강행에 대한 기대를 사실상 접은 상황에서 암스테르담을 방문한 폴란드와의 리턴 매치가 반전의 계기가 되었다. 폴란드 원정에서의 부진으로 미디어의 온갖 질타를 받은 요한 크루이프Johan Cruyff는 이날 마술 같은 드리블로 폴란드의 수비를 뒤흔들며 혼을 빼 놓았는데 덕분에 네덜란드가 3-0의 완승을 거두며 재차 1위로 나섰다.

이로써 2위로 물러난 폴란드가 8강에 진출하기 위해서는 바르샤바에서 예정되어 있는 이탈리아와의 최종전을 반드시 이겨야 했다. 하지만 폴란드는 10명이 된 이탈리아의 수비를 끝내 뚫지 못하며 0-0 무승부로 경기를 끝냈고, 네덜란드에 골득실에서 크게 뒤진 조 2위로 예선 리그를 마감해야 했다. 이제 폴란드가 8강에 가기 위해서는 5조 최종전에서 이탈리아가 네덜란드를 4골 차 이상으로 대파해 줄 경우에만 그 가능성이 있었으나 이탈리아가 이전 5경기에서 2골만을 기록했다는 점을 감안한다면 이 날의 결과로 인해 네덜란드의 8강행은 사실상 확정된 것과 다름없었다. 실제로 이탈리아는 승부에 개의치 않는 모습으로 로마를 방문한 네덜란드를 꺾는 데는 성공했지만 득점은 파비오 카펠로Fabio Capello의 골이 유일했고, 월드컵 3위 팀 폴란드의 유로 76도 그것으로 끝이 났다.

6조의 소련은 뜻밖의 전략으로 조 1위를 꿰찼다. 더블린에서 가진 아일랜드와의 개막 경기에서 0-3의 참담한 패배를 당한 소련의 다음 경기는 키예프에서 열렸다. 소련의 국제 경기가 의례 모스크바에서 열려왔던 관행을 생각한다면 키예프는 다소 뜻밖의 장소인 셈인데 여기에는 부진에 빠진 소련 축구의 고뇌가 담겨 있었다. 아일랜드에게 충격적인 패배를 당한 소련은 이후 예상을 뛰어넘는 특단의 조치를 취했는데 당시 유럽 무대를 주름잡고 있던 디나모 키예프Dynamo Kyiv의 발레리 로바노프스키 Valeriy Lobanovsky 감독을 새 사령탑에 앉힌 것은 물론 대표팀 멤버 역시 디나모 키예프 소속 선수들로만 구성했던 것이다. 이에 경기 장소 역시 자연스레 키예프로 옮겨졌는데, 소련의 다소 파격적인 이 전략은 다행스럽게도 효과를 거두어 유니폼만 소련 팀인 디나모 키예프는 이후에 가진 4경기를 모두 이기면서 예선 리그 최종전 결과에 상관없이 8강행을 확정 지었다.

디펜딩 챔피언이자 월드컵 챔피언인 서독 역시 예선 리그 동안 변화를 꾀했다. 게르트 뮐러Gerd Müller의 은퇴로 인한 공백이 생각보다 컸는지 몰타 원정을 1-0으로 간신히 이기는 등 시작부터 고전을 면치 못했던 서독은 결국 분데스리가 소속의 선수들로만 채워진 스쿼드에 레알 마드리드Real Madrid에서 뛰고 있던 귄터 네처Günter Netzer와 파울 브라이트너Paul Breitner를 불러 들였고, 덕분에 초반의 부진을 딛고 예상대로 8조의 1위를 차지했다. 반면 리즈 유나이티드Leeds United의 황금기를 이끈 돈 레비Don Revie 감독을 새 사령탑으로 영입하면서 8강 진출이 거의 확실해 보였던 잉글랜드는 언더독 체코슬로바키아에 일격을 당하면서 유로 72와 1974 서독 월드컵에 이어 메이저 대회 3회 연속 진출 실패라는 쓰디쓴 고배를 마셨다.

8강 토너먼트
낮은 땅 더비

8강 토너먼트 대진 중 가장 흥미로웠던 대결은 우승 후보 네덜란드와 이웃 나라 벨기에가 벌인 '낮은 땅 더비Derby der Lage Landen'[12]였다. 네덜란드는 1905년에 가진 첫 대결에서 4-1로 이긴 이래 벨기에를 상대로 46승 23무 36패의 우위를 기록하고

---

12) 네덜란드와 벨기에의 A매치를 일컫는 말. 네덜란드와 벨기에는 1905년 첫 대결을 벌인 후 지난 2016년까지 모두 126경기를 치렀는데 이는 아르헨티나와 우루과이, 오스트리아와 헝가리의 대결에 이어 3번째로 많은 A매치 맞대결 기록이다.

있었다. 하지만 2차 세계대전 이후에는 15승 12무 18패로 되레 열세를 보였는데, 이 같은 양상은 네덜란드 축구가 세계 정상권에 올라선 1970년대에 들어서도 좀처럼 나아지지 않았다. 토털풋볼로 전 세계를 깜짝 놀라게 한 네덜란드였건만, 벨기에는 이런 네덜란드를 만나면 더 힘을 냈고 이에 네덜란드는 1966년을 마지막으로 벨기에를 이겨 본적이 없었다. 설명이 필요 없는 크루이프를 비롯해 스쿼드 전체가 스타플레이어들로 채워진 네덜란드가 확연한 우세를 보일 것 같았지만 어찌된 일인지 벨기에를 상대로는 열세를 면치 못했고 그랬기 때문에 이번에도 어려운 경기가 될 것으로 전망됐다. 그러나 이들의 8강 토너먼트는 예상과 달리 네덜란드의 압승으로 끝이 났다.

승부는 로테르담에서 열린 1차전에서 사실상 갈렸다. 홈 팀 네덜란드는 시종일관 벨기에를 압도했는데, 특히 벨기에 수비진을 철저히 유린한 롭 렌센브링크Rob Rensenbrink와 크루이프의 활약은 단연 돋보였다. 이날 렌센브링크는 해트트릭을, 크루이프는 어시스트 해트트릭을 기록하며 네덜란드의 5-0 승리를 견인했는데 이는 1966년 4월 로테르담에서 3-1로 이긴 후 10년 만에 얻어낸 승리로, 벨기에를 상대로 다섯 골 차 이상의 대승을 거둔 것도 1959년 이후 17년 만의 일이었다. 네덜란드는 한 달 후 브뤼셀에서 열린 경기도 2-1로 이기면서 합계 7-1로 벨기에를 여유 있게 따돌리며 사상 처음으로 유로 본선에 올랐다.

유로 68 챔피언 스페인과 유로 72 챔피언 서독의 대결로 관심을 모은 챔피언들의 대결은 디펜딩 챔피언 서독의 승리로 끝이 났다. 서독은 마드리드의 산티아고 베르나베우에서 치른 1차전은 1-1 무승부로 끝냈으나, 뮌헨의 올림피아 슈타디온에서 진행된 2차전에서는 울리 회네스Uli Hoeneβ의 골 등으로 2-0으로 이기며 합계 3-1로 본선에 진출, 대회 2연패를 노리게 됐다.

이미 승자가 정해진 듯 했던 소련과 체코슬로바키아의 대결은 뜻밖의 결말로 끝이 났다. 소련 대표팀의 중추였던 디나모 키예프는 1974~75 UEFA 컵 위너스컵UEFA Cup Winners' Cup 석권에 이어 UEFA 슈퍼컵UEFA Super Cup에서도 유럽 최강으로 꼽히던 바이에른 뮌헨Bayern München을 꺾고 우승을 차지했던 터였기에 이들 전력을 고스란히 대표 팀에 흡수한 소련의 우세 또한 당연한 듯 보였다. 하지만 이 같은 전망은 섣부른 예측이었다. 홈에서 2-0으로 이기며 파란을 연출했던 체코슬로바키아는 키예프 원정에서도 2-2 무승부를 이끌어내며 UEFA 슈퍼컵 우승팀을 상대로 합계 4-2로 승리, 유로 60부터 계속되어 온 소련의 유로 본선 연속 진출 기록을 끝장냈다.

유로 76 유고슬라비아

제5회 유럽축구선수권대회의 결승 토너먼트의 개최국으로는 8강 토너먼트에서 웨일즈를 합계 3-1로 격파한 유고슬라비아로 낙점되었고, 이에 유로 76은 철의 장막 너머에서 치러진 유일한 메이저 대회가 되었다.

유로 76의 준결승 토너먼트의 대진 추첨 결과 네덜란드와 체코슬로바키아, 유고슬라비아와 서독이 경기를 벌이게 됐는데, 이 같은 결과에 많은 이들은 월드컵 결승전에서 명승부를 벌인 서독과 네덜란드가 유로 결승에서도 재격돌할 것을 믿어 의심치 않았다.

가공할 언더독, 오렌지마저 집어 삼키다

유로 76 본선의 준결승 토너먼트는 1976년 6월 16일, 자그레브의 막시미르 스타디움에서 열린 네덜란드와 체코슬로바키아의 대결로 그 시작을 알렸다. 비가 퍼붓는 가운데 시작된 경기는 예상대로 네덜란드의 지배 속에서 진행됐지만, 다재다능한 전천후 오렌지들의 갖은 노력에도 불구하고 겹겹으로 잠긴 체코슬로바키아의 골문은 좀처럼 열리지 않았다. 네덜란드는 전반 19분 되레 역습을 허용하며 프리킥을 내줬는데, 안토닌 파넨카Antonín Panenka의 프리킥을 안톤 온두르스Anton Ondruš가 멋지게 받아 넣으며 이변의 서막을 알렸다.

후반전의 경기 양상도 비슷했다. 네덜란드는 공세를 계속했지만 마치 양동이로 퍼붓는 듯 내리는 비 때문인지 2년 전 월드컵 때와 같은 위력적인 모습은 좀처럼 찾아 볼 수 없었고 체코슬로바키아는 이를 어렵지 않게 막아냈다. 하지만 네덜란드의 계속된 공격이 아주 효과가 없는 것은 아니었다. 체코슬로바키아의 선수들은 네덜란드의 공격을 차단하기 위해 몸을 아끼지 않았는데 후반 15분에는 이것이 빌미가 되어 야로슬라브 폴라크Jaroslav Pollák가 퇴장을 당했고 수적 열세에 놓인 체코슬로바키아는 곧 네덜란드에게 동점골을 허용했다.

1-1이 되자 네덜란드는 공격의 수위를 높였지만, 이는 잠시뿐으로 후반 31분 요한 네스켄스Johan Neeskens의 퇴장과 함께 네덜란드의 상승세 또한 꺾이고 말았다. 이로써 네덜란드도 체코슬로바키아와 마찬가지로 10명의 선수로 싸워야 했는데, 겉으로는 똑같이 10명씩 싸우는 셈이었지만 실제로는 네덜란드의 타격이

더 컸다. 네스켄스는 크루이프와 함께 토털 풋볼이라는 오케스트라를 지휘했던 중심축이었고, 이런 네스켄스의 퇴장은 한 명의 선수가 퇴장 당한 것 이상의 타격이었다.

네스켄스의 공백은 경기가 연장전에 접어들자 뼈저리게 다가왔다. 네덜란드는 크루이프와 빔 반 하네겜Wim Van Hanegem을 중심으로 토털 풋볼을 가동했지만 체코슬로바키아를 압도하지 못했다. 오히려 연장 후반 9분, 연장전 시작과 동시에 교체 투입되어 들어온 프란티첵 베셀리František Veselý의 번개 같은 돌파에 이은 크로스가 즈데넥 네호다Zdeněk Nehoda의 머리에 정확히 연결되면서 골로 이어졌고 체코슬로바키아가 다시 앞서 나가게 되었다. 치명적인 실점을 허용한 네덜란드는 빠른 시간 안에 동점을 만들고자 했지만, 실점을 허용한 지 1분만인 연장 후반 10분 반 하네겜마저 퇴장을 당하자 어렴풋한 희망 또한 사라졌다. 체코슬로바키아는 연장 후반 13분에 쐐기골을 터뜨리며 3-1을 만들었고 결국 우승 후보 네덜란드마저 제압하는 대이변을 연출하며 결승에 올랐다.

A매치 첫 경기에서 나온 유로 최초이자 최연소 해트트릭

이튿날, 베오그라드의 크르베나 즈베즈다 스타디움에서는 홈팀 유고슬라비아와 디펜딩 챔피언 서독이 결승 진출을 놓고 치열한 접전을 펼쳤다. 그 누구도 서독의 우위를 믿어 의심치 않았지만 휘슬이 울리자 경기를 지배한 쪽은 예상과 달리 유고슬라비아였다. 유고슬라비아의 젊은 선수들은 그라운드를 종횡무진 휘젓고 다녔는데, 이들의 놀라운 발재간과 창의적인 플레이에 경험은 많지만 노쇠한 서독의 선수들은 이내 압도됐다. 유고슬라비아의 기세는 무서웠다. 전반 19분 다닐로 포피보다Danilo Popivoda의 골로 기선을 제압한 유고슬라비아는 11분 뒤 드라간 자이치Dragan Džajić의 추가골로 2-0을 만들며 점수 차를 더욱 벌렸는데, 전반전에 유고슬라비아가 보여준 경기 내용을 놓고 본다면 서독이 이를 뒤집는 것은 불가능해 보였다.

하지만 후반전에 놀라운 반전이 펼쳐졌다. 서독의 헬무트 쇤Helmut Schön 감독은 후반 시작과 함께 미드필더 하인츠 플로헤Heinz Flohe를 투입하며 중원에 힘을 실어 줬는데 그러자 곧 수비가 안정되면서 경기의 주도권도 되찾아 올 수 있었다. 그리고 후반 19분 플로헤의 왼발 중거리 슛이 유고슬라비아의 골 그물을 흔들며 1-2로 따라 붙자 경기는 곧 서독의 일방적인 흐름 속에서 진행됐다. 추격의 발판을 마련한 서독은 이후 공세를 높였지만 동점골은 좀처럼 나오지 않았고 그럴수록 게르트 뮐러의 빈자리가 커 보였다.

이때 쇤 감독이 게르트 뮐러를 대신해 선택한 또 다른 뮐러는 그의 공백을 단번에 메워 버리며 서독을 위기에서 구해냈다. 후반 34분 쇤 감독이 꺼내 든 두 번째 교체 카드는 1975~76 시즌 분데스리가 득점 2위를 차지한 젊은 스트라이커 디터 뮐러Dieter Müller로 그가 비록 촉망 받는 기대주라고는 하나 이제껏 A매치 출전 경험이 전혀 없었다는 점에서 일종의 모험이었다. 그러나 D.뮐러는 교체 투입 불과 3분 만에 라이너 본호프Rainer Bonhof의 코너킥을 머리로 밀어 넣으며 경기를 연장전으로 끌고 간데 이어 연장 후반 10분에는 3-2로 경기를 뒤집는 역전골을 그리고 연장 후반 14분에는 승부의 쐐기를 박는 서독의 네 번째 골을 터트리며 서독의 4-2 승리를 이끌었다. 이로써 D.뮐러는 자신의 첫 A매치에서 해트트릭을 기록하며 데뷔전을 꿈의 무대로 장식했는데, 이는 유로 본선 최초의 해트트릭이자 최연소(22살 77일) 해트트릭으로 지금껏 남아있다.

6월 19일, 자그레브에서 열린 네덜란드와 유고슬라비아의 3위 결정전에서는 네덜란드가 3위 자리를 오르며 체면치레를 했다. 크루이프와 네스켄스가 각각 경고 누적과 퇴장으로 경기에 나설 수 없음에도 2-1로 경기를 이끌던 네덜란드는 후반 37분 동점골을 내줌에 따라 연장전에 돌입해야 했지만, 연장 후반 2분에 터진 루드 힐스Ruud Geels의 결승골로 3-2로 승리하며 유로 76의 3위 자리를 차지했다. 한편 네덜란드의 레네 판 더 케르크호프René van de Kerkhof와 빌리 판 더 케르크호프Willy van de Kerkhof 형제는 이날 함께 3위 결정전을 풀 타임으로 뛰면서 팀의 승리에 기여했는데, 형제가 유로 본선 무대에서 함께 출전했던 경우는 이때가 처음이었다.

결승전

유로 최초의 승부차기 그리고 파넨카

6월 20일, 베오그라드의 크르베나 즈베즈다 스타디움에서는 3만여 관중들이 지켜보는 가운데 서독과 체코슬로바키아의 결승전이 초반부터 치열하게 전개됐다. 유로 76의 결승전에 대한 전망은 조심스레 서독의 우세가 점쳐졌는데, 서독 역시도 주장 베켄바워의 A매치 100번째 출전을 자축하는 의미에서 다시 한 번 앙리 들로네컵을 들어 올리며 사상 초유의 유로 2연패와 메이저 대회 3연속 석권을 이루고자 했다.

하지만 서독의 시작은 좋지 않았다. 전반 8분 서독은 페널티 박스 안에 있던 체코슬로바키아의 콜로만 괴흐Koloman Gögh를 마크 없이 놔두는 실수를 범했는데 이것이 재앙의 근원이었다. 괴흐가 주저 없이 날린 강슛은 서독의 골키퍼 제프 마이어Sepp Maier가 가까스로 쳐냈지만 옆으로 흐른 공은 네호다를 거쳐 얀 스베흘리크Ján Švehlík에게 연결되면서 선취점으로 이어졌다. 서독은 전반 25분에 또 다시 실점을 허용하는데, 첫 번째 실점이 명백한 실수의 결과였다면 두 번째 실점은 의도치 않은 불운의 산물이었다. 서독은 마리안 마스니Marián Masný의 예리한 프리킥을 베켄바워가 헤딩으로 차단해내며 위기를 모면한 듯 했지만 베켄바워가 걷어낸 공은 하필 페널티 지역 외곽에 자리 잡고 있던 카롤 도비아스Karol Dobiaš 앞에 떨어졌고, 그의 왼발을 떠난 공은 서독의 골문을 깨끗하게 가르며 2-0을 만들었다.

챔피언을 상대로 한 유로 결승에서 두 골 차로 앞서 나가자 체코슬로바키아의 기세는 하늘을 찌를 듯 했다. 하지만 서독의 저력은 곧 발휘됐다. 추가 실점을 허용한 지 불과 3분 후에 준결승전 해트트릭의 주인공 D.뮐러의 멋진 논스톱 발리슛으로 1-2로 따라 붙은 것이다. 그리고 후반 시작과 동시에 준결승전에서 톡톡히 효과를 본 플로헤를 조커로 투입하며 전열을 가다듬자 크르베나 즈베즈다의 피치는 곧 서독의 지배 아래 놓였다. 서독이 본격적인 공세를 펼치자 체코슬로바키아는 연이은 경고 카드를 감내했지만 불이 붙은 서독의 예봉을 꺾는 일은 쉽지 않았다. 체코슬로바키아는 노장 골키퍼 이보 빅토르Ivo Viktor의 계속된 선방 덕에 후반 막바지까지도 아슬아슬하게 리드를 지킬 수 있었지만 총

공세에 나선 서독이 후반 44분에 터진 베른트 휠첸바인Bernd Hölzenbein의 극적인 헤딩슛으로 재차 동점을 만듦에 따라 승부는 결국 연장전으로 넘어 갔다. 이후 두 팀의 연장전 전·후반 30분 동안 공방에도 스코어는 여전히 2-2였고, 결국 우승팀을 결정짓기 위해서는 새롭게 도입된 방식인 승부차기를 적용할 수밖에 없었다.

유럽축구선수권대회의 역사적인 첫 승부차기의 균형은 네 번째 키커에서 무너졌다. 체코슬로바키아의 라디슬라브 유르케미크Ladislav Jurkemik의 슛이 골 그물을 출렁인 반면 서독의 회네스가 찬 공은 크로스바를 훌쩍 넘어갔던 것이다. 이에 승부차기 스코어는 4-3이 됐고, 체코슬로바키아의 마지막 키커 파넨카가 성공하면 경기는 그것으로 끝이었다. 암운이 드리운 서독으로서는 마이어의 선방 또는 파넨카의 실축을 바랐지만 헛된 꿈에 불과했다. 누구도 예상치 못했던 파넨카의 대담한 칩 슛은 마이어의 허를 찌르며 조금 전까지 그가 버티고 서 있었던 골문 중앙으로 들어가 골 그물을 출렁였고 이로써 언더독 체코슬로바키아가 잉글랜드, 소련, 네덜란드, 서독을 차례로 제압하며 사상 첫 유로 정상에 오르는 기염을 토했다.

유로 76은 역대 유럽축구선수권대회 중 가장 치열했던 대회로 기억되고 있다. 토너먼트 4경기 모두 연장전까지 치르는 접전을 펼쳤는데, 준결승전 2경기와 3위 결정전은 연장 후반에 가서 승자가 결정됐고, 결승전은 승부차기를 통해서 우승팀을 가려야 했다. 승부를 가리기에 90분으로는 부족했던 대회였다. 물론 승부차기로 우승팀을 결정짓는 것에 대한 불만이 없던 것도 아니었으나 최소한 동전 던지기보다는 나은 방식이었다.

유로 68 준결승전에서 동전 던지기로 결승 진출팀을 가리는 사상 초유가 사태가 발생하자 UEFA와 FIFA에서는 동전 던지기를 대체할 무엇인가를 찾기 위해 고심하던 중 1970년 승부차기를 공식적으로 도입하기로 결정한다. UEFA는 그들의 주관 아래 치러지는 모든 대회에 승부차기를 즉각 적용하기로 했고 이에 따라 1970~71시즌 유로피언컵과 컵 위너스컵에서는 원정 경기 득점도 동률일 경우 동전 던지기 대신에 승부차기를 통해 다음 라운드 진출팀을 가리기로 했다. 유럽 클럽 대항전 첫 승부차기는 1970년 9월 30일 1970~71 시즌 컵 위너스컵 1라운드 부다페스트 혼베드Budapest Honvéd와 애버딘Aberdeen의 대결에서 처음으로 시행됐는데, 부다페스트 혼베드가 5-4로 이기며 다음 라운드에 진출했다. 유로피언컵에서는 1970년 11월 4일 1970~71 시즌 2라운드 에버튼Everton과 보루시아 MGBorussia Mönchengladbach의 경기에서 첫 선을 보여 에버튼이 4-3의 승리를 거뒀다. 메이저 대회에서는 체코슬로바키아와 서독의 유로 76 결승전에서 처음으로 승부차기가 치러졌다. 하지만 1970년대 당시만 해도 우승팀을 가리는 결승전에 있어서만큼은 여전히 승부차기보다는 플레이오프를 선호했다. 바이에른 뮌헨Bayern München과 아틀레티코 마드리드Atlético Madrid가 격돌한 1973~74 시즌 유로피언컵 결승전에서는 연장전까지 가는 접전에도 불구하고 우승팀을 가리지 못하자, 이틀 후 다시 재경기를 벌여 바이에른 뮌헨이 4-0의 승리를 거두고 우승컵을 가져갔다. 유로 76 당시에도 UEFA는 당초 결승전이 무승부로 끝났을 경우를 대비해 결승전 이틀 후에 플레이오프를 치르는 방안과 승부차기를 하는 방안 두 가지를 마련했는데, 양 팀 모두 승부차기를 희망함에 따라 재경기 없이 승부차기에 돌입했다.

EURO 1980
ITALY

UEFA European Football Championship

EURO 1980 Qualifying

Group 1
ENGLAND	8	7	1	0	22	5	15
Northern Ireland	8	4	1	3	8	14	9
Ireland	8	2	3	3	9	8	7
Bulgaria	8	2	1	5	6	14	5
Denmark	8	1	2	5	13	17	4

Group 2
BELGIUM	8	4	4	0	12	5	12
Austria	8	4	3	1	14	7	11
Portugal	8	4	1	3	10	11	9
Scotland	8	3	1	4	15	13	7
Norway	8	0	1	7	5	20	1

Group 3
SPAIN	6	4	1	1	13	5	9
Yugoslavia	6	4	0	2	14	6	8
Romania	6	2	2	2	9	8	6
Cyprus	6	0	1	5	2	19	1

Group 4
NETHERLANDS	8	6	1	1	20	6	13
Poland	8	5	2	1	13	4	12
East Germany	8	5	1	2	18	11	11
Swiss	8	2	0	6	7	18	4
Iceland	8	0	0	8	2	21	0

Group 5
CZECHOSLOVAKIA	6	5	0	1	17	4	10
France	6	4	1	1	13	7	9
Sweden	6	1	2	3	9	13	4
Luxembourg	6	0	1	5	2	17	1

Group 6
GREECE	6	3	1	2	13	7	7
Hungary	6	2	2	2	9	9	6
Finland	6	2	2	2	10	15	6
Soviet Union	6	1	3	2	7	8	5

Group 7
WEST GERMANY	6	4	2	0	17	1	10
Turkey	6	3	1	2	5	5	7
Wales	6	3	0	3	11	8	6
Malta	6	0	1	5	2	21	1

제6장 유로 1980 (1980 유럽축구선수권대회)

 유로 80부터는 본선 진출국이 기존 4개국에서 8개국으로 확대되었다. 예선 라운드를 마친 뒤 본선 4강 토너먼트 진출국 가운데서 개최국을 정했던 이전과 달리 대회 시작 전에 본선 개최국을 미리 선정했으며, 개최국은 자동으로 대회에 참가할 수 있도록 했다. 이에 잉글랜드, 서독, 그리스, 이탈리아, 네덜란드, 스위스 등이 개최를 신청, 치열한 유치 경쟁을 벌인 끝에 이탈리아가 유로 80 개최국으로 낙점됐다.

 총 32개국이 참가한 가운데 개최국으로 확정된 이탈리아를 제외한 나머지 31개국이 5개국으로 구성된 3개조와 4개국으로 구성된 4개조 - 1, 2, 4조는 5개국 3, 5, 6, 7조는 4개국으로 편성 - 등 모두 7조로 나뉘어 늘어난 본선 티켓을 놓고 치열한 경합을 벌였다. 이전 대회인 유로 76까지만 해도 예선 8개조 1위 팀들이 또 한 차례의 토너먼트를 벌여 본선에 참가할 4팀을 가렸으나, 유로 80부터는 예선 리그 각 조 1위가 곧바로 본선에 직행했다.

예선 리그

네덜란드 대표팀에 중국계 선수가?

유로 1980의 예선 리그는 역대 유로 예선 중에서도 가장 치열한 접전이 벌어진 곳 중 한 곳으로 7개조 중 5개조에서 승점 1점 차로 본선 티켓의 주인공이 갈렸다.

2조의 벨기에는 1978 아르헨티나 월드컵에서 서독을 격파한 바 있던 오스트리아를 승점 1점 차로 제치고 1위 자리에 올랐으며, 1978 아르헨티나 월드컵 유럽 예선 8조에서 각축을 벌였던 팀들이 공교롭게도 재격돌을 펼친 3조에서는 스페인이 유고슬라비아를 승점 1점차로 제치고 16년 만에 유로 본선에 복귀했다. 4조의 시드국이자 1978 아르헨티나 월드컵 준우승팀인 네덜란드 역시 결코 쉽지 않은 예선 레이스를 펼쳤다. 한때 조 3위까지 떨어지기도 했다. 하지만 네덜란드는 폴란드와의 홈경기를 아약스Ajax의 중국계 윙어인 첸 라 링Tschen La Ling의 활약 덕에 1-1 무승부로 끝내며 조 2위에 오른 뒤, 0-2로 끌려가던 동독과의 최종전을 3-2로 뒤집으면서 마지막 순간에 폴란드를 승점 1점 차로 제치고 본선 진출에 성공했다. 6조는 유로 80은 물론 역대 유로 예선을 통틀어 사상 유래 없는 예측불허의 접전을 벌인 조였다. 조 1위부터 최하위까지의 승점 차이가 고작 2점차에 불과했는데, 이에 유력한 1위 후보였던 소련이 유로 역사상 처음으로 예선 리그를 꼴찌로 마감하며 충격을 안겨준 반면 주목을 받지 못했던 그리스가 1위에 오르는 이변을 연출했다.

이처럼 유로 80의 예선 리그에서는 좀처럼 예측하기 힘든 혼돈이 연이어 몰아쳤지만 모든 조가 그랬던 것은 아니었다. 비교적 쉽게 본선 티켓의 주인공이 결정된 곳도 있었는데 1조가 바로 그런 곳이었다. 1조는 첨예한 역사적 갈등관계에 놓여 있는 잉글랜드, 북아일랜드, 아일랜드 등이 한 조를 이루며 화제를 모았는데 특히, 아일랜드와 북아일랜드가 국제 대회 사상 처음으로 함께 경기를 벌이게 되어 주목을 받았다. 아일랜드와 북아일랜드의 역사적인 첫 대결은 1978년 9월 20일 더블린에서는 열렸는데 소문난 잔치에 먹을 것은 없었다는 말 그대로 0-0으로 끝났다. 1조의 이목은 '아일랜드 더비'에 모아졌지만 티켓은 잉글랜드가 가져갔다. 잉글랜드는 7승 1무라는 압도적인 성적으로 예선 리그를 통과했는데 2위 북아일랜드와의 승점 차는 6점이나 됐다. 한편 잉글랜드의 본선 진출 확정 이후에 치러진 북아일랜드와 아일랜드의 리턴 매치에서는 북아일랜드가 1-0의 승리를 거두며 '아일랜드 더비'의 첫 승자가 됐다.

7조의 서독 역시 당연하다는 듯이 그들의 몫을 챙겨갔지만 그 시작은 좋지 못했다. 7조는 물론 유럽의 최약체로 꼽히는 몰타와의 예선 첫 경기를 0-0 무승부로 끝마치며 전 유럽을 놀라게 했는데, 몰타가 이날 경기에서 얻어낸 승점이 예선 리그 유일의 승점이자 실점을 허용하지 않은 유일한 경기였다는 점을 감안한다면 이때의 경기 결과는 충격 그 이상이었다. 하지만 이후 서독이 부진을 털어 내고 질주를 시작하자 그 어느 팀도 이를 저지할 수 없었고, 결국 최종전 결과에 상관없이 여유 있게 본선 티켓을 확보했다. 서독은 예선 리그에서 17득점을 올리는 동안 단 1실점만을 기록했는데 이는 유럽축구선수권대회에 예선 리그가 도입된 이후 최소 실점 기록이다.

유로 80 이탈리아

유로 80 본선 조 추첨 결과, 디펜딩 챔피언 체코슬로바키아가 시드국인 A조에 서독, 네덜란드, 그리스가 배정되면서 유로 76에 참가한 4팀 중 3팀이 한 조에 편성되는 진풍경을 연출했다. 개최국 이탈리아가 시드국으로 배정된 B조에는 스페인, 잉글랜드, 벨기에가 속하게 됐는데 스페인은 유로 64 이후 16년, 잉글랜드는 유로 68 이후 12년, 벨기에는 유로 72 이후 8년 만에 서는 본선 무대였다.

참가국이 늘어난 만큼 본선 경기 진행 방식에도 변화를 꾀했다. 기존의 토너먼트 방식 대신에 8개 팀이 2개조로 나뉘어 조별 리그를 치른 뒤 각 조 1위 팀이 결승에 진출하여 앙리 들로네컵을 놓고 다투고, 2위 팀들은 3위 결정전을 치르도록 했는데 이로써 유로 80은 토너먼트 없이 치러진 유일한 대회가 됐다.

A조

정규 시간에 나온 유로 최초의 해트트릭

1980년 6월 11일, 로마의 스타디오 올림피코에서 막을 올린 대회 개막전은 공교롭게도 지난 유로 76 결승전에서 명승부를 벌였던 체코슬로바키아와 서독의 리턴 매치였다. 유로 결승전 사상 최고의 접전을 펼친 팀들 간의 재격돌이었음에도 불구하고 이날 경기장을 찾은 관중은 11,059명에 불과했는데, 이처럼 적은 관중은 비단 개막전에 국한된 것이 아닌 대회 전체에 해당되는 문제로 개최국인 이탈리아의 경기를 제외하고는 늘 관중들보다 빈자리가 더 많았다. 적은 관중 때문이었는지, 개막전은 원래

시시하다는 속설 때문인지 두 팀의 대결은 4년 전과는 사뭇 다르게 진행됐다. 하지만 지루하게 진행되던 와중에도 칼 하인츠 루메니게Karl-Heinz Rummenigge의 헤딩 결승골이 터지면서 서독이 1-0으로 이겼고, 4년 전 결승에서의 승부차기 패배를 되갚으며 그리스를 1-0으로 꺾은 네덜란드와 공동 선두로 나섰다.

1승씩을 기록한 서독과 네덜란드의 대결은 사흘 뒤 나폴리의 뜨거운 태양 아래서 펼쳐졌다. 날씨가 무더웠던 관계로 이날 경기장을 찾은 관중은 26,546명에 불과했지만, 더운 날씨에도 아랑곳 하지 않고 경기장을 찾은 이들은 유로 80 최고의 명승부를 관전하는 행운을 누릴 수 있었다. 이날 경기의 주인공은 단연 서독의 클라우스 알로프스Klaus Allofs였다. 전반 20분 서독의 선제골을 뽑아낸 알로프스는 후반 15분에는 왼발 중거리 슛으로 점수차를 벌린 뒤 5분 후에 다시 3-0이 되는 대회 첫 해트트릭을 달성하면서 왜 22살의 나이에 1978~1979 시즌 분데스리가 득점왕에 올랐는지를 스스로 증명해 냈다. 이는 유로 본선 역사상 두 번째 해트트릭인데, 유로 76에서 서독의 디터 뮐러Dieter Müller가 기록한 유로 최초의 해트트릭이 연장전에서 2골을 추가하며 완성[13]된 것을 감안하면, 정규 시간에 나온 최초의 해트트릭이었다. 뒤늦게 추격에 나선 네덜란드는 후반 34분과 종료 5분전에 연이어 서독의 골 망을 가르며 한 골 차로 따라 붙었지만 반전을 이루기에는 시간이 부족했고 결국 경기는 서독의 3-2 승리로

---

13) 디터 뮐러의 해트트릭이 비록 연장전에 완성된 것이기는 하나 시간상으로는 그가 더 빠른 시간에 해트트릭을 달성했다. 후반 35분에 교체 투입된 D.뮐러는 후반 37분과 연장 후반 10분, 연장 후반 14분에 골을 넣으며 39분 만에 해트트릭을 기록했다.

끝이 났다. 이로써 서독이 2연승을 기록하면서 사실상 1위 자리를 확보하게 된 반면 1승 1패를 기록하게 된 네덜란드는 고작 4,726명이라는 역대 유로 본선 최소 관중 앞에서 그리스를 3-1로 제압한 체코슬로바키아에게 골득실에서 밀리면서 조 3위로 쳐지게 됐다.

네덜란드가 2위 자리를 탈환하기 위해서는 체코슬로바키아와의 최종전에서 반드시 이겨야 했지만 이마저도 쉽지 않았다. 사흘 뒤 폭풍이 몰아치는 스타디오 산 시로에서 체코슬로바키아와 마주한 네덜란드는 4년 전 패배를 갚아 주려는 듯 경기 초반부터 적극적으로 공격에 나섰지만 전반 15분 되레 선제골을 내주며 끌려갔다. 네덜란드는 후반 9분 코넬리우스 키스트Cornelius Kist가 미끄러지면서 날린 중거리 슛이 골로 연결되면서 1-1 동점을 만드는데 성공했지만 계속된 공격에도 불구하고 추가 득점을 올리지 못했고, 결국 조 2위는 체코슬로바키아의 차지가 됐다.

한편 네덜란드와 체코슬로바키아의 일전이 무승부로 끝남에 따라 남은 경기에 상관없이 유로 3회 연속 결승 진출을 확정 짓게 된 서독은 1시간 뒤 토리노에서 가진 그리스와의 최종전을 무승부로 마치며 2승 1무로 조별리그를 마무리 했다. 서독은 이미 한 차례씩 경고를 받은 주전 선수들을 벤치에서 쉬게 하고 편안하게 경기에 나섰는데, 느긋했던 입장 때문이었던지 마무리에서의 적극성 결여로 득점에는 실패하면서 0-0 무승부로 경기를 끝냈다. 이에 A조의 최약체 그리스가 최강팀을 상대로 무승부를 거두는 기염을 토했는데, 그리스가 메이저 대회에서 승점을 따낸 것은 이때가 처음이었다.

B조

최루탄에 정신 줄 놓고 드러누운 선수들

B조의 경합은 1980년 6월 12일 토리노에서 벌어진 잉글랜드와 벨기에의 대결로 시작됐다. 두 팀의 경기를 보기 위해 경기장을 찾은 15,186명의 관중들 중 상당수는 술 취한 잉글랜드의 훌리건들이었는데 이는 나중에 큰 문제로 확대되기에 이르렀다.

경기 전 예측은 1978년과 1979년에 발롱도르Ballon d'or를 연속 수상한 케빈 키건Kevin Keegan의 잉글랜드가 벨기에를 압도할 것으로 전망했으나 실상은 그렇지 못했다. 지루하게 전개되던 경기는 전반 26분 잉글랜드의 골이 터지자 활기를 띠기 시작했고, 이에 잉글랜드의 관중들 역시 일제히 환호성을 질렀으나 불과 3분 뒤 벨기에의 얀 세우레만스Jan Ceulemans에게 동점골을 허용하자 이내 잠잠해졌다. 그러자 이탈리아 관중들이 잉글랜드 관중을 놀려대기 시작했는데 이것이 문제가 되었다. 이미 만취 상태에 있던 잉글랜드의 훌리건들은 두 주먹을 불끈 쥐고 이탈리아 관중들에게 덤벼들었고 이는 곧 국가 대항 패싸움으로 번졌다.

물론 이 같은 소요 사태는 금방 진정이 되었다. 경기장에서의 관중 난동은 이탈리아에서는 이미 흔했던 일로 70년대 이탈리아 축구의 아이콘이기도 했다. 이에 경기장 폭동에 이골이 났던 이탈리아 경찰들은 재빠르게 최루탄을 쏘아가며 사태를 수습했고 난동은 신속하게 진압됐다. 하지만 이탈리아 경찰이 쏜 최루탄이 난동만 제압한 것은 아니었다. 그라운드에 있던 선수들 또한 최루탄 가스에 정신을 차리지 못했다. 잉글랜드의 골키퍼 레이 클레멘스Ray Clemence는 급기야 벤치로 들어가 드러눕기까지 했는

▲ 잉글랜드와 벨기에의 경기 도중 소요 사태가 발생하자 이탈리아 경찰이 최루탄을 터뜨리며 진압에 나섰다.

데, 난동이 진압된 후에도 이들이 정신을 차리기까지 5분여 가량 더 경기가 지연됐다. 이후 경기가 재개됐지만 정신이 돌아온 선수들의 경기력은 이전보다 더 형편없었고, 경기는 그대로 1-1 무승부로 끝이 났다.

밀라노에서는 개최국 이탈리아가 스페인과 일전을 벌였다. 유로 80은 대회 전반에 걸쳐 관중 가뭄에 시달렸지만 이날만큼은 개최국의 경기를 보기 위해 5만에 가까운 관중들이 산 시로를 찾았다. 하지만 당시 이탈리아는 마피아 조직에 의해 다수의 경기가 조작된 자국 축구 역사상 최대 규모의 승부 조작과 뇌물 스캔들인 '토토네로' 사건이 터진 직후였고, 이에 경기장을 찾은 관중들은 응원가를 선사하기보다는 자국의 선수들과 감독을 비난하는 노래를 불렀다. 홈에서 갖는 경기지만 원정경기보다도 못한 적대적인 분위기 속에서 이탈리아가 제 기량을 펼칠 리 없었고, 결국 첫 경기를 0-0 무승부로 마쳤다.

1실점, 무패의 기록으로 탈락하다

사흘 뒤 언더독 벨기에가 한 수 위로 평가되던 스페인을 2-1로 꺾고 1승 1무를 기록하며 조 선두로 치고 나간 그날 토리노에서는 개최국 이탈리아가 잉글랜드와 B조의 향방을 가르는 중요한 일전을 치렀다. B조의 유력한 1위 후보이자 대회 우승 후보로 손꼽히던 두 팀 간의 대결이었기에 이를 보기 위해 경기장을 찾은 관중 역시 유로 80의 최다 관중인 59,646명을 기록했지만, 대회 관계자들과 이탈리아 경찰의 입장에서는 유로 80 답지 않은 구름 관중이 결코 달갑지만은 않았다. 사흘 전 이곳에서 이미 한바탕 홍역을 치렀던 탓에 양 팀의 관중들 사이에서 훌리건 리턴 매치를 벌어질까 노심초사했고, 결국 주최 측은 경기장 곳곳은 물론 관중석에도 대규모 경찰병력을 집결시켜 혹시 모를 소요에 대한 만반의 대비를 해야 했다.

킥 오프를 알리는 휘슬이 울리자 잉글랜드는 주저 없이 이탈리아의 수비진을 넘어왔고 이들을 괴롭혔다. 잉글랜드는 조직력이 부족한 이탈리아를 제압하는데 성공하며 빗장의 틈을 헤집었지만 예리함이 부족했던 창끝은 끝내 그 틈을 벌리지 못했다. 경기 내내 고전을 면치 못하던 이탈리아는 전반 종료 직전 지안카를로 안토그노니Giancarlo Antognoni가 창의적인 돌파를 선보이며 골을 노렸으나 아쉽게도 득점에 실패했다. 그렇지만 안토그노니의 이 같은 움직임은 이탈리아를 깨우는 자극제로 충분했고, 분위기를 반전시키는데 성공한 이탈리아는 후반 34분에 터진 마르코 타르델리Marco Tardelli가 결승골 덕에 1-0으로 승리하며 힘겨운 상대로부터 첫 승을 일궈냈다.

결승 진출이 좌절된 잉글랜드가 스페인을 2-1로 꺾고 유종의 미를 장식한 그날 로마의 스타디오 올림피코에서는 이탈리아와 벨기에가 조 1위 자리를 놓고 한 치의 양보 없는 치열한 접전을 벌였다. 이탈리아는 벨기에와 골득실에서 동률을 이뤘으나 다득점에서 뒤지고 있는 상황이었기에 결승에 진출하기 위해서는 벨기에를 반드시 잡아야 했다. 그러나 경기는 벨기에가 주도했고 골을 넣어야만 했던 이탈리아는 오히려 파울을 남발하며 버티기에만 급급했다.

수세에 몰려 있던 이탈리아는 후반에 접어들자 몇 차례의 위협적인 장면을 연출했다. 그러나 이탈리아의 회심의 일격은 벨기에 골키퍼 장 마리 파프Jean-Marie Pfaff의 거듭된 선방에 막혔고, 여기에 운도 따르지 않아 벨기에 수비수의 핸드볼 파울도 페널티킥으로 인정받지 못했다. 이에 이탈리아 선수들은 더 난폭해졌지만 벨기에 선수들은 아랑곳 하지 않고 의연하게 대처했고 그럴수록 이탈리아는 점점 더 수세에 몰렸다. 결국 경기는 득점 없이 0-0으로 끝이 났는데 이로써 언더독 벨기에가 1승 2무의 기록으로 예상을 뒤엎고 조 1위로 결승에 진출한 반면 무패에 1실점뿐이었던 이탈리아는 1득점이라는 저조한 공격력에 발목이 잡히면서 3위 결정전으로 밀려나게 됐다.

한편 모두 18명의 키커를 동원해 메이저 대회 사상 최장의 피말리는 승부차기 레이스를 펼쳤던 3위 결정전에서는 체코슬로바키아가 이탈리아를 승부차기 9-8로 꺾고 3위 자리에 올랐다. 흥미롭게 전개된 승부차기에도 불구하고 두 팀의 경기는 지루하기 짝이 없는 대회 최악의 경기라는 악평을 피해가지 못했다. 이에 우승이 좌절된 마당에 목적 없이 치러지는 3위 결정전에 대한 회의론이 다시금 고개를 들었고, 결국 유로 80을 끝으로 유럽축구선수권대회에서의 3위 결정전은 폐지됐다.

결승전
서독의 두 번째 유럽 제패

1980년 6월 22일, 로마의 스타디오 올림피코에서는 유로 80의 우승을 놓고 서독과 벨기에가 자웅을 벌였다. 이들의 격돌은 누구도 예상치 못한 결과였다. 서독이 결승 무대에 오른 것은 어느 정도 예견된 결과였지만 벨기에의 결승 진출은 이변 중의 이변으로 받아들여졌다. 벨기에의 전력이 공수에 걸쳐 탄탄하다는 평을 듣기는 했지만 이들이 이탈리아와 잉글랜드를 모두 몰아내고 조 수위를 차지하리라고는 누구도 생각지 못했다. 이에 유로 80의 결승전은 전통의 강호와 다크호스의 격돌이라는 상반된 조합의 만남으로 여겨졌지만 두 팀에게는 뜻밖의 공통점이 있었다. 바로 세대교체 과정에 있던 젊은 팀들이라는 점이었다. 서독은 전 대회 우승국 자격으로 참가한 1978 아르헨티나 월드컵에서 4강 진출에 실패하자 신속히 세대교체를 단행해 평균 연령이 24.5세에 불과할 정도로 젊었고, 벨기에 대표팀 역시 평균 연령 26.4세로 젊은 축에 속했다. 이처럼 결승전에 오른 두 팀 모두 패기 넘치는 팀들이다 보니 정면충돌을 피하지 않았고, 피치에서는 90분 내내 쉴 새 없는 공격 축구가 펼쳐졌다.

전반전은 서독의 확연한 우세 속에 진행됐다. 주심이 경기 시작을 알리자 서독은 터치라인을 따라 신속하게 공격을 전개하며 벨기에의 수비진을 위협했다. 전반 4분 한시 뮐러Hansi Müller의 슛을 시작으로 본격적인 포문을 열자 벨기에가 할 수 있는 유일한 응수는 파프의 선방뿐이었다. 그러나 골키퍼의 선방만으로 서독의 파상 공세를 막을 수 없는 노릇이었고, 전반 10분 하프 라인에 있던 베른트 슈스터Bernd Schuster가 재기 넘치는 볼 터치로 벨기에의 수비진을 파고 든 뒤 건넨 감각적인 칩 패스를 호르스트 흐루베쉬Horst Hrubesch가 날카로운 오른발 슛으로 마무리하며 서독의 선취점을 뽑아냈다. 선제골을 허용하자 벨기에의 조직력은 이후 흐트러졌는데 서독의 폭풍 같은 공세에도 0-1로 전반전을 마칠 수 있었던 것은 파프의 선방과 행운의 여신의 보살핌 덕분인 듯 했다.

하지만 이 같은 양상은 후반 10분 슈스터와 함께 서독의 중원에서 중요한 축을 담당하고 있던 또 다른 젊은 피 한스 페터 브리겔Hans-Peter Briegel이 연이은 파울에 쓰러지며 경기장을 떠나자 달라졌다. 서독의 유프 데어발Jupp Derwall 감독은 브리겔의 공백을 30살의 노장 베른하르트 쿨만Bernhard Cullmann에게 메우도록 했지만 브리겔의 빈자리는 생각 이상으로 컸다. 벨기에는 서독의 공격에 휘둘리던 전반과 달리 브리겔이 떠난 미드필드를 장악하는 데 성공했고, 후반 30분에 이르러서는 레네 반데르에이켄René Vandereycken의 페널티킥으로 1-1 동점을 만들었다.

이후 팽팽한 공방을 펼치던 경기는 쿨만이 안정을 되찾자 이내 다시 서독의 지배 아래 놓였고, 주도권을 되찾아 온 서독은 다시

▲ 유로 80 우승을 차지한 서독 대표팀 선수들. 뒷줄 좌측으로부터 시계 방향으로 칼 하인츠 루메니게, 하랄트 슈마허, 베른하르트 쿨만, 베른트 슈스터, 한스 페터 브리겔, 호르스트 흐루베쉬, 울리 슈틸리케, 유프 데어발 감독, 한시 뮐러, 칼하인츠 푀르스터, 베르나르트 디에츠, 만프레드 칼츠, 클라우스 알로프스.

금 쉴 새 없는 맹공을 퍼부었다. 그렇지만 공은 파프 골키퍼의 선방에 걸리거나 골문을 벗어나며 번번이 무위에 그쳤고 결승전도 연장전에 돌입할 듯 보였다. 그러나 후반 43분 서독은 루메니게의 코너킥을 흐루베쉬가 받아 넣으며 우승을 결정지었고, 이로써 유럽축구선수권대회 사상 첫 2회 우승을 달성하며 다시 한 번 유럽 최고의 팀으로 등극했다.

EURO 1984
FRANCE

UEFA European Football Championship

EURO 1984 Qualifying

Group 1
BELGIUM	6	4	1	1	12	8	9
Swiss	6	2	2	2	7	9	6
East Germany	6	2	1	3	7	7	5
Scotland	6	1	2	3	8	10	4

Group 2
PORTUGAL	6	5	0	1	11	6	10
Soviet Union	6	4	1	1	11	2	9
Poland	6	1	2	3	6	9	4
Finland	6	0	1	5	3	14	1

Group 3
DENMARK	8	6	1	1	17	5	13
England	8	5	2	1	23	3	12
Greece	8	3	2	3	8	10	8
Hungary	8	3	1	4	18	17	7
Luxembourg	8	0	0	8	5	36	0

Group 4
YUGOSLAVIA	6	3	2	1	12	11	8
Wales	6	2	3	1	7	6	7
Bulgaria	6	2	1	3	7	8	5
Norway	6	1	2	3	7	8	4

Group 5
ROMANIA	8	5	2	1	9	3	12
Sweden	8	5	1	2	14	5	11
Czechoslovakia	8	3	4	1	15	7	10
Italy	8	1	3	4	6	12	5
Cyprus	8	0	2	6	4	21	2

Group 6
WEST GERMANY	8	5	1	2	15	5	11
Northern Ireland	8	5	1	2	8	5	11
Austria	8	4	1	3	15	10	9
Turkey	8	3	1	4	8	16	7
Albania	8	0	2	6	4	14	2

Group 7
SPAIN	8	6	1	1	24	8	13
Netherlands	8	6	1	1	22	6	13
Ireland	8	4	1	3	20	10	9
Iceland	8	1	1	6	3	13	3
Malta	8	1	0	7	5	37	2

제7장 유로 1984 (1984 유럽축구선수권대회)

정부가 대규모 재정 지원을 약속한 프랑스가 잉글랜드와 서독을 제치고 유로 84 개최지로 낙점됨에 따라 24년 만에 앙리 들로네의 모국에서 유럽축구선수권대회가 열리게 되었다. 유로 72 예선을 끝으로 대회에 불참했던 알바니아가 예선 리그에 복귀함에 따라 이전보다 1개국이 많아진 32개국이 7개조로 나뉘어 경합을 벌인 뒤 각 조 1위 팀이 본선 토너먼트에 진출하게 되었다.

예선 리그

12-1. 스페인의 기적은 이루어진 것일까? 구매한 것일까?

유로 1984의 예선 리그처럼 파란과 이변이 속출했던 사례는 없었다. 전 대회인 유로 1980의 예선 리그도 치열한 접전이 펼쳐진 곳으로 꼽히지만 유로 1984의 예선 리그에는 비할 바가 아니었다. 예선 7개조 중 4개조는 승점 1점차로 본선 티켓의 주인공이 결정됐고, 2개조는 심지어 1, 2위 팀의 승점도 같아서 골득실을 통해서야 본선에 갈 팀을 가릴 수 있었다.

디펜딩 챔피언 서독은 15년 만의 유로 예선에서의 패배와 메이저 대회 예선 사상 첫 홈 패배를 당하는 등 한 대회에서만 무려 2패째를 기록하며 골득실을 통해서 간신히 본선에 오를 수 있었고, 유고슬라비아는 후반 인저리 타임 마지막 공격에 극적인 결승골을 뽑아내면서 웨일즈의 손에 쥐어 있는 듯 했던 본선 티켓을 낚아챘다. 무패 가도를 달리던 유로 단골손님 소련은 마지막 경기에서 내준 단 한 번의 페널티킥으로 인해 본선 티켓을 내놔야 했고, 당초 본선 진출이 유력한 것으로 여겨졌던 잉글랜드는 룩셈부르크와의 경기에서 9골을 넣으며 유로 한 경기 최다 득점 기록과 최다 점수 차 승리 기록[14]을 새롭게 썼지만 웸블리에서 당한 1패로 인해 본선 진출에 실패했다. 월드컵 챔피언 이탈리아는 예선에서 고작 1승만을 거둔 채 자취를 감췄다.

 이렇듯 유로 1984 예선에서는 수 없이 많은 드라마틱한 이야기가 쏟아졌지만 7조만큼 포커스를 받은 곳도 없다. 7조에서는 스페인과 네덜란드가 당초 예상대로 1위 자리를 놓고 치열한 각축을 벌였다. 손에 땀을 쥐게 하는 이들의 치열한 레이스는 마지막 순간까지 이어졌는데 본선 진출 티켓의 향방이 갈린 7조의 마지막 경기가 승부 조작 의혹에 휩싸이며 전 세계의 축구팬들의 주목을 받았다.

 1983년 가을에 한 걸음 먼저 앞서 있던 쪽은 스페인이었다. 2경기씩을 남겨 놓은 상황에서 스페인은 5승1무 골 득실 +6 승점 11점이었고, 네덜란드는 4승 1무 1패 골 득실 +10 승점 9점이었다. 이에 스페인은 1983년 11월 16일 로테르담에서 예정된

---

14) 기존 기록은 유로 72 예선에서 나온 '네덜란드 8-0 룩셈부르크', 유로 76 예선과 유로 80 예선 당시 작성된 '서독 8-0 몰타'였다.

네덜란드와의 경기를 이긴다면 그것으로 본선 진출을 확정 지을 수 있었지만 후반 18분 루드 굴리트Ruud Gullit에게 결승골을 허용하면서 1-2로 패했고, 이로써 네덜란드가 스페인을 골 득실차로 제치고 선두로 치고 나갔다. 네덜란드와 스페인 모두 승점 11점인 상황에서 각각 몰타와의 홈경기만을 남겨 놓음에 따라 이제 7조의 향방은 몰타의 남은 두 번의 원정경기에 의해 결정되게 됐다. 12월 17일 네덜란드가 먼저 경기를 치렀는데 5-0으로 크게 이기며 골득실에서 +16을 기록, +5의 스페인을 월등히 앞서며 본선 진출을 확정 짓는 듯 했다. 스페인은 그보다 나흘 뒤에 몰타와 만났는데 그들이 네덜란드를 제치고 본선 진출하려면 최소 11골 차로 이겨야 했다. 이는 당시 스페인의 공격력을 비추어 볼 때 지나친 요구였는데 스페인이 몰타와의 1차전에서 고작 3-2로 이긴 것도 그 이유가 됐지만 더욱 결정적인 것은 스페인이 1978년 이래로는 5골 이상을 넣은 적이 없었기 때문이다.

스페인은 산티야나Santillana의 해트트릭으로 전반전을 3-1로 끝낼 수 있었지만 여전히 9골이 부족한 상황이었고 그런 그들이 네덜란드를 제치는 것은 불가능한 임무처럼 보였다. 하지만 후반전이 시작되자 불가능한 것으로 보였던 일이 거짓말처럼 서서히 실현됐다. 후반 시작 2분여 만에 한 골을 더 보태더니 후반 10분부터 8분간 무려 4골을 쏟아 부으며 8-1이라는 '야구 스코어'를 작성했던 것이다. 스페인은 이후 후반 30분과 32분에도 골을 더 추가하며 10-1을 기록했는데, 이로써 유로 역사상 처음으로 두 자릿수 득점에 성공하는 한편 1년여 전 잉글랜드가 세웠던 유로 한 경기 최다 득점 신기록을 갈아치워 버렸다. 그럼에도 여전히 스페인은 2골이 부족했다. 하지만 스페인은 후반 35분에 다시 한 골을 더 넣으면서 11-1을 만든 데 이어 후반 38분에는 기어이 극적인 12번째 골을 꽂아 넣으며 불가능한 것처럼 여겨졌던 기적을 완성해 냈다.

스페인을 본선으로 끌어올린 이 경이로운 마지막 경기에 대한 의혹은 갈수록 커졌다. 불가능하지는 않더라 하더라도 상식적으로 도저히 납득을 할 수 없는 스코어가 나왔기 때문이었다. 이에 UEFA는 실제로 기적이 이루어진 것인지 혹은 기적을 구매한 것인지에 대해 조사에 들어갔다. 하지만 그들의 조사 방법은 경기 화면을 다시 보며 승부 조작 등이 있었는지를 살펴 본 것이 전부였고, TV 모니터를 통해서 밝혀 낼 수 있는 것은 아무것도 없었다. 결국 UEFA는 이 미심쩍은 기적의 승리에 대해 승부 조작의 혐의가 없다는 판정을 내리며 의혹을 일단락 지었지만 차후에 이 같은 기적이 또다시 발생하는 것을 미연에 방지하고자 승점이 동률인 팀이 있을 경우에는 예선 리그 최종전을 반드시 동 시간대에 진행하도록 규칙을 개정했다.

유로 84 프랑스

본선 경기 진행 방식에 변화가 있었다. 유로 80에서 사라진 토너먼트가 다시 부활해 각 조 1, 2위가 크로스 토너먼트를 거쳐 결승 진출팀을 가리도록 했고, 그 동안 꾸준히 논란의 대상이 되어 왔던 3위 결정전이 폐지됐다. 아울러 서독과 오스트리아가 1982 스페인 월드컵에서 벌였던 '노벨 평화상 감 축구 경기'와 스페인이 예선 리그 최종전에서 보여준 의심스러운 '기적'이 재연되는 것을 막고자 조별리그 최종전은 동 시간대에 진행하도록

1982년 6월 16일, 스페인 월드컵 1차 조별리그 2조의 첫 경기에서 월드컵에 첫 출전한 아프리카의 알제리가 유럽 챔피언 서독을 2-1로 격파하는 파란을 일으키며 전 세계를 놀라게 했다. 알제리에게 예상치 못한 패배를 당한 서독은 조별리그 두 번째 경기에서 칠레를 4-1로 격파하며 상처 난 자존심을 추슬렀지만, 서독에 앞서 최종전을 치른 알제리가 칠레를 3-2로 꺾고 2승 1패를 기록, 승점 4점(당시 승점 기준은 승리 2점, 무승부 1점)을 확보해 두었기 때문에 2차 조별리그 진출을 장담할 수 없었다. 서독이 2차 조별리그에 진출하려면 오스트리아와의 마지막 경기에서 반드시 승리를 거둬야만 했는데, 칠레와 알제리를 차례로 연파하며 이미 2승을 거둔 오스트리아는 서독에 3점차 이상으로 패하지 않는다면 2차 조별리그에 진출할 수 있었다. 이에 두 팀의 최종전은 뜨거운 관심을 불러 일으켰지만 1982년 6월 25일에 벌어진 이들의 경기는 기대와 달리 예상치 못한 방향으로 흘러갔다. 서독이 경기 시작 10분 만에 골을 뽑으며 앞서 나가자 관중들은 이후 더욱 흥미로운 경기가 펼쳐질 것으로 기대했다. 그러나 2차 리그 진출을 위한 필요조건을 모두 갖춘 두 팀은 이내 서로가 약속이라도 한 듯 공을 주거니 받거니 하면서 상대를 위협할 만한 공격은 하지 않았다. 경기장과 TV에서 이를 지켜보던 사람들은 격분했다. 성난 관중석에서 깡통이 날아들었지만 분데스리가의 두 팀(서독과 오스트리아의 리그 명칭 모두 분데스리가이며, 당시 오스트리아 선수 대부분도 서독의 분데스리가에서 뛰고 있었다)은 아랑곳 하지 않고, 상대방을 배려하는 듯 지루한 공 주고받기만을 계속할 뿐이었다. 결국 경기는 그대로 끝이 나면서 첫 골이 터져 나온 이후 80분간 오직 공만 주거니 받거니 한 서독과 오스트리아가 나란히 2차 리그에 진출할 수 있었던 반면 아프리카 팀으로 최초로 조별리그 통과가 기대되던 알제리는 귀국길에 오를 수밖에 없었다. 서독과 오스트리아의 이 같은 행위에 전 세계 축구팬들은 분노했다. 스페인의 신문 '엘 페'는 '그들은 서로 키스하고 싶어 안달하는 연인들처럼 굴었다'고 비난했으며, 프랑스의 이달고 감독은 '노벨 평화상 감'이라고 조롱했다. 서독 국내에서도 거센 비판이 뒤따랐다. 패배보다 더한 최악의 수치스러운 경기라며 차라리 그냥 돌아오라는 비난이 들끓는 가운데 마케팅 전문가들은 이들 선수들은 앞으로 오이 피클 광고조차 못하게 될 것이라며 고개를 저었다. FIFA는 담합이 뻔히 보이는 서독과 오스트리아의 경기에 대한 알제리의 제소는 끝내 기각했지만, 이후 월드컵 조별리그 최종전은 반드시 동 시간에 치르도록 경기 진행 규정을 바꾸었고, 이 규칙은 현재 전 세계 모든 대회에 적용되고 있다.

일정이 조정되었다. 유로 84의 본선 진출국 수는 8개국에 불과했으나 이때 적용된 경기 진행 방식은 유럽축구선수권대회의 큰 틀로 남아 현재까지 이어져 오고 있다.

A조에는 개최국 자격으로 자동 출전권을 얻은 프랑스가 벨기에, 덴마크, 유고슬라비아와 한 조를 이뤘고, 디펜딩 챔피언 서독은 포르투갈, 스페인, 루마니아와 B조에 편성됐다. 1982 스페인월드컵 준결승에서 축구 역사에 길이 남을 명승부를 펼친 프랑스와 서독이 각각 우승 1, 2 순위로 점쳐졌으며 벨기에, 덴마크, 스페인 등이 다크호스로 주목 받았다.

A조

프랑스의 박치기, 그 전통의 시작

유로 84는 1984년 6월 12일 파리의 유서 깊은 파르크 데 프랭스에서 열린 개최국 프랑스와 덴마크의 대결을 시작으로 막을 올렸다. 47,570명의 구름 관중 앞에 마주한 두 팀의 흥미진진한 경기가 전개되었다. 프랑스가 1983년 발롱도르Ballon d'or 수상자인 미셸 플라티니Michel Platini[15])의 지휘 아래 다소 우세한 경기를 펼쳤지만, 덴마크 역시 1977년 발롱도르에 빛나는 32살의 노장 알란 시몬센Allam Simonsen을 축으로 프랑스를 위협했다. 하지만 전반 43분 프랑스 수비수 이본 르 루Yvon Le Roux의 날을 잔뜩 세운 태

---

15) 플라티니는 1984년과 1985년에도 발롱도르를 수상하며 요한 크루이프 (1971, 1973, 1974)만이 가지고 있던 3회 수상 기록에 어깨를 나란히 했는데, 2010년 발롱도르와 FIFA 올해의 선수가 합병되기 전까지 발롱도르를 3회 연속으로 수상한 사례는 플라티니가 유일무이하다.

클에 시몬센이 다리가 부러진 채로 실려 나가자 경기의 무게 중심은 이후 프랑스 쪽으로 기울었고, 후반 33분 플라티니의 중거리 슛이 덴마크의 골 그물을 흔들자 그 같은 분위기는 더욱 굳어졌다.

하지만 이날의 하이라이트는 골이 아니었다. 덴마크가 만회골을 넣기 위해 총 공세를 펼치던 종료 3분여 전, 향후 프랑스 축구의 전통이 되는 일이 발생했던 것이다. 프랑스의 수비수 마누엘 아모로소Manuel Amoros가 덴마크의 예스퍼 올센Jesper Olsen의 공을 가로채자 다급해진 올센이 아모로소에게 거친 파울을 범했는데, 이때 화가 치밀어 오른 아모로소가 올센을 향해 공을 내던졌다. 하지만 아모로소가 던진 공은 엉뚱한 곳을 향해 날아갔고, 미션 실패와 함께 돌아온 것은 옐로우 카드뿐이었다. 더 큰 문제는 그 뒤에 일어났다. 아무런 소득 없이 경고만을 받게 되자 아모로소는 이내 박치기라는 또 다른 스킬을 사용해 올센을 쓰러뜨렸던 것이다. 물론 아모로소가 그에 따른 보상으로 레드 카드를 받아 들면서 프랑스는 이후 수적 열세에 직면하게 됐지만 그 시간은 고작 3분여에 불과했고 결국 남은 시간 동안 골을 잘 지켜냄에 따라 대회 첫 승이자 유로 본선 첫 승을 거뒀다.

프랑스의 다음 상대는 벨기에였다. 벨기에는 1차전에서 유고슬라비아를 2-0으로 제압할 당시 맹활약한 18살의 신예 엔조 시포Enzo Scifo의 믿기지 않은 완숙함과 예술적인 기량에 기대를 걸고 있었으나 이날의 주인공은 시포가 아닌 플라티니였다. 플라티니는 전반 4분 만에 왼발 중거리 슛을 벨기에 골문의 하단 구석에 정확히 꽂아 넣으며 그의 A매치 28번째 골을 만들었는데, 이로써 쥐스트 퐁텐Just Fontaine이 가지고 있던 프랑스 대표팀

▲ 프랑스의 미셸 플라티니, 1984년의 플라티니는 세계 최고였다.

A매치 최다 득점 기록을 새롭게 쓰게 됐다. 이후 프랑스는 알렝 지레스Alain Giresse와 루이스 페르난데즈Luis Fernández의 골을 더해 전반에만 3-0을 만들었고 이것으로 승부는 사실상 결정되었다. 하지만 플라티니의 눈부신 활약은 이제 시작이었다.

후반에 들어서도 프랑스의 일방적인 공세가 계속되자 벨기에 벤치는 플라티니의 그림자에 가려 찾아보기 힘들었던 시포를 빼고 레네 베르헤옌René Verheyen을 투입하며 반전에 나섰다. 하지만 1984년의 플라티니는 세계 최고였고, 그 당시 플라티니에 대한 처방은 백약이 무효였다. 플라티니는 후반 29분에 얻은 페널티킥을 오른발로 가볍게 차 넣으며 점수를 4-0으로 벌린 데 이어 경기 종료 1분전에는 헤딩으로 또 한 번 벨기에의 골 그물을 출렁이며 왼발-오른발-머리로 이어지는 완벽한 해트트릭을 달성했다. 덕분에 프랑스는 벨기에를 5-0으로 완파하며 2연승을 기록했는데, 프랑스가 거둔 이날 승리는 유로 본선 최다 득점 차 승리 기록으로 본선 무대에서 5골 이상 차이가 나는 경기는 이때가 처음이었다.

하지만 프랑스가 이룩한 이 놀라운 기록은 얼마지 않아 결코 프랑스만의 전유물이 아니게 됐다. 그날 저녁 리옹에서 유고슬라비아를 맞이한 덴마크 역시 다이너마이트 같은 공격력을 내뿜으며 5-0의 대승을 기록한 것이다. 이로써 덴마크는 프랑스가 불과 3시간여 전에 세웠던 유로 본선 최다 득점 차 승리 기록과 동률을 이루면서 유로 본선 첫 승을 신고한 반면 유고슬라비아는 참담한 패배의 나락에 빠지면서 탈락을 확정 지었다.

닭들의 피치 난입 사건과 경기장에서 숨을 거둔 팀 닥터

6월 19일, 한때 플라티니가 뛰었던 생테티엔의 스타드 조프로이 귀샤르에서 준결승 토너먼트 진출을 사실상 확정지은 프랑스가 유고슬라비아와 A조 최종전을 벌였다. 경기는 프랑스 팬들이 응원을 위해 가져왔던 닭들이 피치에 난입한 탓에 당초 예정보다 2분가량 늦게 시작됐는데, 닭들을 모두 피치 밖으로 내보내는 데는 실패했지만 경기 진행에 큰 문제가 없다고 판단한 주심이 휘슬을 불자 선수들은 기다렸다는 듯이 초반부터 빠르게 움직였다. 전체적인 공격은 프랑스가 지배했지만 선제골은 뜻밖으로 유고슬라비아의 몫으로 전반 32분 대포알 같은 중거리 슛으로 프랑스의 골 그물을 흔들며 선제골을 기록했다.

이들의 후반전은 사상 초유의 사태와 함께 시작됐다. 후반 6분가량이 흘렀을 즈음 유고슬라비아의 팀 닥터 보즈하이다르 밀레노비치Bozhidar Milenović가 갑자기 쓰러져 경기장에 대기 중이던 의료진이 인공호흡과 심폐 소생술을 해봤지만 끝내 숨을 거두고 말았던 것이다. 모두가 아연실색했고 경기장도 침울해졌지만 경기는 계속 진행됐고 이내 플라티니의 쇼 타임이 시작됐다.

후반 14분 유고슬라비아의 페널티 박스 오른쪽에서 왼발로 1-1 동점을 만든 플라티니는 3분 뒤에는 멋진 다이빙 헤딩슛으로 역전골을 뽑아낸 데 이어 후반 32분에는 그의 트레이드 마크인 절묘한 오른발 프리킥으로 골을 기록하며 첫 골이 터진 시점으로부터 불과 18분 만에 또 다시 해트트릭을 기록했다. 이로써 플라티니는 지난 벨기에전에 이어 이번 경기에서도 해트트릭을 기록하며 유로 역사상 처음으로 2번의 해트트릭을 기록한 선수이자, 2경기 연속으로 해트트릭을 달성한 선수가 되었는데 이 같은 사례는 지금까지도 플라티니가 유일하다.

유고슬라비아는 후반 39분 유로 본선 최연소 득점 신기록[16]

---

16) 19살 3개월 16일.

이 되는 드라간 스토이코비치Dragan Stojković의 페널티킥으로 한 골을 더 따라 붙었지만 만회골은 그것이 마지막이었고 결국 프랑스가 3-2로 승리하며 3연승으로 조 1위에 오르며 준결승 토너먼트에 진출했다. 한편 같은 시간 스트라스부르에서 2위 자리를 놓고 벌인 난타전에서는 0-2로 뒤지던 덴마크가 벨기에에 극적인 3-2의 역전승을 거두며 조 2위로 유로 64 이후 20년 만에 유로 4강에 진출했다.

B조

유럽 최고의 스트라이커를 미드필더로 기용하다

B조에서는 전 대회 우승팀 서독이 스트라스부르에서 사상 첫 유로 본선에 진출한 포르투갈을 상대로 대회 2연패의 시동을 걸었다. 서독은 유로 80의 우승컵을 차지했던 당시 놀라운 재능을 선보였던 젊은 피들이 절정의 기량을 선보이는 완숙기에 접어든 데다, 재능 있는 신예들이 대거 합류함에 따라 4년 전보다 더욱 강한 스쿼드를 구성하고 대회에 참가했다. 그러나 미드필드의 중추적인 역할을 맡고 있던 한시 뮐러Hansi Müller가 데어발 감독과 의견 충돌을 빚으며 팀에서 하차한 데 이어 복귀가 예정되어 있던 베른트 슈스터Bernd Schuster마저 부상으로 낙마함에 따라 중원이 뚫린 상태에서 대회에 나서야 했다.

서독의 유프 데어발Jupp Derwall 감독은 고심 끝에 유럽 최고의 스트라이커 칼 하인츠 루메니게 Karl-Heinz Rummenigge를 미드필드로 내리는 깜짝 전술을 선보이며 모두를 놀라게 했지만, 이 전술은 별다른 효과가 없었다. 가장 확실한 공격 무기의 2선 배치는 공격력만 약화시켰을 뿐이었고, 미드필드에서의 움직임은 손발이 맞지 않는 혼란스러움만 양산했다. 깜짝 카드가 부정적인 결과만을 낳자 데어발 감독은 결국 후반 시작과 동시에 루메니게를 원래의 포지션으로 복귀시켰는데, 그러자 서독다운 날카로운 위용을 되찾으며 위협적인 공격을 가하기 시작했다. 하지만 포르투갈이 선수 전원이 수비에 전념하며 버팀에 따라 경기는 0-0으로 끝이 났고 이에 포르투갈 팬들은 승리를 거둔 듯 기뻐했다. 한편 같은 날 저녁 생테티엔에서 열린, 유로 84의 대회 최소 관중인 17,102명만이 지켜본 루마니아와 스페인의 경기는 적은 수의 관중이 입장한 것이 다행으로 여겨질 정도로 지루하고 따분한 플레이만이 오가다 1-1로 끝이 났다.

사흘 뒤 랑스에서 서독이 루디 푈러Rudi Völler의 2골로 루마니아를 2-1로 이긴 얼마 후 마르세유에서는 유럽축구선수권대회에서 처음으로 대면한 이베리아 반도의 라이벌 스페인과 포르투갈이 팽팽한 접전을 벌였다. 전반을 무득점으로 끝낸 양 팀은 후반에 들어서자 본격적 포문을 열기 시작했다. 후반 7분 포르투갈이 팀의 키 플레이어 안토니오 소사António Sousa의 골로 앞서 나가자 반격을 개시한 스페인도 후반 28분에 터진 산티야나의 동점골로 승부를 원점으로 되돌렸다. 두 팀은 남은 시간 내내 치열한 공방전을 계속했지만 경기는 추가골 없이 1-1로 끝났고 이에 B조의 향방은 최종전을 통해서야 가늠할 수 있게 됐다.

종료 1분을 남기고 추락한 챔피언

6월 20일, 파리와 낭트에서 B조의 준결승 진출팀을 가릴 두 경기가 동시에 펼쳐졌다. 파리에서는 서독과 스페인이, 낭트에서는 포르투갈과 루마니아가 경기를 벌였는데 관심은 단연 우승 후보인 서독과 스페인이 격돌한 파리로 모아졌다.

두 팀은 1982 스페인 월드컵 2차 조별리그에서도 맞대결을 펼친 바 있었는데 당시 대결에서는 서독이 개최국 스페인을 2-1로 제압하고 결승전까지 진출한 반면 스페인은 그날의 패배로 인해 월드컵 개최국으로는 처음으로 8위권 진입에 실패하는 불명예를 안게 됐다. 이에 스페인은 설욕을 다짐했지만 경기 초반부터 매섭게 몰아치는 서독의 일방적인 공세 속에 금방이라도 골을 내줄 것 같았다. 하지만 이날 스페인의 골문은 행운의 여신이 보살펴 주는 듯 했다. 한스 페테르 브리겔Hans Peter Briegel의 헤딩슛은 두 번이나 크로스바를 때렸고, 안드레아스 브레메Andreas Brehme의 중거리 슛 역시 골포스트에 맞고 나왔다.

서독의 원 사이드 게임처럼 치러졌던 전반전과 달리 후반전은 불꽃 튀기는 접전이었다. 그러나 스페인의 수문장 루이스 아르코나다Luis Arconada와 서독의 골키퍼 하랄트 슈마허 Harald Schumacher의 방어막은 매우 굳건했기에 그 어느 쪽도 상대의 골라인을 넘어서지 못했다. 특히 아르코나다 골키퍼는 경이로운 선방으로 스페인 골문을 지켜냈다. 서독과 스페인의 밀고 밀리는 접전은 이후 계속됐지만 양 팀 골키퍼들의 선방 또한 계속됐기에 후반 막판까지도 0-0의 균형은 결코 깨지지 않을 듯 보였다.

서독은 급할 것이 없는 상태였다. 이대로 경기가 끝날 경우 낭트에서의 경기 결과와는 상관없이 서독이 준결승 토너먼트에 오르게 되어 있었고 남은 것은 오로지 1위냐 2위냐의 여부였다. 스페인의 사정도 크게 나쁘지 않았다. 낭트와 파리의 경기가 모두

0-0으로 끝난다면 스페인이 포르투갈을 골 득실로 제치고 다음 라운드에 오를 수 있었기 때문이었다. 그러나 후반 막바지에 포르투갈이 1-0으로 이기고 있다는 낭트의 소식이 전해지자 상황은 급변했다. 이대로라면 스페인은 탈락이었다.

하지만 전광판의 시계가 90분에 다다르며 스페인의 탈락이 기정사실화 되는 듯하던 순간 반전이 펼쳐졌다. 후반 44분, 혼신을 다해 마지막 공격을 시도하던 스페인이 서독의 미드필드 한복판에서의 얻어낸 프리킥은 안토니오 마세다Antonio Maceda의 머리를 거친 후 서독의 골 그물을 출렁이게 했고, 그것으로 모든 것이 뒤바뀌었다.

종료 직전에 터진 이 극적인 결승골로 인해 스페인이 서독을 1-0으로 꺾고 단번에 조 1위에 오르며 20년 만에 4강에 진출한 반면, 이전 대회에서 3회 연속으로 결승에 진출하고 그 중 2번은 우승컵을 들어 올렸던 서독은 89분간의 우위에도 불구하고 마지막 1분을 남겨 놓고 무너지며 이변의 희생양으로 전락 했다.

준결승 토너먼트

극장골로 털어낸 개최국 4강 징크스

6월 23일 마르세유에서 개최국 프랑스와 포르투갈이 결승 진출권을 놓고 유로 84 최고의 명승부를 펼쳤다. 이날 스타드 벨로드롬에는 경기장 개장 이래 최다 관중인 54,848명의 프랑스 팬들이 운집해 자국의 사상 첫 유로 결승 진출을 기원했는데 이 같은 응원에 힘입었는지 프랑스는 경기 초반부터 피치를 지배했다. 플라티니를 필두로 한 프랑스 미드필더들은 짜임새 있는 패스로 경기를 주도하며 득점 찬스를 노렸고, 결국 전반 24분 플라티니가 포르투갈의 페널티 박스 정면 바로 바깥에서 파울을 당해 프리킥을 얻어 냈다. 그리고 뜻밖의 장면이 이어졌다.

좋은 위치에서 프리킥 기회를 얻자 모두들 플라티니가 프리킥을 찰 것으로 예상했다. 하지만 플라티니는 파울을 당할 때 얻은 무릎 부상으로 프리킥을 찰 수 없었다. 이때 플라티니는 툴루즈Toulouse에서 프리킥을 전담하고 있던 수비수 장 프랑수아 도메르귀 Jean-François Domergue를 떠올렸는데 그의 생각은 적중했다. 도메르귀의 프리킥은 포르투갈의 골문 오른쪽 상단 구석으로 빨려들어가며 그의 A매치 첫 번째 골이자 27번째 생일을 자축하는 골로 이어졌다. 도메르귀의 선제골로 만들어진 1-0의 스코어가 후반 중반까지 그대로 이어지자 프랑스가 결승에 오를 것처럼 보였다.

하지만 후반 31분 포르투갈의 루이 조르당Rui Jordão에게 헤딩 동점골을 내주면서 연장전에 돌입하게 됐고, 연장전에서도 9분 만에 조르당에게 또다시 골을 허용하자 프랑스 역시 유로 72 이래로 계속돼 온 개최국 4강 징크스에 내몰리는 듯 했다. 그러나 프랑스는 포기하지 않았고, 혼신의 힘을 다해 공격을 퍼붓던 종료 6분전 도메르귀가 문전 혼전 중인 상황에서 동점골을 만들어 내며 관중석을 들썩이게 했다. 그리고 승부차기에 돌입할 것 같았던 경기 종료 1분 전 플라티니의 강력한 오른발 슛이 포르투갈의 골 그물을 흔들었고, 결국 프랑스가 3-2의 역전승을 거두며 사상 첫 유로 결승전에 올라 덴마크를 승부차기에서 5-4로 이긴 스페인과 우승컵을 놓고 다투게 됐다.

결승전

프랑스를 정상으로 이끈 스페인 골키퍼의 알까기

사흘 후인 6월 27일, 파리의 파르크 데 프랑스에서 프랑스와 스페인이 유로 84의 패권을 차지하기 위한 자웅을 벌였다. 사상 처음으로 결승에 오른 개최국 프랑스는 빠른 패스로 스페인 진영을 침투해 들어가 끊임없이 스페인 문전을 위협했다. 그러자 스페인도 변칙적인 수비 전술로 프랑스를 혼란스럽게 했다. 당대 최고 왼쪽 풀백으로 꼽히는 호세 안토니오 카마초José Antonio Camacho를 최종 수비 라인 앞에 배치해 플라티니를 맡게 하는 한편 중원에서부터의 적극적인 방어로 프랑스의 핵심 축인 플라티니와 지레스의 연결 고리를 차단해 버리자, 프랑스는 주도권을 가지고 공세를 전개하면서도 스페인을 효과적으로 공략하지 못했다. 스페인의 변칙 전술과 압박에 고생하던 프랑스는 후반에 들어서자 경기장을 넓게 활용하며 공간을 만들어 냈고, 이후 팽팽했던 양 팀의 균형도 조금씩 프랑스 쪽으로 기울어졌.

승부는 후반 초반에 나온 뜻밖의 상황에서 갈렸다. 후반 11분 스페인의 페널티 박스 외곽에서 플라티니가 절묘하게 감아 찬 프리킥은 스페인의 골키퍼 아르코나다의 품 안으로 들어가며 무위에 그치는 듯 했다. 하지만 아르코나다가 확실하게 잡았던 것처럼 보였던 공은 눈 깜짝할 사이에 그의 옆구리를 빠져나가면서 골라인을 넘어섰고, 아르코나다의 알까기로 인해 점수는 1-0이 되었다. 조별리그부터 수많은 선방을 해 오며 스페인을 결승까지 끌어올린 아르코나다였지만 결정적인 순간에 나온 그의 실책으로 인해 스페인의 사기는 땅에 떨어졌고 이후 피치는 프랑스의 수중에 떨어졌다.

하지만 후반 39분 르 루가 스페인의 역습을 끊겠다며 행한 바보 같은 파울로 인해 경기의 흐름은 스페인 쪽으로 넘어갔다. 이미 후반 초반에 산티야나에게 파울을 범하고 옐로우 카드를 받은 바 있었던 르 루는 스페인의 역습이 위협적이지 않았음에도 상대방을 넘어뜨렸는데, 레드카드는 당연한 결과였다. 수적 우위에 올라서자 스페인은 실점 이후 거의 처음으로 프랑스를 밀어붙였다. 그러나 인저리 타임, 마지막 공격이라는 생각에 스페인의 거의 모든 선수가 공격에 나선 그 순간, 장 티가나 Jean Tigana가 스페인의 패스를 차단한 뒤 스페인 진영을 빠르게 파고들던 브루노 벨롱 Bruno Bellone에게 패스를 건네자 스페인의 최종 수비 라인은 순식간에 무너졌고, 그와 함께 스페인의 마지막 희망도 끝이 났다. 아르코나다와 정면으로 맞서게 된 벨롱은 아르코나다의 키를 넘기는 재치 넘치는 골로 2-0을 만들며 승부에 쐐기를 박았고, 이로써 유로의 모국 프랑스가 사상 처음으로 앙리 들로네컵을 들어 올렸다.

프랑스는 유로 84에서 아기자기한 패스워크를 바탕으로 한 공격적인 축구를 선보이며 '아트 사커'라는 별칭을 얻었는데 이는 과대 포장된 것이 아니었고 그 어느 팀과 견주어도 단연코 빼어났다. 특히 이 아트 사커의 중심에 서 있던 플라티니의 활약은 놀라웠다. 플라티니는 덴마크와의 개막전을 시작으로 스페인과의 결승전까지 본선 5경기에서 두 번의 해트트릭을 기록하는 등 매 경기마다 골을 넣으며 모두 9득점을 올렸는데, 이는 아직까지도 유럽축구선수권대회의 최고 득점 기록으로 남아 있다.

EURO 1988
WEST GERMANY

UEFA European Football Championship

EURO 1988 Qualifying

Group 1
SPAIN	6	5	0	1	14	6	10
Romania	6	4	1	1	13	3	9
Austria	6	2	1	3	6	9	5
Albania	6	0	0	6	2	17	0

Group 2
ITALY	8	6	1	1	16	4	13
Sweden	8	4	2	2	12	5	10
Portugal	8	2	4	2	6	8	8
Swiss	8	1	5	2	9	9	7
Malta	8	0	2	6	4	21	2

Group 3
SOVIET UNION	8	5	3	0	14	3	13
East Germany	8	4	3	1	13	4	11
France	8	1	4	3	4	7	6
Iceland	8	2	2	4	4	14	6
Norway	8	1	2	5	5	12	4

Group 4
ENGLAND	6	5	1	0	19	1	11
Yugoslavia	6	4	0	2	13	9	8
Northern Ireland	6	1	1	4	2	10	3
Turkey	6	0	2	4	2	16	2

Group 5
NETHERLANDS	8	6	2	0	15	1	14
Greece	8	4	1	3	12	13	9
Hungary	8	4	0	4	13	11	8
Poland	8	3	2	3	9	11	8
Cyprus	8	0	1	7	3	16	1

Group 6
DENMARK	6	3	2	1	4	2	8
Czechoslovakia	6	2	3	1	7	5	7
Wales	6	2	2	2	7	5	6
Finland	6	1	1	4	4	10	3

Group 7
IRELAND	8	4	3	1	10	5	11
Bulgaria	8	4	2	2	12	6	10
Belgium	8	3	3	2	16	8	9
Scotland	8	3	3	2	7	5	9
Luxembourg	8	0	1	7	2	23	1

제8장 유로 1988 (1988 유럽축구선수권대회)

1988 유럽축구선수권대회의 본선 개최지는 서독으로 결정되었다. 이에 개최국 자동 진출권을 가진 서독을 제외한 UEFA의 나머지 32개국이 5개국으로 구성된 4개조와 4개국으로 구성된 3개조 등 총 7개조로 나뉘어 열전을 벌여 각 조 1위 팀이 본선에 진출하도록 했다. 유로 88의 예선 리그는 1986년 9월 10일 일제히 스타트를 끊어 이듬해 12월까지 15개월 동안 116경기를 치렀다.

예선 리그

연막탄과 함께 사라진 8-0 승리

유로 1988 예선 리그는 대체로 큰 이변 없이 마무리 됐다. 스페인은 동유럽 최초의 유로피언컵European Cup 챔피언인 슈테아우아 부쿠레슈티Steaua București[17]의 선수들이 주축이 된 루마니아를

---

17) 1985~86 유로피언컵 결승에서 바르셀로나를 승부차기 2-0으로 꺾고 우승을 차지했다.

승점 1점 차로 제치고 서독행 티켓을 가져갔고, 1986 멕시코 월드컵에서의 실패[18] 이후 자국에서 열릴 예정인 1990 월드컵을 목표로 새롭게 구성된 팀을 내세웠던 이탈리아 역시 우려 섞인 시선에도 불구하고 일찌감치 본선 진출을 확정 지었다. 잉글랜드는 예상대로 승승장구했다. 잉글랜드는 비기기만 해도 본선 진출을 확정 지을 수 있는 유고슬라비아와의 최종전을 위해 정규 리그를 일주일가량 연기하면서까지 철저히 준비했는데 그에 대한 보상이었는지 어렵지 않게 4-1로 이기면서 5승 1무의 빼어난 성적으로 서독에서 있을 본선 대회의 티켓을 가져갔다. 다이너마이트 같은 화력을 자랑하던 덴마크도 경기당 1골도 안 되는 예상 밖의 득점력에 고민을 해야 했지만 그럼에도 2회 연속 본선 진출에 성공했다.

네덜란드는 큰 어려움 없이 예선 리그를 끝냈지만 다소 뜻밖의 이슈로 뉴스를 장식해야 했다. 헝가리와의 첫 경기를 네덜란드 리그의 4년 연속 득점왕[19] 마르코 반 바스텐Marco van Basten의 결승골로 이기면서 첫 승을 신고한 네덜란드는 이후 폴란드와의 홈경기는 0-0으로 끝냈지만, 키프로스 원정을 가볍게 이기면서 선두에 나섰다. 네덜란드는 그리스와의 홈경기를 1-1로 비기면서 홈 팬들에게 실망감을 안겨주기도 했지만 2위 그룹 헝가리와 폴란드를 각각 2-0으로 제압하며 승점 10점째를 기록, 승점 2

---

[18] 1986 멕시코 월드컵 A조 조별리그를 1승 2무로 통과한 이탈리아는 16강전에서 프랑스에 0-2로 패하며 12위로 대회를 마감했다.
[19] 1982년 4월 아약스에서 데뷔전을 치른 반 바스텐은 이후 1983~1984 시즌부터 1986~1987 시즌까지 한 차례도 빼 놓지 않고 득점왕에 오른 뒤 이탈리아의 AC 밀란으로 이적했다.

점만 추가하면 본선 진출을 확정 지을 수 있게 됐다.

그리고 로테르담을 방문한 키프로스를 상대로 경기 시작 1분 만에 골을 넣자 네덜란드의 서독행은 더욱 확실해졌다. 하지만 너무 이른 시간에 나온 득점은 도리어 얼마지 않아 경기를 중단시키는 요인이 됐다. 흥분한 네덜란드 팬이 던진 연막탄에 키프로스의 골키퍼가 눈에 부상을 입고 쓰러지자 키프로스 선수들이 항의를 하며 피치를 떠난 것이다. 약 한 시간가량 중단된 경기는 이후 재개되었지만 교체되어 들어온 키프로스의 두 번째 골키퍼는 더욱 거세진 네덜란드의 파상공세에 무너지며 7골을 더 내줬고 결국 경기는 네덜란드의 8-0 승리로 끝이 났다.

그러나 네덜란드 팬의 연막탄은 이 경기와 모든 골을 무효로 만들어 버렸다. UEFA는 관중 소요사태에 책임을 물어 네덜란드의 몰수패를 선언했고, 0-8로 패한 키프로스가 3-0의 승리를 거두게 됐다. 그렇지만 이 같은 결정은 얼마지 않아 또다시 뒤집혔다. 네덜란드가 강력히 항의를 하자 UEFA는 곧바로 결정을 번복했는데, 새롭게 내린 결정은 비공개로 재경기를 치르는 것이었다. 하지만 네덜란드는 재경기에서도 별 어려움 없이 4-0으로 이겼고, 최종전에 상관없이 서독행을 확정 지었다.

다소 뜻밖의 결과가 나온 곳도 있었다. 미셸 플라티니Michel Platini가 이끄는 유럽 챔피언 프랑스는 1985~86 시즌 UEFA 컵 위너스컵UEFA Cup Winners' Cup 우승팀 디나모 키예프Dynamo Kyiv의 선수들을 중심으로 팀을 꾸린 소련에게 패하면서 탈락했고, 이제껏 단 한 번도 메이저 대회에 진출한 적 없는 아일랜드는 벨기에, 스코틀랜드, 불가리아 등 1986 멕시코 월드컵 참가 팀들을 제치고 사상 첫 유로 본선 무대에 발을 디뎠다.

유로 88 서독

개최국 서독과 잉글랜드가 각각 시드를 배정 받은 가운데 A조에는 서독, 이탈리아, 스페인, 덴마크가 B조에는 잉글랜드, 아일랜드, 네덜란드, 소련이 한 조에 편성되었다. 경기 진행 방식은 유로 84때와 마찬가지로 8개 팀이 2개조로 나뉘어 조별 리그를 치른 후 각 조 1, 2위 팀이 크로스 토너먼트를 치르도록 했다. 프란츠 베켄바워Franz Beckenbauer 감독이 이끄는 개최국 서독과 예선 리그에서 가장 좋은 성적을 기록한 잉글랜드 그리고 스타플레이어들이 놀라운 조직력을 보여준 네덜란드가 우승 후보로 꼽혔으며, 예선에서 디펜딩 챔피언 프랑스를 침몰시킨 소련이 다크호스로 분류됐다.

A조

실수를 주고받으며 끝난 거인들의 대결

유로 88의 서막은 6월 10일, 뒤셀도르프의 라인 슈타디온에서 치러진 개최국 서독과 이탈리아의 대결로 그 시작을 알렸다. 유럽을 대표하는 두 거인의 대결은 기대에 어긋남이 없이 불꽃 튀는 접전을 펼치며 축구팬들의 눈을 즐겁게 했지만 경기의 흐름은 당초 예상과 달랐다. 수비적으로 나설 것으로 보였던 이탈리아가 적극적으로 공격을 펼치며 경기를 이끌었던 것이다.

하지만 이탈리아의 밋밋한 공격은 그리 크게 위협적이지 못했고 되레 서독의 반격이 매섭게 몰아쳤다. 서독은 전반 32분 역습 찬스에서 나온 위르겐 클린스만Jürgen Klinsmann의 헤딩 슛이 아쉽게도 크로스바를 넘어 가며 득점에는 실패했지만, 이로 인해 이탈리아 쪽으로 기울었던 경기의 흐름을 되찾아오며 이내 주도권을 쥐고 피치를 지배했다. 그렇지만 서독은 후반 7분 자신들의 페널티 박스 외곽에서 몇 차례의 실수를 연이어 범하며 위기를 자초했고 이는 결국 이탈리아의 선취점으로 이어졌다.

그러나 이탈리아의 기쁨도 잠시뿐으로 얼마지 않아 치명적인 실수를 저지르면서 스스로 무너졌다. 후반 10분 이탈리아의 골키퍼 왈터 젱가Walter Zenga가 캐링Carrying[20]규정을 제대로 숙지하지 못했는지 공을 든 채로 규정보다 많이 움직였던 것이다. 이에 주심은 서독의 간접 프리킥을 선언했고 피에르 리트바르스키Pierre Littbarski가 내준 공을 안드레아스 브레메Andreas Brehme가 이탈리아의 골문 하단에 정확히 꽂아 넣음에 따라 거인들이 벌인 유로 88의 개막전은 승부를 가리지 못한 채 1-1로 끝이 났다.

이튿날, 하노버의 니더작센 슈타디온에서는 스페인과 덴마크가 2년 만에 재회했다. 유로 84 준결승에서 명승부를 벌인 두 팀은 1986 멕시코 월드컵 16강전에서도 맞붙은 적이 있었는데, 당시 대결에서는 덴마크가 스페인에게 1-5로 처참하게 무너지며 뉴스거리를 제공한 바 있다. 덴마크가 스페인에게 패했다는 것 자체는 사실 크게 놀랄 일은 아니었다. 하지만 멕시코 월드컵 조별리그에서 스코틀랜드, 우루과이, 서독을 차례로 연파하며 3연승으로 16강에 안착했을 당시의 덴마크는 토너먼트의 꼭대기에도 오를듯한 태세였고 결승까지 진출한다 해도 놀라운 일이 아니었다.

그런데 그런 덴마크가 선제골을 넣었음에도 불구하고 5골을

---

[20] 골키퍼가 공을 가지고 네 걸음 이상 걸으면 안 된다는 규정으로 이를 어겼을 경우 상대팀에게 간접 프리킥이 주어진다.

연이어 내주며 역전패를 했다는 것은 남미 챔피언인 우루과이가 그들에게 1-6으로 패하면서 침몰했던 것 이상으로 쇼킹했던 멕시코 월드컵의 대사건 중 하나로 여겨졌고, 이에 덴마크는 이번 결전을 2년 전의 수모를 씻을 수 있는 절호의 기회로 여겼다.

그러나 덴마크의 희망은 바람으로 끝이 났다. 전반전만 해도 덴마크는 잘 싸웠고 1-1 균형을 이룬 채 하프 타임을 맞았다. 하지만 그 같은 균형은 후반 7분에 나온 오심에 의해 깨지고 말았다. 완벽한 오프사이드 위치에 있던 스페인의 에밀리오 부트라게뇨Emilio Butragueño의 골이 득점으로 인정되자 관중들조차 놀라움을 감추지 못했는데, 이것이 사실상 결승골이 되면서 2-3으로 패했고 결국 고개를 숙일 수밖에 없었다.

페테르 슈마이켈의 암울한 유로 데뷔전

6월 14일, 겔젠키르헨에서는 서독과 덴마크가 맞붙었다. 덴마크의 제프 피온테크Sepp Piontek 감독은 이번에도 패할 경우 남은 것은 조별리그 탈락뿐이었기에 모험을 걸고 수비 라인에 메스를 가했는데 신예 골키퍼 페테르 슈마이켈Peter Schmeichel을 선발 출장시킨 것이 눈에 띄었다. 하지만 덴마크의 이러한 노력도 서독의 공세를 막는 데는 효과적인 방어 수단이 되지 못했다. 개막전 경기 내용에 실망한 자국 언론이 퍼붓는 집중 포화를 벗어남과 동시에 홈 관중들에게 승리를 안겨주기 위해 초반부터 적극적으로 나선 서독은 전반 9분에 터진 클린스만의 골과 후반 40분에 나온 올라프 톤Olaf Thon이 헤딩 쐐기골을 묶어 2-0으로 이겼다. 이로써 같은 날 저녁 스페인을 1-0으로 꺾은 이탈리아를 골 득실차로 제치고 조 1위로 올라섰다.

사흘 뒤인 6월 17일, 뮌헨의 올림피아 슈타디온에서는 서독과 스페인의 조별 리그 최종전이 펼쳐졌다. 조 1위를 달리고 있던 서독은 스페인과 비기기만 해도 4강에 진출할 수 있는 유리한 상황이었다. 그러나 4년 전인 유로 84에서도 조별리그 내내 조 1위를 달리고 있다가 경기 종료 1분여를 남겨 놓고 나락으로 떨어진 적이 있던 서독의 입장에서 홈에서 최종전을 비기고 조 2위로 4강에 진출할 마음은 추호도 없어 보였다.

경기 초반에는 벼랑 끝에 놓인 스페인이 중원 싸움에서 우세를 점하는 듯 했다. 하지만 서독이 적극적인 공세를 펼치자 올림피아 슈타디온의 피치는 이내 서독의 수중에 떨어졌고, 전반 29분 루디 푈러Rudi Völler의 골이 터지면서 1-0이 되자 분위기는 한층 더 서독 쪽으로 기울었다. 서독에 뒤진 채 전반전을 마감한 스페인은 후반 들어 동점의 기회를 노렸지만 이마저도 쉽지 않았고, 되레 후반 6분 로타 마테우스 Lothar Matthäus의 질풍 같은 드리블에 초토화되면서 완벽하게 무너졌다. 서독 진영의 센터 서클 하단에서 공을 잡은 마테우스가 피치의 절반을 가로질러 스페인의 페널티 지역을 돌파한 뒤, 뒤따라 들어오던 푈러에게 절묘한 백힐링 패스를 연결하자 푈러가 이를 성공시키며 스페인의 골 그물을 재차 흔든 것이다. 그렇게 2-0이 되자 경기는 사실상 끝이 났고 결국 한 수 위의 기량을 선보인 서독이 4년 전의 악몽 같은 패배를 깔끔하게 되갚으며 조 1위로 준결승에 진출했다.

같은 시각, 비기기만 해도 준결승전에 진출할 수 있는 이탈리아와 조별리그 탈락이 확정된 덴마크의 다소 맥 빠진 경기가 될 것으로 예상된 또 다른 최종전은 덴마크가 승점 1점이라도 얻고자 노력했기에 의외로 뜨거웠다. 그러나 덴마크는 초반부터 흔들렸다. 특히 덴마크의 젊은 골키퍼 슈마이켈은 초반부터 잦은 실수를 범하며 불안을 가중시켰다. 전반 2분에는 이탈리아의 파올로 말디니Paolo Maldini의 크로스를 처리하는 과정에서 판단 착오를 일으키며 골문을 그대로 비워 두고 나오는 실수를 범했는데, 다행히도 로베르토 만치니Roberto Mancini의 슛이 골문 밖으로 벗어나면서 위기를 모면할 수 있었다.

슈마이켈의 작은 실수는 이후로도 계속됐지만 이탈리아 공격진의 실수 또한 끔찍한 수준이었던 탓에 덴마크는 후반 중반까지 무실점으로 버틸 수 있었다. 그러던 후반 20분경 슈마이켈은 만치니와의 일대일 상황에서 모처럼만에 선방을 하며 또 한 번의 위기를 모면했지만 슈마이켈의 이 선방은 아이러니하게도 덴마크의 몰락을 부추기는 결과로 작용했다. 만치니가 결정적인 기회를 날리자 이탈리아의 아젤리오 비치니Azeglio Vicini 감독은 후반 21분 지체 없이 알레산드로 알토벨리Alessandro Altobelli를 교체 투입했는데, 그 알토벨리가 교체 투입된 지 1분 만에 골을 넣으며 1-0을 만든 것이다. 이후 덴마크는 동점을 만들고자 안간힘을 썼으나 되레 종료 3분전, 이번에는 루이지 데 아고스티니Luigi De Agostini가 교체 투입된 지 2분만에 두 번째 골을 넣었고 이에 이탈리아가 2-0으로 이기면서 준결승 고지에 올라섰다.

B조

리누스 미첼 vs 발레리 로바노프스키

6월 12일, 슈투트가르트의 네카르 슈타디온에서는 메이저 대회 본선 무대에 사상 첫 발을 내디딘 아일랜드가 숙적 잉글랜드와의 결전을 준비했다. 그러나 아일랜드의 입장에서야 결전이지, 앙리 들로네컵을 노리는 잉글랜드에게 있어서 아일랜드는 관심 밖의 팀이었다. 잉글랜드는 서독, 네덜란드와 더불어 우승 후보 3강 중 하나로 꼽히는 팀인데 반해, 아일랜드는 A조의 덴마크와 더불어 약체로 분류되는 팀이었다. 더욱이 아일랜드의 사상 첫 유로 본선 진출에 대해서도 아일랜드가 잘해서라기보다는 다른 팀들이 부진해서 올라왔다는 평이 지배적이었고, 그에 따라 아일랜드는 이미 미디어와 세간의 관심 밖으로 밀려난 상황이었다.

하지만 그런 점이 아일랜드에게는 일종의 호재였다. 잉글랜드가 미디어의 취재 공세에 시달리며 정신을 못 차리는 사이에 아일랜드는 조용히 칼을 갈며 결전을 준비할 수 있었다. 사실 아일랜드의 본선 진출이 뜻밖의 일이긴 했지만 그리 호락호락한 상대도 아니었다. 아일랜드의 유로 88 출전 선수 엔트리 20명 중 잉글랜드에서 뛰는 선수가 무려 16명(그 외 스코틀랜드 3명, 프랑스 1명)이나 됐던 탓에 잉글랜드 축구에 대해서는 그 어느 팀보다 상세히 파악하고 있었고, 전반 초반 잉글랜드 수비진이 우물쭈물하던 틈을 놓치지 않고 골로 연결시키며 일찌감치 앞서 나갔다. 이렇게 경기는 뜻밖에도 아일랜드의 리드로 진행됐지만 잉글랜드는 실점을 허용한 이후에도 좀처럼 중심을 잡지 못했다.

잉글랜드는 후반에 들어서자 그나마 제 모습을 찾은 듯 아일랜드를 시종일관 두드렸지만 그 어떤 성과도 없었다. 스타플레이어들이 즐비한 공격 라인이 이날만큼은 기대 이하였기 때문이다. 존 반즈John Barnes는 최악이었고 믿었던 게리 리네커Gary Lineker와 피터 비어즐리Peter Beardsley도 결정적인 찬스를 여럿 놓쳤다.

승리의 여신도 잉글랜드를 외면한 듯 했다. 후반 인저리 타임에 나온 리네커의 헤딩슛은 아일랜드의 골키퍼 패트릭 보너Patrick Bonner의 어깨를 스친 후 골문을 향해 굴러 갔지만 이마저도 골포스트에 맞은 후 골라인 밖으로 벗어났고, 결국 잉글랜드는 아일랜드의 유로 본선 첫 승의 제물이 되면서 파란의 희생양이 되었다. 잉글랜드가 아일랜드에게 패한 것은 1949년 이후 처음이었는데 이에 멀리 서독까지 원정 응원을 나선 잉글랜드의 극성 훌리건들은 난동을 일으키며 폭력 사태를 연출하다 이중 89명이 체포되기에 이르렀다.

같은 날 저녁, 쾰른에서는 리누스 미셸Rinus Michels 감독의 우승 후보 네덜란드가 발레리 로바노프스키Valeri Lobanovsky 감독의 다크호스 소련과 흥미진진한 경기를 펼쳤다. 네덜란드는 제2의 크루이프로 불리던 루드 굴리트Ruud Gullit를 필두로 한 개성 넘치는 스타플레이어들이 미드필드 싸움에서의 우위를 점하며 소련을 압박했다. 그렇지만 예선에서 디펜딩 챔피언 프랑스를 좌초시킨 바 있는 철의 장막은 쉽게 허물어지지 않았다. 디나모 키예프 선수들을 주축[21]으로 한 소련은 뛰어난 수비 조직력으로 네덜란드의 공세에 맞섰는데 이에 좀처럼 득점 기회를 잡지 못했고, 모처럼 만의 위협적인 슈팅도 소련의 수문장 리나트 다사예프Rinat Dasayev 골키퍼에게 막히며 무산되었다.

승패가 판가름 난 시점은 후반 7분으로 번개처럼 오버래핑을 들어간 바실리 라츠Vasiliy Rats의 강력한 왼발 슛이 네덜란드의 왼쪽 골문을 날카롭게 파고들며 골로 이어졌다. 실점을 허용한 네

---

21) 당시 소련 대표팀의 20명의 선수 중 11명이 디나모 키예프 소속이었다.

덜란드는 이후 동점을 만들기 위해 안간힘을 썼지만 올레그 쿠즈네초프Oleg Kuznetsov를 위시한 소련 수비진을 쉽사리 넘지 못했다. 다급해진 미첼 감독은 후반 24분 컨디션 난조로 벤치를 지키고 있던 반 바스텐마저 투입하며 승부수를 띄었지만, 관중들이 볼 수 있었던 것은 다사예프 골키퍼의 멋진 선방뿐이었고 결국 경기는 소련의 1-0 승리로 마무리됐다.

쉴튼의 잔칫상을 엎어 버린 반 바스텐의 해트트릭

사흘 뒤 뒤셀도르프의 라인 슈타디온에서는 우승 후보였으나 첫 경기에서의 패배로 나란히 탈락 위기에 몰린 잉글랜드와 네덜란드가 격돌했다. 잉글랜드는 종주국의 전통을 잇겠다는 의지가 강해서였는지 이날 공격의 거의 대부분을 롱 패스로 전개했다. 이 같은 전통의 답습에는 다소의 운 또한 따라주는 듯 했고 덕분에 전반 초반부터 좋은 기회를 잡았다. 잉글랜드의 주장 브라이언 롭슨Bryan Robson이 네덜란드의 문전을 향해 뛰어들던 리네커에서 띄어준 로빙 패스가 운 좋게도 네덜란드의 수비수 로날드 쾨만Ronald Koeman의 머리에 맞고 네덜란드의 골문 쪽으로 굴러갔는데 여기에 네덜란드 골키퍼 한스 반 브로이켈렌Hans van Breukelen의 판단 미스까지 더해지며 리네커가 텅 빈 골대와 맞이하게 됐다. 그러나 리네커의 슛은 네덜란드의 왼쪽 골포스트에 맞고는 튀어 나왔고, 리바운드된 공조차 브로이켈렌 골키퍼의 품속으로 들어가 버리면서 찬스를 날렸다. 그렇게 기회를 놓치자 잉글랜드에게 찾아온 것은 대재앙이었다.

이날 경기는 잉글랜드의 수문장 피터 쉴튼Peter Shilton의 A매치

▲ 잉글랜드와의 경기에서 해트트릭을 기록한 네덜란드의 마르코 반 바스텐.

100번째 경기이기도 했는데 네덜란드 선수들은 이를 축하해줄 마음이 없었는지 매서운 공세만을 퍼부었고, 전반 44분 반 바스텐이 등을 지고 있던 토니 아담스Tony Adams를 제치고 슈팅을 꽂아 넣으며 1-0을 만들었다. 후반 들어 반격을 개시한 잉글랜드는 후반 8분에 나온 롭슨의 골로 동점을 만들며 승부를 원점으로 돌렸고 이후 얼마 동안은 잉글랜드가 경기의 주도권을 쥐고 네덜란드를 몰아붙였다.

그러나 잉글랜드의 결정적인 약점은 골대의 불운이나 공격에서의 부족한 마무리가 아닌 위태위태한 수비였고, 후반 26분에는 네덜란드가 길게 올린 프리킥을 위험 지역에서 걷어내는데 실패하다 반 바스텐에게 결정적인 찬스를 내주며 두 번째 골을 허용했다. 그리고 4분 후 코너킥에 이은 빔 키예프트Wim Kieft의 헤딩 패스를 반 바스텐이 오른발 슛으로 마무리하며 3-1을 만들자 그것으로 승부는 결정됐다. 결국 네덜란드가 반 바스텐의 대회 첫 해트트릭에 힘입어 기사회생을 한 반면 우승후보였던 잉글랜드는 2연패를 기록하며 일찌감치 조별리그 탈락을 확정지었다. 한편 같은 날 저녁, 하노버의 니더작센 슈타디온에서는 아일랜드와 소련이 1-1 무승부를 기록하며 나란히 1승 1무를 기록, 4강 토너먼트 진출의 유리한 고지를 점했다.

B조의 최종전은 6월 18일, 프랑크푸르트와 겔젠키르헨에서 동시에 열렸다. 프랑크푸르트의 발트 슈타디온에서는 잉글랜드와 소련이, 겔젠키르헨의 파르크 슈타디온에서는 아일랜드와 네덜란드가 아직 주인을 찾지 못한 4강 티켓의 주인공을 가리기 위한 격전을 벌였다.

프랑크푸르트에서의 경기는 일찌감치 승부가 결정됐다. 경기 중반 이후에야 공격에 나서던 소련이 이날만큼은 뜻밖에도 초반부터 적극적으로 달려들었는데, 이 뜻밖의 공세에 유로 88 내내 불안하던 잉글랜드의 수비진이 경기 시작 3분 만에 골을 내주는 등 휘청거렸다. 잉글랜드는 전반 16분 그간의 경기에서 수차례의 실수를 범하며 잉글랜드의 수비진을 붕괴시킨 '보이지 않는 손'중 하나였던 아담스의 헤딩골로 동점을 만들었지만 동점을 만든 지 12분 만에 추가골을 내준 뒤 후반 28분에 또 다시 골을 허용하자 그와 함께 침몰한 후 다시는 떠오르지 못했다. 결국 소련이 3-1의 승리를 거두면서 조 1위로 위풍당당하게 준결승 토너먼트에 진출한 반면 당초 우승후보로 꼽혔던 잉글랜드는 3전 전패로 탈락하는 수모를 겪어야 했다.

겔젠키르헨에서는 기필코 승점 2점을 추가해야만 하는 네덜란드가 전반 초반부터 골을 얻기 위해 부단히 노력했지만 비기기만 해도 준결승에 오를 수 있는 아일랜드의 자물쇠 같은 골문은 쉽게 열리지 않았다. 그러자 미셸 감독은 후반 시작 5분 만에 미드필더 에르빈 쾨만Erwin Koeman을 빼고 공격수 키예프트를 투입했는데, 그가 들어가자 네덜란드는 이내 피치를 장악한 후 아일랜드의 골문을 줄기차게 두드렸다. 하지만 공격을 거듭해도 여전히 골은 없었고 경기도 그렇게 끝날 것처럼 보였다.

그러나 종료 8분을 앞두고 네덜란드에게는 행운이, 아일랜드에게는 불운이 찾아왔다. 후반 37분 아일랜드 수비진이 멀리 걷어낸 공은 아크 서클 앞쪽에 있던 R.쾨만의 중거리 슛으로 이어졌고, 쾨만의 슛은 잔디를 세게 때린 후 크게 바운드가 되며 아일랜드의 페널티 박스에 솟구쳤다. 이때 마침 그곳에 서 있던 키예프트가 사력을 다해 공을 머리에 맞췄는데 아웃이 될 것 같았던 공은 피치를 통통 튀긴 후 운 좋게도 굴절이 되며 아일랜드의 골문 구석으로 들어가 결승골로 이어졌고, 결국 네덜란드가 1-0으로 이기며 유로 76 이후 12년 만에 유로 4강에 진출했다.

준결승 토너먼트

엉뚱한 곳으로 날아갔던 심판들, 어디까지 갔다 왔니?

6월 21일, 함부르크의 폴크스파르크 슈타디온에서는 결승 진출의 길목에서 만난 서독과 네덜란드가 유로 88 최고의 명승부이자 가장 격렬했던 경기를 펼쳤다.

2차 세계 대전 이후 양 팀의 역대 전적[22]은 7승 3무 1패로 서독의 압도적인 우위였다. 더구나 네덜란드는 1956년 3월 14

일 뒤셀도르프에서 2-1 승리를 거둔 이후 32년간 단 한 차례도 서독을 이겨본 적이 없었고, 가장 최근의 대결인 2년 전의 친선 경기에서도 1-3으로 패한 바 있었다. 그러나 유로 88에 참가한 네덜란드 대표팀은 당시 유럽 최고의 선수들을 여럿 보유하며 1974년 이래 최고의 스쿼드를 구성하고 있었고, 그런 그들에게 과거의 전적은 문제시 되지 않았다.

여기에 네덜란드에게는 불과 6,000장의 입장권만이 할당됐음에도 어찌된 일인지 폴크스파르크 슈타디온의 상당 부분은 오렌지 빛으로 물들어 있었고, 덕분에 네덜란드는 적지 한복판에서의 싸움이었음에도 서독 관중들의 일방적인 응원이라는 핸디캡에서 벗어날 수 있었다. 반면 개최국 서독의 상황은 그리 좋지 못했는데 팀 내 최고의 테크니션으로 꼽히는 리트바르스키가 경기 전 몸을 풀던 중 복통을 호소함에 따라 선발 출전 명단에서 제외되는 등 경기 전부터 주춤거렸다.

경기 시작 전 간신히 경기장에 도착한[23] 주심이 경기 시작을 알리자 양 팀 모두 활발히 움직이기 시작했으나, 전반 10분경까지는 어느 팀도 상대방을 효과적으로 제압하지 못했다. 그러나 전반 11분 R.쾨만이 35m 거리에서 위협적인 프리킥을 날리며 축구 전쟁을 알리는 본격적인 포문을 열자, 서독 역시 브레메의

---

[22] 두 팀이 첫 대결을 벌인 1910년 4월 24일 이후 지난 2012년까지의 양 팀의 상대 전적은 15승 15무 10패로 독일이 앞서 있다. 이 성적은 2차대전 이전의 독일과 전후의 서독 그리고 통독 이후의 전적이 모두 포함된 것이다.
[23] 대회조직위원회가 서독과 네덜란드 경기에 배정된 심판들에게 소련과 이탈리아의 경기가 열릴 예정인 슈투트가르트행 비행기 표를 지급하는 실수를 했고, 이에 엉뚱한 곳으로 날아갔던 심판들은 경기 시작 전에 겨우 함부르크로 되돌아올 수 있었다

위협적인 크로스로 반격을 가하는 등 한 치의 양보 없는 치열한 접전을 전반 내내 이어갔다.

두 팀의 팽팽한 균형은 후반 9분에 무너졌다. 네덜란드의 페널티 박스를 돌파하던 클린스만이 프랑크 레이카르트Frank Rijkaard에 걸려 넘어지면서 페널티킥을 얻어내자 마테우스가 이를 성공시키면서 서독이 1-0으로 앞서 나가기 시작했다. 이후 네덜란드는 빠른 시간 내에 동점을 만들기 위해 노력했지만 선취골을 넣은 서독의 기세 또한 맹렬했기에 쉽사리 공세를 펼치지 못하며 계속해서 기회를 내줬다. 그러자 네덜란드 팬들 사이에서는 1974 서독 월드컵 때처럼 기술의 우위에도 불구하고 투지에 밀리며 또다시 패하는 것이 아닌가 하는 걱정이 나오기 시작했다.

하지만 유로 88의 네덜란드는 기술뿐 아니라 투지도 갖추고 있었다. 서독이 거칠게 나오면 네덜란드는 더욱 거칠게 응했고, 결국 두 팀의 격전은 점점 더 거칠어져 온갖 종류의 반칙이 심판 몰래 쏟아져 나왔다. 폴크스파르크 슈타디온의 피치위에서는 비신사적인 행위가 난무했고 상대편 선수가 쓰러져도 공격을 계속할 뿐이었다. 그렇게 두 팀이 거친 공방을 계속하던 후반 29분 이번엔 반 바스텐이 위르겐 콜러Jürgen Kohler의 발에 걸려 넘어지며 얻어낸 페널티킥을 R.쾨만이 놓치지 않고 성공시킴에 따라 경기는 다시 1-1로 균형을 이루게 됐다.

동점이 된 이후 팽팽했던 경기의 분위기가 다시금 네덜란드 쪽으로 기울자 베켄바워 감독은 리트바르스키를 투입하며 반전을 노렸다. 교체 투입 2분 후 리트바르스키는 날카로운 크로스로 네덜란드 골문을 위협했는데 R.쾨만이 걷어내지 못했더라면 자칫 골로 이어질 뻔 하며, 느긋하게 벤치에 앉아 있던 미첼 감독을 벌떡 일어나게 만들었다. 그러나 위기 뒤에는 기회가 있었다. 연장전으로 승부가 이어질 것 같았던 후반 44분 얀 바우터스Jan Wouters가 절묘한 킬 패스를 찔러주자 반 바스텐은 경기 내내 유령처럼 따라다니던 콜러를 피해 미끄러지며 슛을 했고, 이 공은 서독의 골 그물을 출렁이며 결승골이 되었다. 그리고 얼마 후 종료 휘슬이 울리며 네덜란드가 숙적 서독을 그들의 안방에서 꺾고 결승전에 진출하자, 네덜란드 전역은 마치 전쟁에서 승리한 듯 환호했다.

Go West

이튿날, 또 한 장의 결승 티켓을 놓고 슈투트가르트에서 벌어진 소련과 이탈리아의 경기는 뜻밖에도 예상과 달리 전개됐다. 경기 전 전망에서는 조별리그에서 7명의 선수가 옐로우 카드를 받아 든 소련이 경고 누적으로 결승전에 출전하지 못할 선수가 많아질 것을 우려해 조심스럽게 경기를 펼칠 것으로 내다보는 의견이 많았지만 초반부터 적극적인 공세에 나섰던 것이다.

당시 소련의 라커룸 주변에서는 소련이 이번 유로 88에서 우승을 차지할 경우, 주전 선수들의 나이에 상관없이 자유로운 해외 이적[24]을 약속했다는 파격적인 소식이 흘러 나왔다. 철의 장막 너머, 서유럽으로의 엑소더스라는 당근이 눈앞에 있어서인지

---

24) 당시 소련을 비롯한 동구권 국가들은 28세 이하의 선수들의 해외 이적을 금지하고 있었다. 이 같은 규정을 가장 먼저 철회한 사례는 폴란드로 1982 스페인 월드컵에서 3위에 오르자 폴란드 정부는 일부 주전 선수들의 해외 이적을 허용했고, 이에 당시 폴란드의 핵심 선수였던 즈비그니에프 보니에크가 26세였음에도 불구하고 유벤투스로 이적할 수 있었다.

소련은 예상을 깨고 경기 시작부터 적극적으로 달려들었고 이탈리아 선수들을 향해 거친 태클을 퍼부었다. 쿠즈네초프가 경기 시작 2분 만에 경고를 받았지만, 소련 선수들은 눈 하나 깜짝하지 않고 온 몸을 던져 경기에 임했다. 소련은 전반 4분 세르게이 알레니코프Sergei Aleinikov가 25m거리에서 날린 중거리 포를 시작으로 이탈리아 골문을 향해 연이어 슛을 날리며 위협했고, 소련의 위세에 눌린 이탈리아는 몇 차례의 득점 기회를 제외하곤 전반 내내 위축된 채 옴짝달싹 못했다.

후반이 시작되자 이탈리아는 소련의 수비에 꽁꽁 묶여 출전했는지조차 몰랐던 만치니를 대신해 알토베리를 투입하며 전열을 가다듬었지만, 그 역시도 소련의 수비에 발이 묶이며 별다른 활약을 보여주지 못했다. 후반전에도 공격을 주도하는 쪽은 여전히 소련이었고 후반 13분에는 파도처럼 밀려드는 소련의 공세에 근근이 버텨오던 이탈리아의 빗장이 마침내 열리고 말았다. 쿠즈네초프가 이탈리아의 전진 패스를 차단해 알렉세이 미하일리첸코Alexei Mikhailichenko에게 건네자 미하일리첸코는 이를 겐나디 리토프첸코Gennadiy Litovchenko에게 흘려줬는데, 그때 이탈리아의 페널티 박스를 파고든 리토프첸코의 슛이 이탈리아의 골문 구석으로 빨려 들어가며 선제골로 이어진 것이다. 실점을 허용한 이탈리아는 이후 동점을 바라며 경기를 재개했지만 경기는 이탈리아의 뜻과는 정반대로 흘러갔다. 후반 17분 이탈리아의 공격을 어렵지 않게 막아낸 소련은 재빨리 역습을 전개한 후 이탈리아의 숨통을 끊어 놓는 치명타를 안겼고, 결국 소련이 2-0으로 이기면서 사상 4번째이자 유로 72 이후 16년 만에 유럽축구선수권대회 결승에 진출했다.

결승전

네덜란드를 유럽 정상으로 이끈 유로 최고의 골

6월 25일, 뮌헨의 올림피아 슈타디온에서는 네덜란드와 소련이 앙리 들로네컵을 놓고 치열한 쟁탈전을 벌였다. 13일 전의 대결에서는 소련이 승리를 거뒀고 또 소련 선수들의 서유럽을 향한 열망 역시 뜨거웠다. 하지만 준결승전에서 개최국 서독을 상대로 극적인 승리를 거둔 네덜란드의 사기 또한 대단했기에 두 팀의 재격돌은 당초 팽팽한 호각지세가 될 것으로 예상됐다. 그러나 결승전을 앞둔 두 팀의 라커룸 분위기는 사뭇 달랐다. 네덜란드의 주포 반 바스텐의 컨디션이 상승 곡선을 그리고 있던 것과 달리 소련은 조별리그에서 네덜란드의 공격을 번번이 차단했던 쿠즈네초프가 결승전에는 경고 누적으로 출전할 수 없었다. 여기에 올림피아 슈타디온을 가득 메운 72,308명의 관중들 중 상당수가 네덜란드 팬이었다는 점에서 '불곰'보다는 '오렌지'가 우승컵에 더 가까이 있는 듯 보였다.

경기 초반부터 빠르게 움직이며 줄기차게 상대방의 골문을 향해 전진하던 두 팀의 공방전은 전반전 중반이 넘어서자 본격화됐다. 전반 30분 리토프첸코가 레이카르트를 제치고 페널티 박스 정면에서 강력한 슛을 날리자 네덜란드도 곧바로 반격을 개시, 굴리트가 페널티 아크 외곽에서 자신이 직접 얻어낸 프리킥을 날카로운 오른발로 공략하며 소련의 골문을 위협했다. 공은 다사예프의 선방에 걸리며 골포스트를 넘어갔지만 네덜란드의 공격은 그것이 끝이 아니었다. 뒤이은 네덜란드의 코너킥은 소련의 수비진이 먼저 걷어냄에 따라 무산이 되는 듯 했지만 흘러

나온 공은 E.쾨만에 의해 재차 소련의 페널티 박스로 향했고, 반 바스텐의 헤딩 패스에 이은 굴리트의 강력한 헤딩이 소련의 골문을 꽤 뚫으면서 1-0이 되었다.

후반전이 시작되자 소련은 거침없이 공격을 퍼부으며 밀어붙였지만 네덜란드의 효과적인 방어에 막혀 이렇다 할 기회를 만들지 못했다. 되레 공수 간격이 넓어지면서 역습을 허용하게 됐는데 결국 이것이 빌미가 되어 네덜란드에게 치명타를 입게 된다. 후반 8분 알렉산드르 자바로프Aleksandr Zavarov의 공을 가로채 재빨리 전진해 들어가던 반 티겔렌이 소련의 오른쪽 진영을 돌파 중이던 아놀드 뮈렌Arnold Mühren에게 패스를 하자, 뮈렌은 이것을 소련의 페널티 박스 왼쪽으로 깊숙이 달려 들어가던 반 바스텐을 향해 길고 높게 올려줬는데, 이때까지만 해도 그 패스가 어시스트로 이어질 것이라고 생각한 이는 없었다. 반 바스텐이 공을 응시하며 따라가고는 있었지만 슈팅 각도가 좋지 않았던 데다 소련의 수비수가 반 바스텐과 골문 사이를 가로 막고 있었기에 그 위치에서의 직접 슈팅은 무리라고 여겼기 때문이다. 하지만 반 바스텐이 가차 없이 날린 오른발 발리슛은 아름다운 포물선을 그리며 한 치의 오차도 없이 골문 구석에 가서 꽂혔고, 네덜란드는 유럽축구선수권대회 역사상 최고의 백미로 꼽히는 그 골로 인해 2-0으로 앞서게 됐다.

반 바스텐의 환상적인 골로 네덜란드는 소련과의 간격을 두 골 차로 벌려 놓았지만, 소련은 포기하지 않았고 이내 매서운 반격을 펼쳤다. 하지만 이날 소련은 운이 따르지 않은 듯 했는데 여기에 골 결정력 부족이 더해지면서 추격의 기회를 스스로 날렸다. 이고르 벨라노프Ihor Belanov의 프리킥이 네덜란드의 오른쪽 골포스트에 맞고는 무산되었지만 얼마지 않아 소련은 또 다른 결정적인 기회를 잡게 됐고, 이때까지만 해도 희망이 있어 보였다. 네덜란드의 골키퍼 브로이켈렌이 세르게이 고츠마노프Sergey Gotsmanov에게 무모한 파울로 범하면서 페널티킥을 내줬던 것이다. 그러나 벨라노프의 슛은 브로이켈렌에게 막혔고 이후 소련의 공격은 점차 힘을 잃어갔다.

남은 시간 동안 네덜란드는 더욱 활기차게 뛰어다녔고 경기 종료 몇 분전에는 레이카르트가 점수 차를 3-0으로 벌릴 수 있는 기회를 놓쳤지만, 네덜란드 팬들은 개의치 않았다. 그리고 얼마 후 경기 종료를 알리는 휘슬이 울려 퍼졌고, 이로써 네덜란드는 사상 처음으로 유럽축구선수권대회 우승 타이틀을 획득하는 기쁨을 맛보게 됐다. 네덜란드가 앙리 들로네컵을 치켜 올린 그날 저녁 네덜란드 전역에서는 900만 인파가 거리에 쏟아져 나와 유럽 축구의 정상 등극을 기념하는 축하 행진을 벌였는데 이는 2차 세계대전 종전 이후 최대 인파였다.

유로 88은 유럽축구선수권대회에서 가장 성공적인 대회 중 하나로 꼽힌다. 유로 88에서는 모두 15경기를 치르는 동안 34골이 터지면서 경기당 평균 2.27골이 나왔다. 경기당 평균 득점으로는 그리 높은 수치가 아니며 5골 이상 나온 경기도 단 1경기에 불과했지만 어찌됐건 득점 없이 끝난 경기 없이 매 경기에서 골이 나왔다. 또한 유로 88에서는 나온 56,656명의 경기당 평균 관중 기록은 유럽축구선수권대회 역사상 최고 기록으로 지금껏 남아 있다.

EURO 1992
SWEDEN

UEFA European Football Championship

EURO 1992 Qualifying

Group 1
FRANCE	8	8	0	0	20 6	16
Czechoslovakia	8	5	0	3	12 9	10
Spain	7	3	0	4	17 12	6
Iceland	8	2	0	6	7 10	4
Albania	7	1	0	6	2 21	2

Group 2
SCOTLAND	8	4	3	1	14 7	11
Swiss	8	4	2	2	19 7	10
Romania	8	4	2	2	13 7	10
Bulgaria	8	3	3	2	15 8	9
San Marino	8	0	0	8	1 33	0

Group 3
SOVIET UNION	8	5	3	0	13 2	13
Italy	8	3	4	1	12 5	10
Norway	8	3	3	2	9 5	9
Hungary	8	2	4	2	10 9	8
Cyprus	8	0	0	8	2 25	0

Group 4
YUGOSLAVIA	8	7	0	1	24 4	14
Denmark	8	6	1	1	18 7	13
Northern Ireland	8	2	3	3	11 11	7
Austria	8	1	1	6	6 14	3
Faroe Islands	8	1	1	6	3 26	3

Group 5
GERMANY	6	5	0	1	13 4	10
Wales	6	4	1	1	8 6	9
Belgium	6	2	1	3	7 6	5
Luxembourg	6	0	0	6	2 14	0

Group 6
NETHERLANDS	8	6	1	1	17 2	13
Portugal	8	5	1	2	11 4	11
Greece	8	3	2	3	11 9	8
Finland	8	1	4	3	5 8	6
Malta	8	0	2	6	2 23	2

Group 7
ENGLAND	6	3	3	0	7 3	9
Ireland	6	2	4	0	13 6	8
Poland	6	2	3	1	8 6	7
Turkey	6	0	0	6	1 14	0

제9장 유로 1992 (1992 유럽축구선수권대회)

 동유럽의 민주화와 베를린 장벽의 붕괴 그리고 공산주의 종주국 소련의 해체는 유럽축구선수권대회에도 많은 변화를 가져왔다. 공산주의의 붕괴는 동유럽에서 새롭게 분리 독립한 여러 신생 공화국들의 출현으로 이어졌지만 UEFA와 유럽축구선수권대회는 신입생들의 합류에 앞서 통일로 인한 변화를 더 먼저 맞이해야 했다. 1990년 2월 2일에 가진 1992 유럽축구선수권대회 예선 리그 조 추첨 당시만 해도 34개국이 5개국으로 구성된 6개 조와 4개국으로 구성된 1개조로 나뉘어 예선 리그에 돌입했지만, 1990년 10월 3일 동독과 서독이 다시 '독일'로 하나가 됨에 따라 33개국으로 예선 리그를 마무리 했다.

 유로 92의 개최국으로는 스웨덴이 선정됐다. 당초 차기 개최지로 유력하게 평가를 받던 곳은 스페인이었다. 하지만 유럽축구선수권대회가 치러지는 그해, 스페인에서 세비야 엑스포와 바르셀로나 올림픽이 열릴 예정이었다는 점이 감점으로 작용했고 결국 스웨덴이 스페인을 제치고 유로 92의 개최국으로 선정됐다.

예선 리그

농부와 목수가 월드컵 출전팀을 꺾다

유로 1992 예선에서 가장 눈에 띄는 팀은 단연 미셸 플라티니 Michel Platini 감독이 이끄는 프랑스였다. 프랑스는 예선 8경기에서 모두 승리를 거두었는데 유럽축구선수권대회 역사상 예선 리그 전승의 기록으로 본선에 진출한 사례는 프랑스가 처음이었다.

여타 본선 진출 팀 역시 올라올 팀들이 올라왔다는 의견이 지배적이었지만 이들의 예선 레이스는 결코 쉽지 않았다. 디펜딩 챔피언 네덜란드는 1990 이탈리아 월드컵에서의 실패[25] 이후 유로 88에서 네덜란드에게 우승컵을 안겨 준 '장군' 리누스 미셸 Rinus Michels 감독에게 다시 지휘봉을 맡겼다. 하지만 엄격한 '장군'의 귀환이 달갑지 않아서였는지 다수의 네덜란드 대표팀 선수들이 집단 가출을 감행했고 이에 네덜란드는 예선 7번째 경기 만에야 처음으로 완벽한 팀을 내보낼 수 있었다.

'독일'이라는 이름으로 첫 출전[26]한 월드컵 챔피언 서독 역시 경기장 안팎에서 계속된 자국 훌리건들의 난동 등으로 인해 골머리를 앓으며 결코 쉽지 않은 예선을 치렀다. 이탈리아 월드컵에서 24년 만에 월드컵 4강에 오르며 기세등등했던 잉글랜드는 예선 탈락의 나락으로 떨어질 뻔 했다가 경기 종료 13분여를 남기

---

25) 네덜란드는 이탈리아 월드컵의 강력한 우승 후보 중 하나로 꼽혔으나 F조 조별리그에서 3무에 그치며 조 3위로 간신히 조별리그를 통과한 뒤 16강 토너먼트에서 만난 숙적 서독에 1-2로 패하며 일찌감치 귀국길에 올라야 했다.
26) 통일 독일의 첫 공식 A매치는 1990년 12월 19일, 슈투트가르트에서 가진 스위스와의 대결로 이때 처음으로 동서독의 선수들이 한 팀이 되어 경기를 치렀으며 독일이 4-0으로 승리했다.

고 터진 골 덕에 간신히 스웨덴 행 티켓을 손에 넣을 수 있었다.

물론 예측과 다른 뜻밖의 결과도 없지는 않았다. 이탈리아 월드컵에서 조별리그 탈락이라는 뜻밖의 성적표를 받아들며 모두를 놀라게 했던 유로 88 준우승팀 소련이 당초 가장 유력한 1위 후보로 꼽혔던 월드컵 3위 팀 이탈리아를 여유 있게 제치고 2회 연속 본선 진출에 성공한 것과 스코틀랜드가 사상 첫 유로 본선 티켓을 손에 넣은 것도 이변이라면 이변이라 할 수 있는 결과였다. 하지만 유로 1992 예선 리그의 그 어떤 결과를 통틀어도 4조의 개막 경기와 같은 놀라움을 안겨준 사건은 없다. 상상 속에서나 가능할 법한 이야기가 현실이 됐기 때문이다.

예선 4조는 유럽축구선수권대회 역사상 영원히 기록될 충격적인 결말과 함께 시작됐다. 유럽축구선수권대회에 첫 출전하는 페로 제도와 오스트리아의 대결이 그 시작이었는데, 여러 섬으로 구성된 페로 제도에는 잔디 구장이 없었기에 스웨덴의 란스크로나에서 경기를 치렀다. 이들의 경기는 사실 승패가 뻔한 게임이었다. 1990 이탈리아 월드컵에 출전한 오스트리아와 1990년에 UEFA에 가입한 페로 제도를 비교한다는 것 자체가 말도 안 되는 일이었다. 여기에 페로 제도는 단 4명의 선수만이 덴마크와 노르웨이의 하위 리그에서 뛰고 있었을 뿐 그 외에는 농부, 목수, 건축가 등의 아마추어 선수였다.

상황이 이렇다 보니 승패는 너무도 명확해 보였고 단지 오스트리아가 몇 골을 넣을 지가 관심사였다. 하지만 최소 5골은 넣을 것이라 확신했던 오스트리아는 페로 제도의 수비를 전혀 뚫지 못했다. 선제골도 페로 제도의 몫이었는데 후반 18분 페로 제도의 토르킬 닐센Torkil Nielsen이 골을 넣자 경기장을 찾은 1,265명의 관중들은 자기 눈을 의심했다. 물론 이때까지만 해도 오스트리아가 곧 동점을 만들어 내고 역전골도 뽑아낼 것이라 생각했다. 그러나 경기는 그대로 페로 제도의 1-0 승리로 끝났고, 이 같은 소식이 전해지자 전 유럽은 충격에 휩싸였다. 인구 4만7천여 명에 등록 선수는 4,694명뿐이고 국제 대회 참가가 이번이 처음인 페로 제도가 월드컵 출전국 오스트리아를 격파했던 것이다. 결국 오스트리아의 요제프 히케르스베르거Josef Hickersberger 감독은 '믿을 수 없다'라는 말과 함께 자리에서 물러났고, 유럽을 넘어 전 세계를 깜짝 놀라게 한 페로 제도의 선수들은 의기양양하게 귀국하여 전 국민의 열렬한 환영을 받은 뒤 각자의 직장으로 출근했다.

4조의 시작은 이토록 경이로웠지만 이후의 흐름은 평이했다. 1991년 유로피언컵European Cup 우승팀인 크르베나 즈베즈다Crvena Zvezda가 주축이 된 유고슬라비아와 덴마크가 모두의 예상대로 예선 리그 내내 치열한 선두 다툼을 벌였다. 물론 늘 반 발자국 앞선 쪽은 유고슬라비아였다. 덴마크로서는 북아일랜드 원정을 1-1 무승부에 마친 것이 마지막까지 발목을 잡았다. 두 팀의 첫 번째 맞대결인 코펜하겐에서의 일전은 유고슬라비아가 이겼던 반면 라우드럽 형제가 리차드 묄러 닐센Richard Møller Nielsen 감독과 언쟁을 벌인 후 대표팀 합류를 거부한 뒤에 치러진 베오그라드에서의 두 번째 대결은 뜻밖에도 덴마크의 승리로 끝이 났다. 이후 덴마크는 남은 4경기를 모두 이겼지만 유고슬라비아 역시 베오그라드에서의 패배 뒤에 가진 모든 경기에서 승리를 거두었기에 덴마크는 결국 승점 1점 차이로 본선 티켓을 놓치고 말았다.

유로 92 스웨덴

UN 안보리 결의안 제757호, 유로의 역사를 바꾸다

개최국 스웨덴과 디펜딩 챔피언 네덜란드가 각각 시드를 배정받은 가운데 치러진 조 추첨 결과 A조에는 스웨덴, 프랑스, 유고슬라비아, 잉글랜드가 B조에는 네덜란드, 스코틀랜드, 독일, CIS[27]가 합류했다. 유로 92의 조 편성 결과에 대해 축구팬들은 그 자체만으로도 크게 설레며 기대를 감추지 못했다. 이중 A조의 프랑스와 잉글랜드, B조의 네덜란드와 독일의 격돌은 조 추첨식이 끝난 직후부터 손꼽아 기다리는 경기로 꼽혔다. 그렇지만 이는 축구팬들의 입장이었을 뿐 경기를 치르는 당사자인 감독과 선수들의 입장에서는 끔찍한 조 편성이었다. 특히 1988년 이후 거의 매년마다 맞붙으며 전쟁 같은 경기를 벌였던 독일과 네덜란드가 유로 92에서도 또다시 재회[28]하자 네덜란드의 로날드 쾨만Ronald Koeman은 악마의 소행이라며 투덜거렸다.

월드컵 챔피언 독일이 가장 강력한 우승 후보로 꼽혔고 디펜딩 챔피언 네덜란드와 예선 리그를 8전 전승으로 올라온 프랑스

---

[27] 1991년 12월31일, 소련이 공식 해체됨에 따라 구소련을 구성하고 있던 15개의 공화국 중 10개국의 - 1991년 9월 먼저 독립을 선언한 라트비아, 리투아니아, 에스토니아 등 발트 3개국과 그루지야, 아제르바이잔 등 5개국을 제외한 - 구소련 연방의 국가들이 독립국가연합CIS : Commonwealth of Independent States를 구성, CIS라는 이름으로 소련을 대신해 대회에 참가했다.

[28] 유로 88 준결승에서 열전을 벌인 두 팀은 1990 이탈리아 월드컵 유럽 지역 예선에서도 같은 4조에 속하게 되면서 연이어 경기를 치렀고, 1990 월드컵 본선에서도 16강에서 재회하며 악연을 이어갔다. 이 기간 동안 두 팀의 상대 전적은 1승 2무 1패로 팽팽했는데 네덜란드는 유로 88에서, 독일은 1990 월드컵에서 각각 상대를 제압하며 우승을 차지했다.

도 우승컵에 근접해 있는 팀으로 여겨졌다. 하지만 치열한 예선 리그를 거치고 1위에 오른 팀들에게만 입장이 허용되는 무대인 만큼 이들 외에도 여러 팀들이 조별리그를 통과할 자격이 있는 것으로 평가받았다. 이중 유고슬라비아는 다크호스중의 다크호스로 꼽혔다. 유고 연방이 해체되면서 즈보니미르 보반Zvonimir Boban, 다보르 수케르Davor Šuker 등 크로아티아, 보스니아, 슬로베니아 출신 선수들이 스쿼드에서 이탈했지만 그럼에도 유고슬라비아에는 뛰어난 선수 자원이 넘쳐흘렀다. 드라간 스토이코비치 Dragan Stojković가 건재했고, 몬테네그로의 데얀 사비체비치Dejan Savićević와 마케도니아의 다르코 판체프Darko Pančev도 팀에 고스란히 남아 있었기에 그 자체만으로도 우승을 노릴만한 전력이라는 평가를 얻고 있었다.

 하지만 유고슬라비아는 막강한 전력을 선보이지도 못하고 좌초하고 말았다. 1992년 5월 30일, 유엔 안전보장이사회가 유고 내전에 대한 책임을 물어 신유고 연방에 대해 경제 재제 조치 등을 가하는 안보리 결의안 제757호를 채택하자, UEFA도 대회 개막을 일주일 앞둔 6월 3일 이에 상응하는 조치로 유고슬라비아의 유로 92 출전 자격을 박탈한 것이다. 유로 92 본선 진출국 중 가장 먼저 스웨덴에 도착해 현지 적응을 하고 있던 유고슬라비아는 신성한 스포츠가 왜 정치의 제물이 돼야 하느냐며 강력히 저항했지만 유고 내전에 대한 전 세계적인 분노 앞에서 그들이 할 수 있는 일은 아무것도 없었다. 결국 유고슬라비아는 힘겹게 얻은 티켓을 출입구 앞에서 내줘야 했고, 예선 4조를 2위로 마감하며 잉글랜드와의 친선 경기를 준비하고 있던 덴마크가 유고슬라비아를 대신해 스웨덴행 비행기에 몸을 실었다.

A조

그들은 바다에 가지 않았다

 A조의 판도는 의외로 쉽게 점치기 힘들었다. 사상 처음으로 예선 리그를 전승으로 통과한 프랑스와 1990 월드컵에서 4강에 오른 축구종가 잉글랜드가 앞서 있다는 것이 중평이었으나 개최국 스웨덴 역시 그리 호락호락한 상대가 아니었기 때문이다. 스웨덴은 1990 이탈리아 월드컵에서 뜻밖의 참사[29]를 당하며 침몰했지만 1991년 토마스 스벤손Thomas Svensson 감독이 새롭게 지휘봉을 잡은 뒤로는 그 해에 치른 9차례의 A매치에서 23골을 넣는 막강 화력을 뽐내며 결코 녹녹한 상대가 아님을 입증해 보였다. 여기에 스웨덴에게는 개최국 프리미엄이 있었다. 본선 진출팀이 8개국으로 확대된 유로 80 이후 개최국이 4강 진출에 실패한 사례는 한 번도 없었다. 굳이 개최국 프리미엄을 들먹이지 않더라도 스웨덴은 최근 1년 여간 치른 7차례의 홈경기에서 5승 1무 1패의 성적을 기록하며 강세를 보이고 있었다. 그리고 그 같은 전망은 개막전에서 여실히 증명됐다.

 1992년 6월 10일 스톡홀름 솔나의 라순다 슈타디온에서 치러진 개최국 스웨덴과 A조의 가장 유력한 1위 후보인 프랑스의 개막전은 당초 예측과 달리 진행됐다. 뜻밖에도 프랑스가 스웨덴에 압도당한채로 끌려 다니고 있었던 것이다. 프랑스는 전반 24

---

[29] 스웨덴은 1990 이탈리아 월드컵 유럽 예선에서 잉글랜드를 2위로 밀어내고 조 1위로 월드컵 본선에 진출하며 다크호스로 부각됐다. 그러나 본선 조별 리그에서는 브라질, 스코틀랜드, 코스타리카에게 3연패를 당하며 다시 한 번 세계를 깜짝 놀라게 했는데 이는 스웨덴의 월드컵 역사상 최악의 기록이었다.

분 선제골을 내줬음에도 공격의 핵인 1991년 발롱도르Ballon d'Or 수상자 장 피에르 파팽Jean-Pierre Papin이 스웨덴 수비에 꽁꽁 묶임에 따라 좀처럼 반격의 실마리를 잡지 못하면서 0-1로 뒤진 채로 전반전을 끝내야 했다. 프랑스는 후반 13분에 나온 킬 패스 한방에 이은 파팽의 마무리로 1-1 동점을 만들며 패배를 모면했지만, 그 같은 결과는 A조가 대회 전 예상과 달리 쉽지 않은 곳임을 알리는 반증이기도 했다.

이튿날, 말뫼에서는 잉글랜드가 유고슬라비아를 대신해 본선 무대에 합류한 덴마크와 일전을 벌였다. 재미있는 사실은 당초 잉글랜드가 유로 92를 앞두고 최종 스파링 파트너로 선택했던 팀이 바로 덴마크였다는 것이다. 어떤 이들은 덴마크 선수들이 해변에서 휴가를 즐기다가 부랴부랴 대표팀에 재소집 됐다고 알고 있지만 이는 잘못 알려진 이야기다. 덴마크 선수들은 트레이닝캠프에서 잉글랜드와의 평가전을 준비하고 있었다. 그들은 휴가를 떠나지도 바다에 가지도 않았다. 어찌됐건 덴마크가 유고슬라비아의 대타로 출전하게 됨에 따라 두 팀의 평가전은 없었던 일이 되면서 평가전이 아닌 조별 리그에서 만나게 됐다.

두 팀의 대결에 관해서는 잉글랜드의 우세를 점치는 의견이 압도적으로 많았다. 지난 1990 이탈리아 월드컵에서 1966 잉글랜드 월드컵 우승 이후 24년 만에 월드컵 4강에 진입했던 잉글랜드는 테일러 감독 부임 이래 당시까지 13승 7무 1패의 호성적을 기록하며 순항 중이었다. 특히 1991년 9월 웸블리에서 독일에게 패한 이후로는 단 한 차례의 패배도 기록하지 않았고, 이 기간 중에 벌인 브라질, 프랑스와의 경기에서도 안정적인 전력을 보이며 명가 재건의 부활을 알렸다. 물론 잉글랜드의 상황이

썩 좋았던 것만은 아니었다. 잉글랜드는 대회 개막을 앞두고 선수들의 줄 부상에 신음하고 있었고 이에 덴마크와의 첫 경기에는 무려 5명이나 출전이 불가능했다. 특히 수비진의 공백이 컸다.

물론 잉글랜드의 이 같은 상황에도 불구하고 미디어들은 여전히 잉글랜드의 승리를 예상했다. 덴마크의 전력이 스웨덴, 프랑스, 잉글랜드에 비해 못 미치는 것이 사실이었고 여기에 덴마크의 키 플레이어인 미카엘 라우드럽Michael Laudrup이 닐센 감독과의 불화를 이유로 대표팀 합류를 거부함에 따라 전력이 더욱 약화되었기 때문이다. 이에 다수의 축구 전문가들은 덴마크가 대리 출전의 행운은 얻었지만 대회에 참가한들 조 최하위를 벗어나지 못할 것이라고 전망했고, A조의 다른 팀들 역시 덴마크를 가장 확실한 먹잇감으로 생각했다. 그러나 앞서 경기를 치른 프랑스와 마찬가지로 잉글랜드 역시 고전을 면치 못했고, 결국 조 최약체로 지목됐던 덴마크와 득점 없이 경기를 마치며 승점 1점씩을 나눠 가진 것에 만족해야 했다.

프랑스의 박치기는 계속 된다

사흘 후인 6월 14일, 스웨덴 남서부 끝자락에 위치한 항구 도시 말뫼에서는 A조 최고의 빅 매치로 꼽히는 프랑스와 잉글랜드의 라이벌전이 펼쳐졌다. 그러나 라이벌이라는 말이 무색하게도 프랑스는 잉글랜드에 절대 열세를 면치 못하고 있었다. 1923년 5월 10일 파리에서 첫 경기를 가진 이래로 4승 2무 14패를 기록하고 있었던 것이다. 다만 유로에서는 양상이 조금 달랐는데 유로 64 예선 라운드에서 만났을 당시에는 프랑스가 잉글랜드를 1

승 1무로 누르고 다음 라운드에 진출한 적이 있었다. 그렇지만 프랑스에게 있어 잉글랜드는 여전히 버거운 상대였다. A매치 19경기 무패 행진을 달리며 승승장구하고 있던 와중인 1992년 2월 웸블리에서 가진 친선 경기에서도 또다시 맥없이 무너지며 0-2로 패했고, 이에 플라티니 감독은 프랑스가 다소 우세할 것이라는 미디어들의 전망에도 불구하고 평소와는 달리 수비 위주의 조심스러운 경기를 펼쳐 나갔다.

경기가 본격적으로 불타오른 것은 후반 중반에 접어들어서였다. 잉글랜드가 21살의 신예 앨런 시어러Alan Shearer의 헤딩으로 프랑스의 골포스트를 때리자 프랑스도 역공을 퍼부었는데, 조슬린 앙글로마Jocelyn Angloma의 헤딩 슛이 잉글랜드의 골문을 향하며 득점을 올리는 듯 했지만 어느 샌가 나타난 앤디 신튼Andy Sinton이 이를 골라인 위에서 걷어내며 잉글랜드를 위기에서 구해냈다. 이후 프랑스의 페널티 박스 바로 밖에서 양 팀 선수들 간의 말다툼이 오가며 실랑이가 벌어졌고 이로 인해 경기는 뜨거워졌다. 어떤 이유 때문인지는 알 수 없지만 프랑스의 수비수 바질 볼리Basile Boli가 앙글로마와 얘기를 나누고 있던 잉글랜드의 스튜어스 피어스Stuart Pearce에게 박치기를 가해 소란이 오갔던 것이다.

이 어처구니없는 상황에 앙글로마조차도 할 말을 잃었지만 정작 볼 리는 아무 일 없다는 듯 행동했고 이에 잉글랜드 선수들이 분개하며 경기는 일촉즉발의 상황에 놓였다. 양 팀 선수들을 떼어 놓던 주심과 부심은 이 소란의 원인을 밝히는 데는 끝내 실패했다. 하지만 피어스의 얼굴에 피가 흘러내리는 장면만은 두 눈으로 또렷하게 볼 수 있었기에 그 즉시 잉글랜드의 프리킥을 선언했고, 피어스는 피를 흘러가면 얻어낸 회심의 기회를 직접 마무리하고자 했다. 그러나 그의 발끝을 떠난 멋진 슛은 프랑스의 크로스바에 맞고는 무산이 됐고 전 유럽이 기대했던 경기는 결국 0-0으로 끝났다. 한편 몇 시간 후 스톡홀름의 북쪽 솔나에서 치러진 경기에서는 개최국 스웨덴이 후반 13분에 터진 토마스 브롤린Tomas Brolin의 결승골에 힘입어 이웃 나라 덴마크를 1-0으로 이기면서 유로 첫 승을 기록함과 함께 승점 2점을 추가했다.

가장 위협적인 스트라이커를 교체한 놀라운 용병술

6월 17일 오후 8시 15분, 아직 결정되지 않은 준결승 진출팀을 가리기 위한 A조의 최종 대결이 솔나와 말뫼에서 동시에 열렸다. 솔나에서 만난 두 팀의 처지는 달랐다. 개최국 스웨덴은 비기기만 해도 4강 진출을 확정 지을 수 있는 유리한 입장이었던 반면 잉글랜드는 반드시 이겨야만 했고, 비겼을 경우에는 다득점을 올린 상황에서 말뫼의 경기 결과를 지켜봐야 했다.

잉글랜드에게 있어 스웨덴은 반가운 상대가 아니었다. 잉글랜드는 1923년에 가진 스웨덴과의 첫 경기에서 4-2로 승리를 거둔 이후 상대 전적에서 6승 4무 3패로 우위를 점하고 있었지만 최근에는 스웨덴을 상대로 별다른 재미를 못 보고 있었다. 2차 세계대전 이후에는 스웨덴에 2승 4무 3패로 열세를 기록하고 있었는데 그마저도 1968년에 이긴 것이 마지막 기억이었다.

그래서였을까. 잉글랜드는 킥 오프를 알리는 휘슬이 울리자마자 평소보다 더욱 적극적으로 움직이기 시작했고, 전반 4분에는 게리 리네커Gary Lineker의 자로 잰 듯한 크로스를 데이비드 플랫David Platt이 환상적인 발리슛으로 마무리하며 일찌감치 앞서 나갔다. 그러나 잉글랜드의 우위는 후반 들어 사라졌다. 스웨덴이 후반 6분에 얻은 코너킥 기회를 놓치지 않고 얀 에릭손Jan Eriksson의 헤딩슛으로 1-1 동점을 만들자 상황은 역전되었고 이후 기세가 오른 스웨덴이 몰아붙이자 잉글랜드는 뒤로 물러났다.

추가골을 넣지 않으면 탈락하게 되는 마당에 스웨덴의 공세에 휘말리며 흔들리자 테일러 감독은 후반 16분 교체 카드를 사용해 흐름을 바꿔보고자 했다. 하지만 그가 내놓은 카드는 그날 가장 위협적인 활약을 보인 스트라이커 리네커를 빼는 것이었고, 그의 어이없는 용병술에 잉글랜드의 선수들과 팬들은 놀라 할 말을 잃었다. 위협적인 존재였던 리네커마저 그라운드 밖으로 나가자 스웨덴은 수비진까지 위로 올라와서 잉글랜드를 더욱 강하게 몰아세웠고, 후반 37분에는 브롤린이 두 번의 2대1 패스로 순식간에 잉글랜드의 페널티 박스를 파고 든 뒤 예리한 오른발 슛을 꽂아 넣으며 승부에 쐐기를 박았다. 결국 스웨덴이 잉글랜드를 2-1로 이기며 사상 처음으로 유로 4강에 진출한 반면 2무 1패의 성적으로 조별리그에서 탈락한 잉글랜드는 북해보다 차가운 자국 언론이 기다리고 있는 고국으로 돌아가야 했다.

같은 시간 말뫼에서는 프랑스와 덴마크가 준결승 진출을 놓고 한판 승부를 벌였다. 2무를 기록 중이던 프랑스는 덴마크를 이기면 확실하게 준결승 토너먼트에 오를 수 있었고, 비겼을 경우에도 스웨덴과 잉글랜드의 경기 결과에 따라 준결승에 진출할 가능성이 있었다. 하지만 1무 1패로 조 최하위에 머물고 있던 덴마크는 반드시 프랑스를 잡아야만 했고, 또 이겼다 한들 1-0의 승리를 거뒀을 경우에는 솔나의 경기가 끝난 후에야 준결승 진출 여부를 타진할 수 있는 절망적인 상황이었다. 경기 역시 그렇게 진행됐다. 전반 8분 헨리크 라르센Henrik Larsen이 강력한 왼발 슛으로 1-0의 리드를 잡았지만 후반 15분 파팽에게 동점골을 허용하면서 1-1이 되자 모두들 덴마크는 이제 끝났다고 생각했다.

하지만 그 즈음 덴마크는 프랑스의 모든 것을 이미 파악한 상태였다. 덴마크의 닐센 감독은 수비수 토르벤 피에크닉Torben Piechnik과 공격수 라르스 엘스트럽Lars Elstrup을 몇 분 간격으로 교체 투입하며 체력 안배에 힘쓰는 한편 미드필드를 거치지 않고 양 사이드로 빠르게 돌아가며 무거워진 프랑스 선수들의 발을 무디게 만들었는데, 이러한 전술이 빛을 발했다. 종료 12분을 남겨두었을 즈음, 프랑스의 오프사이트 트랩을 뚫는 로빙 패스를 받은 플레밍 포블센Flemming Povlsen이 프랑스 진영 왼쪽을 파고들며 땅 볼 크로스를 건네자 엘스트럽이 이를 골로 연결시켰고, 이로써 덴마크가 우승 후보 프랑스를 2-1로 격파하는 파란을 연출하며 준결승 토너먼트에 진출했다.

B조

오렌지 삼총사와 달타냥 베르캄프

B조의 경기는 6월 12일 예테보리에서 열린 네덜란드 대 스코틀랜드의 대결을 시작으로 그 막을 올렸다. B조의 개막전은 사실 승패가 뻔한 경기였다. 디펜딩 챔피언 네덜란드가 여전히 막강한 위용을 자랑하며 앙리 들로네컵 2연패를 노리는 반면 사상 처음으로 유로의 문을 연 스코틀랜드는 유로 92 참가 8개국 중 최약체로 평가됐기 때문이다. 스코틀랜드의 스웨덴 행을 두고는 운이 좋아서 본선 티켓을 주었다는 평이 많았는데, 강호들을 피

하고 안착했던 예선 조 편성과 같은 예선 2조의 스위스와 루마니아가 부진했던 점을 돌이켜 본다면 이는 정확한 지적이었고 또 사실이었다. 이에 유럽의 미디어들의 스코틀랜드에 대한 평으로는 '4강 진출 절대 불가능'과 '8개국 중 8위'라는 전망이 지배적이었는데, 스코틀랜드 내에서도 이와 같은 견해에 대해 대체로 수긍하는 분위기였다.

하지만 이는 오히려 스코틀랜드에게 나쁘지 않게 작용했다. 패배를 당한다 한들 잃을 게 없던 스코틀랜드는 홀가분한 마음으로 경기에 임했는데 그 덕분인지 호화찬란한 네덜란드의 스타 플레이어들의 공세에도 위축되지 않고 흔들림 없이 경기를 풀어나갔고, 네덜란드의 공세가 되레 점차 힘을 잃어갔다. 그러나 네덜란드에는 오렌지 삼총사가 있었다. 후반 30분 루드 굴리트Ruud Gullit가 올린 크로스는 마르코 반 바스텐Marco van Basten의 백 헤딩을 거쳐 프랑크 레이카르트Frank Rijkaard의 머리로 이어졌는데, 레이카르트가 이를 다시 스코틀랜드의 문전 깊숙한 곳으로 떨궈주자 공중볼을 주시하며 스코틀랜드 골문을 향하던 데니스 베르캄프Dennis Bergkamp가 오른발 슬라이딩 슛으로 골을 작렬, 네덜란드가 1-0으로 승리하며 승점 2점을 챙겼다.

같은 날 저녁, 노르셰핑에서는 월드컵 챔피언 독일이 CIS와 조별리그 첫 경기를 치렀다. 수준 높은 경기력에 대한 기대와는 별도로 세계 챔피언과 해체된 구소련의 공화국들의 집합체가 맞붙었다는 점에서 두 팀의 경기는 세간의 이목을 끌었지만, 사실 이들의 팀 내 사정은 썩 좋지 않았다.

전력상 대회 참가 8개국 중 최고라는 평가를 받는 독일은 대회전에는 월드컵 우승 당시보다 더 막강해졌다는 평을 들었다.

그러나 1990년 발롱도르와 1991년 FIFA 올해의 선수FIFA World Player of the Year를 석권한 팀의 에이스 로타 마테우스Lothar Matthäus가 아킬레스 건 부상으로 엔트리에서 제외된 데다, 공격의 핵 위르겐 클린스만Jürgen Klinsmann 역시 심각한 컨디션 난조에 빠져 있어 출전을 장담할 수 없었다.

뒤숭숭하기는 CIS도 마찬가지였다. CIS는 대회 불참을 고려했다가 뒤늦게 참가를 결정하는 등 어수선한 국내 문제로 인해 새 대표팀을 구성한 이후 제대로 발도 맞춰보지 못한 채 대회에 참가한 상태였다. 여기에 자국의 경제 사정도 한몫해 CIS는 자신들에게 할당된 1,000장의 입장권조차 소화하지 못하면서 이중 400장을 대회 조직위에 반납하기에 이르렀다. 그러나 CIS의 선수들은 이 같은 상황에 개의치 않는 듯 했다. 독일은 시작부터 적극적으로 밀고 올라가 CIS를 공략했지만 전통적으로 수비에 익숙한 이들은 독일의 공격에 잘 대처했다. 1988 서울 올림픽에서 소련에 올림픽 금메달을 안겨줬던 아나톨리 비쇼베츠Anatoliy Byshovets 감독은 수비를 두텁게 한 뒤 역습을 펼치는 구소련의 기본 전술로 맞섰는데 이것이 먹혀들었다. 경기는 시간이 흐를수록 점점 치열해지다가 나중에는 육탄전을 방불케 했는데, 결국 전반 20분에 불상사가 발생했다. 독일의 공격수 루디 푈러Rudi Völler가 CIS의 수비수 올레흐 쿠즈네초프Oleh Kuznetsov와 충돌하며 왼팔에 골절을 입은 것이었다. 푈러는 용감하게도 전반전이 끝날 때까지 피치를 지켰지만 부러진 팔로 골을 만들어 내는 것은 사실상 불가능했다.

성과 없이 전반전을 끝낸 독일은 후반전이 되자 골절 환자 푈러를 빼고 안드레아스 묄러Andreas Möller를 투입해 득점을 노렸지만 CIS의 견고한 수비는 여전했다. 선제골도 CIS의 몫으로 후반 19분 이고르 도브로볼스키Igor Dobrovolski가 직접 얻어낸 페널티킥을 마무리 지으며 1-0을 만들었다. 0-1로 끌려가게 되자 독일의 베르티 포그츠Berti Vogts 감독은 그 즉시 클린스만을 투입해 동점을 만들고자 애를 썼으나 후반 45분에 이르러서도 골은 터지지 않았고 이에 CIS의 승리가 눈앞에 다가온 듯 했다. 하지만 경기 종료 1분여를 앞두었을 즈음 CIS의 페널티 박스 바로 바깥쪽에서 얻어낸 프리킥이 반전의 계기가 되었다. 토마스 해슬러 Thomas Häβler의 그림 같은 프리킥이 철옹성 같았던 드미트리 카린 Dmitri Kharine 골키퍼의 방어벽을 뚫고 골 그물을 출렁였고, 이 한 방에 패배 일보 직전에 놓였던 독일은 극적으로 기사회생을 한 반면 CIS는 다 잡은 대어를 놓치며 승점 1점만을 얻는데 그쳤다.

교체 투입되었다가 교체되어 나오다

벼랑 끝에 몰렸다가 극적으로 살아난 독일의 다음 상대는 스코틀랜드였다. 독일의 낙승이 예상됐지만 첫 10분 동안은 스코틀랜드가 예상 밖의 강공을 펼치며 독일의 수문장 보도 일그너 Bodo Illgner를 바쁘게 했다. 스코틀랜드는 전반 28분 칼-하인츠 리들레 Karl-Heinz Riedle에게 선취점을 내줬음에도 계속해서 독일을 압박하며 대회 개막전 전문가들이 스코틀랜드의 유일한 장점으로 꼽은 끈기가 진정 무엇인지를 보여줬지만, 후반 시작과 동시에 찾아온 불운에 무릎을 꿇어야 했다. 후반 2분 슈테판 에펜베르그Stefan Effenberg의 크로스가 모리스 말파스Maurice Malpas의 몸에 맞고 스코틀랜드의 골문 안으로 들어가며 행운의 득점으로 이어졌던 것이다. 그럼에도 불구하고 스코틀랜드는 결코 포기하지 않았고 더욱 맹렬히 싸우며 독일을 힘들게 했다.

스코틀랜드의 황소 같은 공격에 지친 독일은 수비를 강화하기 위해 슈테판 로이터Stefan Reuter를 투입했지만, 로이터는 교체 투입 8분 만에 부상을 당하며 쓰러졌고 이에 로이터는 유로 역사상 최초로 교체 투입되었다가 교체 되어 나온 선수가 됐다. 독일은 로이터를 대신해 미하엘 슐츠Michael Schulz를 급히 들여보냈지만 독일의 악전고투는 이것이 끝이 아니었다. 로이터가 실려 나간 지 채 몇 분도 지나지 않아, 귀도 부흐발트Guido Buchwald마저 머리에 부상을 입고 쓰러진 것이다. 더 큰 문제는 이후에 발생하는데 이미 교체 카드를 다 써버린 탓에 독일은 부흐발트를 대신할 그 누구도 피치 안으로 들여보낼 수 없었다. 이에 독일은 남은 시간 동안 10명의 선수만으로 스코틀랜드의 뚝심 어린 공격을 막아 내야만 했지만 끝내 실점을 허용하지 않으며 2-0으로 이겼고, 이로써 스코틀랜드는 유로 92 참가국 중 처음으로 집으로 가는 비행 편을 예약해야 했다.

같은 날 저녁, 예테보리에서는 지난 대회 결승 진출국들 - 비록 소련이 해체되면서 CIS가 그 자리를 대신했지만 - 간의 리턴매치가 벌어졌다. 네덜란드는 CIS를 제물 삼아 일찌감치 준결승 진출을 확정지으려 했지만 독일 전을 통해 아직은 견고하다는 것을 증명한 CIS의 수비는 물 샐 틈 없었다. 네덜란드는 경기 종료 몇 분 전 반 바스텐이 기어이 CIS의 골 망을 가르는데 성공했으나, 이 골이 오프사이드로 판명됨에 따라 지난 대회 우승팀과 준우승팀의 대결은 0-0으로 끝이 났다.

우린 '유니폼' 따위는 바꿔 입지 않아

6월 18일에 미디어 관계자들의 발길이 몰린 곳은 유로 92 최고의 빅 매치가 예정되어 있는 예테보리였다. 독일과 네덜란드의 대결은 전통의 맞수인 두 축구 강국의 흥미진진한 클래식 매치라는 점에 더해 월드컵 챔피언과 유럽 챔피언의 격돌이라는 점에서 대회 개막 전부터 전 세계 축구 팬들의 뜨거운 관심을 받았다. 이런 높은 관심의 배경에는 축구 외적인 요인도 크게 작용했는데 유로 88 이후 급격히 냉랭해진 두 나라 사이의 감정의 골도 이에 한 몫 했다. 2차 세계대전 당시 행해졌던 독일의 네덜란드 점령에 대한 울분과 1974 서독 월드컵 결승전에서의 아쉬움이 유로 88의 승리를 계기로 자신감으로 승화됐는지 네덜란드는 이후 독일만 보면 으르렁거렸고, 독일 역시 이를 맞받아침에 따라 두 나라 사이의 간극은 더욱 더 벌어졌다.

이를 보여주는 대표적인 일화가 쾨만의 '화장지' 발언이었다. 유로 88 준결승이 끝난 후 네덜란드의 쾨만과 서독의 올라프 톤 Olaf Thon이 서로의 유니폼을 맞바꿨는데 후에 쾨만이 톤의 유니폼을 화장지로 썼다[30]고 말해 서독 선수들을 분개하게 만들었다. 공교롭게도 두 팀은 1990 이탈리아 월드컵 유럽 예선에서도 같은 조에 속하게 되면서 얼마 후 다시 만났다. 이들의 1차전은 1988년 10월 뮌헨에서 예정되어 있었는데, 서독 대표팀 선수들이 경기 후 네덜란드와는 유니폼을 교환하지 않기로 결의함에 따라 한동안 두 팀의 경기에서는 '유니폼' 따위를 바꿔 입는 모

---

30) 쾨만은 서독 대표팀 선수 중에 자기와 유니폼을 바꿔 입은 톤만이 괜찮은 친구였다고 말했었다. 이에 실제로 그랬는지 서독 선수들을 자극하기 위해 꺼낸 말인지는 알 수 없지만 어쨌든 '밑을 닦았다'고 얘기를 한 것만은 사실이다.

습을 볼 수 없었다. 하지만 감정싸움은 이 정도에서 멈추지 않았다. 이듬해 4월 로테르담에서 가진 2차전에서는 네덜란드의 극성팬이 서독 대표팀 주장 마테우스를 히틀러처럼 묘사한 배너를 경기장에 내걸어 안 그래도 어두운 과거 역사에 민감한 서독을 자극했는데, 이는 두 나라를 넘어 전 유럽의 문제가 되었다. 서독과 네덜란드는 1990 이탈리아 월드컵 16강에서 재회하며 남다른 악연을 과시했는데, 이때도 조용히 넘어가지 않았다. 티격태격하던 레이카르트와 푈러가 동반 퇴장을 당한 후 경기장을 벗어나던 그때 레이카르트가 푈러에게 침을 뱉은 유명한 사건이 일어난 것이다. 후에 레이카르트가 푈러에게 사과를 했고 이 일에 대해 반성을 했지만, 두 팀 사이의 적개심은 더욱 깊어졌고 그 후 2년이라는 시간이 흘렀음에도 서로에 대한 분노와 증오는 사라지지 않았다.

하지만 증오의 깊이와 달리 두 팀의 처지는 매우 달랐다. 독일은 경기 중 발생한 선수들의 연이은 부상 때문에 20명의 엔트리 중 17명만을 가동할 수 있었는데 특히 스코틀랜드전에서 부상을 당한 로이터와 부흐발트의 공백은 컸다. 이들 베테랑 수비수 둘이 빠지자 독일의 수비는 구멍 뚫린 모기장처럼 엉성했고, 네덜란드가 이들을 상대로 득점을 올리는 데는 오랜 시간이 필요치 않았다. 네덜란드는 전반 3분, 쾨만의 프리킥을 레이카르트가 머리로 받아 넘기며 가볍게 첫 골을 뽑은 데 이어 불과 5분 뒤에 얻은 또 다른 프리킥 기회에서는 롭 비츠헤Rob Witschge의 낮게 깔린 중거리 슛이 정확하게 독일 수비 라인의 좁은 틈을 뚫고 들어가 골 그물을 출렁였다.

전반전을 0-2로 마친 독일은 후반 시작과 동시에 마티아스 잠머Matthias Sammer를 투입했는데 그러자 차츰 주도권을 되찾아 올 수 있었고 후반 8분에는 해슬러의 코너킥을 클린스만이 받아 넣으며 추격의 발판을 마련했다. 1-2가 되자 독일은 무서운 기세로 네덜란드를 압박했다. 독일은 제공권에서 강세를 보였는데 네덜란드 대표팀의 막내인 프랑크 데 보어Frank de Boer가 공중 볼 다툼에서 열세를 면치 못함에 따라 네덜란드의 수비 라인 전체가 흔들거렸다. 결국 미셸 감독은 데 보어를 대신해 아론 빈테르Aron Winter를 투입하며 독일의 공중 폭격을 조기에 차단케 했는데 그러자 네덜란드 수비는 이내 안정을 되찾고 다시금 중원을 누볐다. 그리고 후반 27분 빈테르의 크로스에 이은 베르캄프의 헤딩이 다시금 독일의 골 그물을 흔들자 이것으로 승부는 사실상 결정됐다. 그리고 얼마 후 경기는 네덜란드의 3-1 승리로 막을 내렸고 이로써 네덜란드가 2승 1무를 기록하며 조 1위로 4강에 진출하게 됐다. 네덜란드에 패한 독일도 준결승 토너먼트에 진출하기는 마찬가지였는데, 당초 우세할 것으로 평가받았던 CIS가 행운의 여신에게 버려진 후 잇따른 불운에 무너지며 스코틀랜드에 0-3으로 패한 덕에 조 2위로 4강에 오를 수 있었다.

두 팀 모두 준결승 토너먼트에 나가게 됐지만 네덜란드와 독일의 싸움은 축구장을 떠나서 계속됐다. 네덜란드가 축구장에서는 독일을 제압했지만, 그들의 드높은 기세마저 꺾지는 못했다. 이러한 경쟁 심리는 유럽 한복판에서 뜻밖의 사건들을 만들어냈다. 전 세계에서 가장 냉철할 것 같던 두 나라의 국민들이 경기 종료 후 양국의 국경 몇몇 곳에서 맥주잔을 집어 던지며 패싸움을 벌였던 것이다.

준결승 토너먼트

패배를 부른 오렌지의 오만

독일이 스웨덴을 3-2로 꺾고 결승에 선착하며 유로 개최국 킬러임을 입증한 이튿날, 예테보리에서는 네덜란드와 덴마크가 결승 진출을 놓고 일전을 벌였다. 하지만 네덜란드와 덴마크의 대결은 준결승전임에도 불구하고 긴장감이 전혀 없었다. 유럽의 도박사들과 축구 전문가들 모두 네덜란드의 압도적인 우위를 예상했고, 독일과 네덜란드가 결승에서 재격돌할 것을 믿어 의심치 않았기 때문이다.

네덜란드도 덴마크 따위는 안중에 없었다. 심지어 신중한 성격으로 알려진 미셸 감독조차도 경기 전 기자회견에서 이미 이번 대회에서는 독일과 두 번에 걸쳐 싸울 것을 예상했고, 결승전은 힘든 경기가 될 것이라며 마치 결승전을 앞두고 있는 것처럼 얘기했다. 네덜란드의 감독과 선수들만 그런 것이 아니었다. 준결승전의 응원 행렬을 실어 나르기 위해 예약됐던 네덜란드의 전세기는 독일과의 결승전을 준비한다는 이유로 취소됐고, 덕분에 관중들이 꽉 들어찰 것으로 예상됐던 43,000석 규모의 울레비 스타디온에는 37,450명만이 입장했다.

그러나 네덜란드의 그 같은 오만은 전반 5분 만에 꺾여 버렸다. 덴마크의 라르센이 브라이언 라우드럽Brian Laudrup의 폭발적인 돌파에 이은 완벽한 크로스를 머리로 밀어 넣으며 1-0을 만든 것이다. 실점을 허용한 네덜란드는 이내 반격에 나섰지만 덴마크 골문을 향해 가는 길은 결코 순탄치 않았다. 덴마크는 두 세 명이 빠르게 달라붙어 협력 수비를 펼치며 네덜란드의 움직임을 봉쇄했다. 이에 굴리트도 몇 차례나 어이없이 공을 뺏겼고, 레이카르트와 쾨만의 움직임도 만족스럽지 않았다. 또 골문 근처에 갔다 한들 슈마이켈의 폭 넓은 움직임에 걸려 조기에 차단되기 일쑤였다. 네덜란드 입장에서 그나마 다행스러웠던 점은 새로운 기대주 베르캄프의 움직임만큼은 눈에 띄게 좋아 보였다는 점이었고, 결국 베르캄프가 전반 23분 강력한 오른발 슛으로 1-1 동점을 만들어 냈다. 그러나 균형은 오래가지 않았다. 전반 33분 쾨만이 어설프게 걷어낸 B.라우드럽의 헤딩은 페널티 마크 부근에 자리하고 있던 라르센에게 향하면서 재차 골로 이어졌고 뜻밖에도 덴마크가 2-1로 앞선 상황에서 전반전이 끝났다.

네덜란드는 후반에 접어들자 피치를 완벽히 지배하면서 맹공을 퍼부었지만 득점 기회는 좀처럼 얻지 못했다. 그렇지만 거칠고 꾸준하게 밀어붙인 네덜란드의 공격은 차츰 효과를 봤다. 후반 12분 네덜란드의 거친 마크에 부상을 입은 B.라우드럽이 교체된 데 이어 25분에는 헨리크 안데르센Henrik Andersen이 실려 나간 것이다. 이에 안데르센의 빈자리는 클라우스 크리스티안센Claus Christiansen이 투입되며 메웠지만 문제는 그 다음이었다. 이미 한차례 부상을 당했던 욘 시버벡John Sivebæk이 절뚝거렸지만 덴마크는 더 이상 교체 카드를 쓸 수 없었고, 결국 수비수 시버벡을 깍두기마냥 네덜란드 진영에 심어둔 채로 경기를 해야 했다.

네덜란드의 공격은 후반 중반이 지나면서 더욱 매서워졌는데 그럼에도 골을 넣는 것은 쉽지 않아 보였다. 하지만 혹시 있을지 모를 관중 소요를 막기 위해 경찰들이 경기장에 들어서고 있던 종료 4분전, 코너킥에 이은 문전 혼전 중에 레이카르트가 기어이 2-2 동점을 만들었고 이로써 네덜란드는 패배의 나락으로 떨어지기 직전에 기사회생할 수 있었다. 이후 연장전에서 승부를 가리지 못한 두 팀의 대결은 승부차기로 이어졌는데 여기서 뜻밖의 일이 일어나면서 드라마를 만들어 냈다. 네덜란드의 두 번째 키커로 나선 반 바스텐이 킥이 슈마이켈에게 막히면서 골라인을 넘지 못했던 것이다. 결국 덴마크는 슈마이켈의 선방 덕에 네덜란드를 승부차기에서 5-4로 꺾으며 그 누구도 예상치 못했던 승리의 주인공이 되었고, 유럽 축구사에 길이 남을 예테보리의 대반란은 그렇게 막을 내렸다.

결승전

입장권 없이 들어온 덴마크의 동화 같은 우승

6월 26일, 예테보리의 울레비 스타디온에서는 돌풍의 주인공 덴마크가 월드컵 챔피언 독일을 상대로 유럽 정복에 도전했다. 덴마크가 연이어 파란을 일으키며 결승 고지에 올라섰지만, 덴마크를 우승 후보로 꼽는 데는 여전히 회의적인 시선이 많았다. 거인들을 잇달아 쓰러뜨린 그들의 기세만큼은 높이 샀으나 독일의 전력이 확연히 우세했던 데다 덴마크의 팀 전력도 그리 좋지 못했기 때문이다. 연이은 격전을 치른 탓에 선수들은 지쳐 있었고, 그간 덴마크의 중원을 이끌었던 안데르센은 경고 누적으로 결승전에 나설 수 없었다. 상황이 그렇다보니 독일의 숙적이자 준결승에서 덴마크에게 덜미를 잡힌 네덜란드조차도 자신들이 패한 덕에 독일이 우승컵을 차지할 것이라며 분통을 터뜨렸다.

하지만 네덜란드의 침몰을 지켜본 독일은 덴마크를 과소평가하지 않았다. 기세등등한 덴마크를 꺾기 위해서는 초반에 숨통을 끊어 놔야 한다고 생각했고, 압도적인 볼 점유율을 바탕으로 파상공세를 퍼부었다. 덴마크는 독일의 계속된 슈팅을 연이은 막아낸 슈마이켈의 분전에 기대어 버티고 있을 뿐이었다. 이전 경기에서는 상대팀들의 압박을 속도로 극복해 낸 덴마크였지만, 결승전에서만큼은 독일의 철통같은 봉쇄에 공격 루트를 차단당하며 전반 13분에야 첫 슈팅을 - 이 조차도 유효 슈팅과는 거리가 멀었다 - 시도해 볼 수 있었다. 그러나 덴마크는 몸을 아끼지 않고 사력을 다해 뛰었고 결국 전반 18분 옌센의 대포알 슈팅으로 독일의 골 망을 흔들었다. 점수를 내준 독일은 즉각 반격을 가했지만 클린스만의 송곳 같이 날카로운 슛과 에펜베르크의 대포알 같은 슈팅 모두 슈마이켈의 벽을 넘지 못함에 따라 결국 0-1로 리드를 허용한 채 하프 타임을 맞이해야 했다.

 후반이 되자 독일의 점유율은 더욱 높아졌고 덴마크 진영에 머무는 시간 또한 길어졌지만 전반과 마찬가지로 독일이 원하는 성과는 쉽게 나오지 않았다. 독일은 후반 29분경에 맞이한 코너킥 기회에서 클린스만이 돌고래처럼 솟구치며 후반 들어 가장 위협적인 장면을 만들었지만, 그의 헤딩슛은 슈마이켈의 신기와 같은 선방에 걸리며 또다시 크로스바 위를 넘어갔다. 이후 몇 분간 독일의 맹폭은 계속됐고, 이때까지만 해도 여전히 독일에게 승산이 있는 것처럼 보였다. 하지만 이날 독일에게는 골 결정력에 더해 운 또한 따라주지 않았다. 후반 33분 골포스트를 맞고 들어간 빌포트의 골은 슈팅에 앞서 핸드볼 파울이 먼저 선언됐어야 했지만 주심은 이를 인정치 않았고 그것으로 사실상 승부가 결정됐다. 독일은 남은 시간 동안 사력을 다해 뛰며 골을 만들고자 애를 썼지만 덴마크의 완강한 저항에 막힐 뿐이었다. 결

▲ 우승을 확정짓는 두 번째 골을 터트린 후 환호하는 덴마크 선수들

국 손에 땀을 쥐게 하는 경기는 덴마크의 2-0 승리로 끝이 났고, 이로써 유로 92는 입장권 없이 들어온 덴마크가 우승컵을 들어 올리는 동화 같은 파란과 함께 막을 내렸다.

유로 92는 유럽축구선수권대회 역사의 한 세대를 마무리하는 의미를 지닌 대회였다. 그 동안 유럽축구선수권대회의 상징으로 이어졌던 'UEFA 플러스 깃발'의 대회 공식 엠블럼은 이번 대회를 끝으로 사라지게 됐고 8개국이 열전을 벌인 대회도 유로 92가 마지막이었다. 유로 92는 또 선수들이 자신들의 이름이 새겨진 유니폼을 입고 경기에 나선 첫 번째 메이저 대회임과 동시에 경기 규칙 개정으로 인해 골키퍼가 수비수의 백 패스를 손으로 잡는 장면을 볼 수 있는 마지막 국제 대회이기도 했다.

EURO 1996
ENGLAND

UEFA European Football Championship

EURO 1996 Qualifying

Group 1
ROMANIA	10	6	3	1	18	9	21
FRANCE	10	5	5	0	22	2	20
Slovakia	10	4	2	4	14	18	14
Poland	10	3	4	3	14	12	13
Israel	10	3	3	4	13	13	12
Azerbaijan	10	0	1	9	2	29	1

Group 2
SPAIN	10	8	2	0	25	4	26
DENMARK	10	6	3	1	19	9	21
Belgium	10	4	3	3	17	13	15
Macedonia	10	1	4	5	9	18	7
Cyprus	10	1	4	5	6	20	7
Armenia	10	1	2	7	5	17	5

Group 3
SWISS	8	5	2	1	15	7	17
TURKEY	8	4	3	1	16	8	15
Sweden	8	2	3	3	9	10	9
Hungary	8	2	2	4	7	13	8
Iceland	8	1	2	5	3	12	5

Group 4
CROATIA	10	7	2	1	22	5	23
ITALY	10	7	2	1	20	6	23
Lithuania	10	5	1	4	13	12	16
Ukraine	10	4	1	5	11	15	13
Slovenia	10	3	2	5	13	13	11
Estonia	10	0	0	10	3	31	0

Group 5
CZECH	10	6	3	1	21	6	21
Netherlands	10	6	2	2	23	5	20
Norway	10	6	2	2	17	7	20
Belarus	10	3	2	5	8	13	11
Luxembourg	10	3	1	6	3	21	10
Malta	10	0	2	8	2	22	2

Group 6
PORTUGAL	10	7	2	1	29	7	23
Ireland	10	5	2	3	17	11	17
Northern Ireland	10	5	2	3	20	15	17
Austria	10	5	1	4	29	14	16
Latvia	10	4	0	6	1	20	12
Liechtenstein	10	0	1	9	1	40	1

Group 7
GERMANY	10	8	1	1	27	10	25
BULGARIA	10	7	1	2	24	10	22
Georgia	10	5	0	5	14	13	15
Moldova	10	3	0	7	11	27	9
Wales	10	2	2	6	9	19	8
Albania	10	2	2	6	10	16	8

Group 8
RUSSIA	10	8	2	0	34	5	26
SCOTLAND	10	7	2	1	19	3	23
Greece	10	6	0	4	23	9	18
Finland	10	5	0	5	18	18	15
Faroe Islands	10	2	0	8	10	35	6
San Marino	10	0	0	10	2	36	0

Playoff
Netherlands	2:0	Ireland

제10장 유로 1996 (1996 유럽축구선수권대회)

　유럽축구선수권대회는 아이러니의 대회였다. 유럽은 월드컵 본선 진출국이 24개국으로 늘어난 1982 스페인 월드컵부터 1990 이탈리아 월드컵까지 FIFA로부터 줄곧 14장의 월드컵 티켓을 배정 받았고, 1994 미국 월드컵에도 13개국이 대서양 건너의 신대륙에 발을 디뎠다. 이에 반해 유럽 축구의 최고봉을 가리는 국가대항전인 유럽축구선수권대회의 본선 출전국은 겨우 8개국에 불과했다. 이마저도 개최국의 몫을 제외하면 7개국 밖에 되지 않았는데, 결국 유럽 국가들이 유럽축구선수권대회에 참가하는 일은 월드컵 그라운드를 밟는 것보다 더 어려운 일이었다.

　이 같은 문제점은 철의 장막이 무너지자 더욱 크게 불거졌다. 유로 92의 예선이 시작될 무렵인 1990년 당시 34개국이었던 UEFA 가맹국 수는 이후 동유럽에서 신생국들이 쏟아져 나오기 시작한 1992년에 이르자 어느덧 48개국으로 늘어나 있었던 것이다. 결국 UEFA는 1996년 잉글랜드에서 열릴 예정인 제10회 유럽축구선수권대회부터는 대회의 규모를 16개국으로 확대하기로 의결했고 이에 단 8개의 국가만이 자웅을 벌이던 '미니 월드컵'은 전 세계의 이목을 사로잡는 빅 이벤트로 거듭나게 됐다.

유로 96의 예선에는 총 48개의 UEFA 가맹국 중 개최국 잉글랜드를 제외한 나머지 47개국이 예선 리그에 참가해 경합을 벌였다. 6개 국가로 구성된 7개의 조와 5개 나라로 구성된 1개 조로 나뉘어 각각 홈&어웨이 방식으로 예선 리그를 치렀는데, 이전 대회와 달리 승리했을 경우에는 승점 3점이 배정되었다.

대회 참가국이 늘어난 만큼 본선 진출국을 가리는데 있어서도 약간의 변화가 있었다. 각 조 1위 국가들은 물론 이전에는 한줄기 희망의 빛조차도 없었던 조 2위 국가들에게도 본선 무대에 진출할 수 있는 기회가 열린 것이다. 예선 리그에서 2위를 차지한 국가들은 예선 리그에서 그들이 속했던 조의 1위, 3위, 4위 국가들과의 경기 결과만을 놓고 새롭게 승점을 산출해 여기서 높은 승점을 기록한 상위 6개 팀이 추가로 본선 무대에 직행할 수 있었다. 또 2위 그룹의 승점 경쟁에서 밀린 하위 2개 팀은 중립 지대에서 단판 플레이오프를 벌여 이 경기의 승자가 본선에 합류하도록 했다.

예선 리그

아주리의 천적이 등장하다

유로 96 예선 리그에서 가장 인상적인 사건을 꼽자면 신생 독립국 크로아티아의 등장을 들 수 있다. 크로아티아는 예선 초반부터 연승 행진을 달리며 단번에 선두 자리를 꿰찼는데 월드컵 준우승팀 이탈리아 역시 그들의 희생양이 되고 말았다. 이탈리아는 크로아티아와의 홈경기에서 종료 직전에 터진 골로 영패를 면하며 1-2로 경기를 끝냈는데, 사실 이보다 더 많은 실점을 했어도 할 말이 없는 경기였다. 2위로 쳐진 이탈리아가 1위로 올라서기 위해서는 크로아티아와의 원정경기를 승리로 이끌어야 했으나 선제골에도 불구하고 1-1 무승부로 끝마치며 뜻을 이루지 못했다. 결국 크로아티아가 데뷔 무대에서 조 1위에 등극하는 파란을 연출하며 사상 첫 유로 본선 진출에 성공한 반면 이탈리아는 크로아티아에 밀리면서 2위에 만족해야 했다. 크로아티아만큼 센세이션을 불러일으키지는 못했지만 변방의 터키가 유로 92 4강과 1994 미국 월드컵 3위에 오른 스웨덴을 제치고 사상 첫 유로 본선 무대에 오른 것도 놀라운 일이었다. 터키의 본선 진출은 매우 뜻밖의 일로 여겨졌는데, 터키가 지난 2번의 유로 예선에서 단 1승도 거두지 못했던 점을 감안한다면 이는 놀라움을 넘어서는 기적과도 같은 결과였다.

한편, 예선 5조는 유로 96 예선 리그에서 가장 치열한 경쟁을 벌인 조로 마지막 순간에 가서야 1~3위가 가려졌다. 5조에서는 당초 네덜란드가 가장 강력한 1위 후보로 꼽혔지만 예선 리그 내내 선두에 나서서 레이스를 이끈 팀은 노르웨이였다. 하지만 노르웨이는 마지막 고비를 넘지 못했다. 승점 20점으로 조 1위를 지키고 있던 노르웨이는 승점 17점으로 조 3위에 머물고 있는 네덜란드와의 최종전에서 비기기만 해도 최소 조 2위 자리를 확보할 수 있었다. 전반전을 0-0으로 마쳤을 때까지만 해도 그렇게 되는 듯 했다. 하지만 노르웨이는 후반전에 연이어 3골을 내주면서 0-3으로 패했고, 이에 네덜란드가 기적 같은 역전 드라마를 쓰며 체코에 이어 조 2위 자리를 차지한 반면 예선 내내 1위를 달리던 노르웨이는 마지막 순간에 3위로 미끄러지면서 줄

곧 손에 쥐고 있던 본선 티켓을 출입문 앞에서 분실했다. 한편 2위 그룹에 배정된 본선 티켓을 추가로 얻어내지 못한 네덜란드는 아일랜드와의 플레이오프에서 2-0으로 이기면서 영국행 막차에 탑승했다.

유로 96 잉글랜드

10회째를 맞는 유럽축구선수권대회는 잉글랜드 대회를 기점으로 많은 것이 변했다. 유럽축구선수권대회라는 대회명 대신 '유로'를 공식 명칭으로 사용한 것도 이때가 처음이었고, 독자적인 대회 엠블럼을 사용한 것도 유로 96이 그 시작이었다. 본선 진출국 수는 이전 대회에 비해 2배가 증가했으나 기본적인 대회 진행 방식에는 큰 변화가 없어, 4개 팀이 4개 조로 나뉘어 조별리그를 치른 후 각 조 1, 2위가 8강 토너먼트에 진출, 녹아웃 방식으로 앙리 들로네컵의 주인공을 가리도록 했다. 16개 팀 중 독일이 2/7의 확률로 우승 후보 1순위로 거론됐으며, 1994 월드컵 준우승팀 이탈리아, 개최국 잉글랜드 역시 우승에 근접한 팀으로 꼽혔다. 개최국 잉글랜드와 디펜딩 챔피언 덴마크, 지난 대회 준우승팀 독일 등이 시드 배정을 받은 가운데 추첨을 통해 이루어진 본선 조 편성 결과는 다음과 같았다.

A조 : 잉글랜드, 스위스, 네덜란드, 스코틀랜드
B조 : 스페인, 불가리아, 루마니아, 프랑스
C조 : 독일, 체코, 이탈리아, 러시아
D조 : 덴마크, 포르투갈, 터키, 크로아티아

A조

Football's Coming Home

유로 96은 1966 월드컵 이후 30년 만에 맞이하는 메이저 대회이자 사상 처음으로 개최하는 유럽축구선수권대회였기에 축구 종주국 잉글랜드의 대회 준비 열기는 그 어느 때보다 뜨거웠다.

1966 월드컵 우승 이후 침체일로에 빠져 있던 잉글랜드에게 있어 유로 96 개최는 축구 종주국의 명예 회복을 위한 더 없이 좋은 무대로 여겨졌고, 이에 1천여 명의 자원봉사자들과 대회 조직위 관계자들은 '축구가 집으로 돌아온다.'라는 슬로건 아래 성공적인 대회 운영을 위한 구슬땀을 흘렸다. 총 31경기가 치러질 잉글랜드 전역의 8개 경기장은 일제히 개보수를 단행했으며, 대회 공식 주제가인 'Three lions'가 울려 퍼지는 축제 분위기 속에 유럽축구선수권대회 역사상 첫 기념주화도 발행됐다.

▲ 유로 최초의 기념주화인 영국의 2파운드 은화

조 추첨 결과도 나쁘지 않았다. 1982년을 마지막으로 이겨보지 못한 네덜란드, 언제나 부담스러운 스코틀랜드와 같은 조에 속하게 됐지만 조 최약체 스위스와 첫 경기를 벌이게 되어 있어 개막전 승리를 자신했다. 그렇지만 기대는 곧 실망으로 바뀌었다. 1996년 6월 8일, 잉글랜드 축구의 성지 웸블리 스타디움에서 엘리자베스 2세 여왕과 8만여 관중들의 뜨거운 박수를 받으며 유로 96 개막전에 나섰지만 경기력은 기대 이하였다. 앨런 시어러Alan Shearer의 선제골을 지키지 못하며 개막전을 1-1 무승부로 마쳐야 했던 것이다.

잉글랜드에게 있어 그나마 다행스러웠던 점은 조 1위를 다툴 것으로 여겨지던 네덜란드 역시 이틀 뒤에 가진 스코틀랜드와의 경기에서 승리를 얻지 못했다는 점이었다. 네덜란드는 경기 초반부터 위협적인 공세를 펼쳤지만 골과는 인연을 맺지 못했다. 골을 뽑기 위해 안간힘을 쓰던 네덜란드는 후반 18분 챔피언스리그 결승전 최연소 득점자인 파트릭 클루이베르트Patrick Kluivert[31)]를 교체 투입하며 결실을 얻고자 했지만 클라렌스 세도로프Clarence Seedorf가 쉬운 헤딩슛을 놓치는 등 수 차례의 공격을 골로 연결하지 못함에 따라 결국 0-0으로 경기를 마쳐야 했다.

6월 13일 버밍엄에서는 네덜란드와 스위스가 만나 일전을 치렀다. 전력이나 일정 등을 고려했을 때는 런던에서 부담스러운 개막전을 치르고 이동해 온 스위스에 비해 줄곧 버밍엄에 여장을 풀고 있던 네덜란드가 한층 더 유리한 듯 보였지만 실상은 그렇지 못했다. 무난히 이길 것이라던 스코틀랜드와의 경기가 무승부로 끝나자 네덜란드 대표팀 내에서는 불화가 끊이지 않았고 달콤한 휴식을 취하기는커녕 심한 내분에 시달리고 있었다.

네덜란드의 거스 히딩크Guus Hiddink 감독은 마음만 앞섰지 머리가 없다며 공개적으로 선수들을 질타했고, 세도로프는 나처럼

---

31) 클루이베르트는 아약스와 AC 밀란의 1994~95 챔피언스리그 결승전에서 경기 종료 5분을 남기고 극적인 결승골을 터트리며 아약스의 통산 4번째 챔피언스리그 우승을 이끌었는데, 이날은 그가 태어난 지 18세 327일째가 되던 날이었다.

공을 찼으면 이겼을 것이라며 부진의 책임을 다른 선수들 탓으로 떠넘겼다. 그러자 아약스 소속 선수들[32]과 비 아약스 소속 선수들 간의 고질적인 대립이 다시 수면 위로 떠올랐고, 여기에 네덜란드 본토 출신 선수들과 식민지였던 수리남 출신 선수들과의 불협화음도 불거졌다.

그런 분위기 속에서 스위스를 상대하게 된 네덜란드 선수들은 경기 초반 좀처럼 갈피를 잡지 못했다. 하지만 전반 초반의 어수선함을 넘기자 네덜란드는 당초 예측대로 피치를 지배했고 후반 21분에는 요한 크루이프Johan Cruijff의 아들, 요르디 크루이프Jordi Cruyff의 왼발 중거리 슛으로 스위스의 골 그물을 가르며 리드를 잡았다. 이후 피치를 완벽하게 장악한 네덜란드는 후반 34분에 나온 데니스 베르캄프Dennis Bergkamp의 추가골을 묶어 2-0으로 승부를 결정지었고, 승점 3점을 추가했다.

이틀 뒤인 6월 15일, 런던의 웸블리 스타디움에는 유로 96 최다인 76,864명의 구름 관중이 몰려들어 경기장의 분위기를 뜨겁게 달궜다. 숙명의 라이벌 잉글랜드와 스코틀랜드가 펼치는 축구 전쟁의 서막이 올랐기 때문이다. 1872년의 역사적인 첫 대결[33]이래로 늘 앙숙 관계에 있던 이들의 대결은 지난 1989년 이후 7년만의 재회였기에 그레이트 브리튼섬 전역은 뜨거운 관심과 기대를 가지고 숙명의 라이벌의 축구 전쟁을 지켜봤다.

---

[32] 유로96 당시 네덜란드 대표팀 스쿼드 22명 중 아약스 소속 선수들은 8명이었는데, 베르캄프, 세도로프 등과 같이 아약스 소속이었다가 다른 클럽으로 이적한 사례까지 살피면 네덜란드 대표팀 구성원 중 총 12명이 아약스 멤버들로 채워져 있었다.

[33] 1872년 11월 30일, 두 팀은 글래스고에서 축구 역사상 최초의 A매치를 가져 0-0 무승부를 기록했다.

A조의 네 번째 경기이자 두 팀의 108번째[34] 경기는 초반부터 매우 격렬했지만 전반에는 양쪽 모두 뚜렷한 성과를 얻어 내지 못했다. 경기가 한층 뜨거워진 것은 후반 8분의 일로 게리 네빌Gary Neville의 크로스를 시어러가 머리로 받아 넣으며 1-0을 만들자 웸블리는 들썩였다. 물론 스코틀랜드도 그대로 무너지지 않았고 후반 32분경에는 페널티킥을 얻어내며 동점을 기회를 만들어 냈다. 하지만 이날 행운의 여신은 스코틀랜드의 편이 아니었는지 스코틀랜드의 주장 개리 맥컬리스터Gary McAllister의 페널티킥은 잉글랜드의 골키퍼 데이비드 시먼David Seaman의 팔꿈치에 맞고는 크로스바 위로 날아가 버렸고 스코틀랜드의 득점 기회는 그렇게 사라졌다.

스코틀랜드는 페널티킥 이후에 얻은 코너킥마저도 허무하게 날렸는데 그러자 잉글랜드의 골키퍼 시먼은 곧바로 골킥을 길게 차 단번에 공을 스코틀랜드 진영으로 넘겼다. 이후 공은 단 3번의 터치만에 스코틀랜드의 페널티 박스를 파고들던 폴 개스코인Paul Gascoigne에게 연결됐는데, 개스코인은 이 공을 왼발로 살짝 쳐 올려 그의 앞을 막고 있던 콜린 헨드리Colin Hendry의 키 너머로 넘긴 후 공이 채 잔디에 닿기도 전에 오른발 발리슛으로 마무리하며 2-0을 만들었다. 잉글랜드의 테리 베너블스Terry Venables 감독이 극찬을 아끼지 않은 개스코인의 이 신기에 가까운 골에 스코틀랜드는 그대로 침몰했고, 결국 오랜 숙적의 대결은 잉글랜드의 2-0 승리로 막을 내렸다.

---

34) 두 팀은 유로 96이 치러지기 한 해전인 1995년까지 모두 107번의 경기를 가져 잉글랜드가 43승 24무 40패로 근소하게 우위를 점했고, 이후 지난 2016년까지의 대결에서도 잉글랜드가 48승 24무 41패로 앞서 있다.

히딩크 감독에게 대들다 집으로 돌아간 다비즈

A조에서 조별리그 마지막 경기를 앞두고 8강 토너먼트 진출을 확정 지은 나라는 없었다. 1승 1무의 잉글랜드와 네덜란드가 우위에 서 있는 것은 사실이었으나, 1무 1패의 스코틀랜드와 스위스에게도 기회는 충분히 있었다. A조의 마지막 두 경기는 6월 18일에 웸블리와 빌라 파크에서 동시에 열렸다. 빌라 파크에서 벌어지는 스코틀랜드와 스위스의 대결도 중요한 경기였지만, 이들 두 나라 국민을 제외한 대다수의 사람들은 잉글랜드와 네덜란드가 맞붙은 웸블리에 시선을 집중했다.

개최국 잉글랜드의 입장에서 네덜란드는 껄끄러운 상대였다. 잉글랜드는 1982년 런던에서 가진 친선 경기에서 딱 한 번 이긴 것을 제외하고는 네덜란드에 지난 20년간 3무 3패의 열세를 기록하고 있었고, 1994 미국 월드컵 예선에서도 네덜란드에 밀리며 지역 예선에서 탈락하는 굴욕을 맛봤다. 그러나 경기를 앞둔 팀 분위기는 향을 잃어가는 오렌지 네덜란드에 비해 잉글랜드가 훨씬 더 좋았다.

불과 며칠 전만해도 잉글랜드의 팀 분위기 역시 좋지 못했다. 스위스와의 개막전을 1-1로 비긴 뒤 테디 셰링엄Teddy Sheringham과 제이미 레드냅Jamie Redknapp 그리고 솔 캠벨Sol Campbell 등이 나이트클럽에서 새벽까지 술을 마신 사실이 드러나며 파문에 휩싸였던 것이다. 하지만, 잉글랜드 축구 협회는 금주가 원칙인 숙소에서는 술을 마시지 않았고 또 다음 경기를 앞두고 가진 이틀간의 휴식 기간에 벌어진 일이라며 문제 삼지 않았다. 여기에 라이벌 스코틀랜드와의 경기에서 승리를 거두자 음주 파문은 곧 사그라졌다.

반면 가뜩이나 어수선하던 네덜란드는 큰 내홍에 휩싸였다. 시한폭탄과도 같던 에드가 다비즈Edgar Davids가 히딩크 감독에게 대들다 귀국 조치를 당한 것이다. 다비즈는 스코틀랜드와의 첫 경기는 풀타임을 소화했지만, 스위스와의 두 번째 경기에서는 경기 종료 10여분을 남겨 놓고서야 교체 투입됐다. 그러자 수리남 출신 동료 선수들과 미디어에 히딩크 감독의 전술은 형편없으며 실력 없는 백인들만 우대한다는 등의 험담을 늘어놓았고, 이에 히딩크 감독은 네덜란드 언론들과 주장 대니 블린트Danny Blind의 만류에도 불구하고 가차 없이 그를 집으로 돌려보냈다. 하지만 네덜란드의 팀 분위기는 그로 인해 이미 흐트러진 상태였고 결국 전반 22분 만에 페널티킥을 내주면서 시어러의 유로 96 3경기 연속골이 터지는 것을 지켜봐야 했다.

이후 네덜란드는 0-1로 뒤쳐진 채로 하프 타임을 맞이하면서 같은 시간 빌라 파크에서 스코틀랜드가 1-0으로 앞서고 있다는 소식을 전해 들었지만 그럼에도 불구하고 여전히 더 유리한 위치에 있는 쪽은 네덜란드였다. 네덜란드와 스코틀랜드의 경기가 무승부로 끝났기에 이 두 팀의 순위 싸움은 골득실과 다득점에 의해 판가름 나야 했는데, 골득실에서 네덜란드가 +1을 기록하며 -1의 스코틀랜드보다 다소 여유 있었다. 하지만 네덜란드의 여유는 잠시뿐이었다. 후반 6분 셰링엄이 2-0을 만들자 네덜란드의 골득실은 0이 되어 버렸고, 6분 후에는 시어러의 대포알 같은 강슛에 무너지며 3번째 실점을 허용하자 네덜란드는 이제 스코틀랜드와 같은 -1의 골득실을 기록하게 됐다. 물론 다득점에서는 여전히 한 골 앞서 있는 상황이었기에 0-3이라는 스코어

그대로 경기를 끝낸다면 네덜란드는 조 2위 자리를 유지할 수 있었다. 그러나 불과 5분 후 또 한 골을 내주며 0-4가 되자 이제 네덜란드의 골득실은 -2가 되면서 조 3위로 내려앉았다.

  같은 시각, 빌라 파크에서 스위스와 경기를 벌이고 있던 스코틀랜드는 네덜란드의 수비진이 구멍 뚫린 제방처럼 무너지며 4골을 내줬다는 소식에 기쁨을 감추지 못했고 사상 첫 토너먼트 진출에 대한 열망을 안고 더욱 열심히 응원했다. 하지만 이들의 선부른 기대는 얼마지 않아 무너졌다. 후반 33분 클루이베르트가 만회골을 터뜨리며 4-1을 만들어 냈던 것이다. 그리고 그 한 골로 충분했다. 이제 네덜란드가 다시금 조 2위로 올라서게 됐던 반면 16분 동안 2위였던 스코틀랜드는 원래 있던 3위 자리로 내려앉아야 했다. 스코틀랜드 팬들은 다시 초조한 눈빛으로 경기를 지켜봤지만 남은 시간 동안 추가 골을 얻는데 끝내 실패했고, 어수선한 가운데 치른 마지막 경기에서 네덜란드가 다득점에서 앞서며 잉글랜드에 이어 A조 2위로 8강에 진출하게 됐다. 결국 스코틀랜드는 스위스와의 최종전에서 이기고도 조별리그에서 탈락하는 비운을 맛봐야 했고, 이에 스코틀랜드 팬들은 이기려면 4-0으로 이기지 4-1이 뭐냐며 잉글랜드에게 원망의 화살을 돌렸다.

B조

스토이치코프 vs 하지 그 승자는?

  B조에는 서유럽과 동유럽에서 각각 2팀씩 배정되었다. 서유럽을 대표하는 전통의 강호인 스페인과 프랑스, 1994 미국 월드컵

에서 돌풍을 일으킨 불가리아와 루마니아가 그들로 얼핏 치열한 접전이 펼쳐질 것 같은 흥미로운 조 구성으로 보였다. 하지만 전문가들의 반응은 쉽게 갈렸다. 프랑스와 스페인의 8강 토너먼트 진출을 당연시했던 반면 발칸의 새로운 거인으로 우뚝 선 불가리아와 루마니아에 대해서는 인색한 평가를 내리며 고전을 할 것이라는 의견을 내놓았다. 이 같은 의견의 밑바탕에는 이들 나라들의 세대교체 실패에 대한 우려가 있었다. 2년 전 월드컵에서의 성공에 젖어 있던 불가리아와 루마니아는 22명의 출전 선수 엔트리 중 무려 15명을 미국 월드컵에 출전했던 선수들로 채웠을 정도로 노쇠화에 고민하고 있었다. 1994 월드컵 유럽 예선에서 탈락의 쓴 잔을 맛본 프랑스가 에메 자케Aimé Jacquet 감독에게 지휘봉을 맡긴 이후 지네딘 지단Zinedine Zidane 같은 젊은 신예들을 축으로 팀을 새롭게 꾸려 나간 것과는 대비되는 행보였다.

그리고 그 같은 전망은 B조 조별리그 1라운드에서 여지없이 드러났다. 불가리아는 스페인이 마치 이기면 안 되는 듯 플레이를 한 덕분에 1-1로 비기면서 승점 1점을 챙길 수 있었지만, 예선에서 맞대결을 펼쳤던 프랑스와 재회한 루마니아는 그러지 못했다. 루마니아는 예선 리그 1조에서 프랑스를 승점 1점차로 제치고 조 수위를 차지했다. 하지만 두 차례의 맞대결에서 1무 1패를 기록했던 데다 홈에서 1-3의 패배를 당한 씁쓸한 기억이 남아 있었기에 설욕을 다짐하고 피치에 들어섰다. 그러나 이번에도 결과는 마찬가지였다. 루마니아는 골키퍼의 판단 미스에 수비진과의 불협화음에 더해진 어이없는 골을 내주며 0-1로 패했고, 이로써 프랑스가 유로 84 결승전 이후 12년 만에 유로 본선에서 승리를 맛보게 됐다.

6월 13일 뉴캐슬의 세인트 제임스 파크에서는 발칸의 이웃이자 라이벌 불가리아와 루마니아가 조우했다. 1994 미국 월드컵에서 함께 발칸의 돌풍을 이끌었던 이들의 만남은 두 나라가 메이저 대회 본선에서 펼치는 첫 대결이라는 점에서도 관심을 모았으나, 무엇보다 불가리아와 루마니아의 정신적 지주이자 공격의 핵인 흐리스토 스토이치코프Hristo Stoichkov와 게오르게 하지Gheorghe Hagi의 맞대결이라는 점에서 흥미를 불러 일으켰다.

경기는 초반부터 활기를 띠었다. 불가리아의 스토이치코프가 경기 시작 3분 만에 미드필드 중앙에서부터 20여 미터를 단지 왼발로만 톡톡 치고 들어가 골을 만들어 내며 그가 왜 '왼발의 달인'인지를 증명하자, 루마니아도 스토이치코프 못지않은 왼발의 달인인 하지가 공격을 이끌며 동점을 노렸다. 하지만 루마니아의 공격은 잇단 불운에 막히며 골로 이어지지 못했다. 전반 11분 하지가 감아 찬 절묘한 프리킥은 불가리아의 골키퍼의 다이빙 펀칭에 막히며 무위에 그쳤고, 전반 30분 하지의 코너킥에 이은 도리넬 문테아누Dorinel Munteanu의 슛은 크로스바 아래쪽을 강타한 후 불가리아의 골라인 안쪽에 떨어졌으나 이후 골문 밖으로 튀어 나오면서 문제가 됐다.

리플레이 화면에서는 분명 골라인을 통과한 것을 재차 보여줬지만, 확신에 가득 찼던 주심이 선심과 상의도 하지 않고 노골로 선언한 것이었다. 루마니아는 거칠게 항의했지만 주심은 요지부동이었고, 그것으로 루마니아의 골은 사라지며 불가리아의 1-0 승리로 끝이 났다. 루마니아 축구협회는 경기 후 UEFA에 강력하게 항의 했지만, UEFA는 주심의 결정은 최종적인 것이어서 번복할 수 없다는 입장만을 고수해 많은 이들의 비난을 샀다.

한편, 이틀 뒤 리즈의 엘런드 로드에서는 펼쳐진 피레네 산맥 이웃 스페인과 프랑스의 대결은 1-1 무승부로 끝나면서 사이좋게 승점 1점씩을 나눠 가졌다.

결승골이 된 맨땅의 헤딩슛

6월 18일, B조의 최종전이 뉴캐슬과 리즈에서 동시에 열렸다. 뉴캐슬에서는 프랑스와 불가리아가, 리즈에서는 스페인과 루마니아가 8강행 티켓을 위한 다툼을 벌였는데, 이중 프랑스와 불가리아의 재회는 특히 많은 관심을 모았다.

프랑스에게 있어 불가리아는 너무도 아픈 기억이었다. 두 팀은 1994 미국 월드컵 유럽 예선에서도 같은 조에 속한 바 있었는데, 두 팀의 마지막 경기가 벌어지기 전만 해도 프랑스의 월드컵 진출이 유력한 상황이었다. 하지만 프랑스는 파리에서 가진 불가리아와의 예선 마지막 경기에서 후반 44분 59초에 통한의 역전골을 허용하면서 불가리아에 월드컵 티켓을 내주며 탈락했고, 이는 지금까지도 프랑스 축구사의 쓰디쓴 기억으로 남아 있다. 그 같은 과거가 있었기에 프랑스는 경기 시작과 동시에 거칠게 압박해 들어갔고, 프랑스의 공세에 밀린 불가리아는 전반 20분 만에 선제골을 내주면서 0-1로 뒤진 채로 하프타임을 맞이해야 했다. 하지만 불가리아는 여전히 조 2위 자리를 지키고 있었다. 같은 시간 리즈의 엘런드 로드에서 경기를 펼치고 있던 스페인과 루마니아 역시 1-1로 전반전을 마쳤기에 이대로 끝이 난다면 사상 첫 유로 무대에서 8강 고지에 오를 수 있었다. 그렇지만 프랑스의 공격은 후반에 접어들자 더욱 매서워졌다. 실망스러웠던 지단을 교체한 지 얼마지않아 프랑스는 또 한 번의 기회를 잡았는데 여기에 행운도 뒤따랐다. 유리 조르카예프Youri Djorkaeff의 프리킥은 로랑 블랑 Laurent Blanc의 머리에 닿지 못하고 지나쳐 갔지만, 그의 머리를 지나친 공이 블랑을 막기 위해 수비에 가담했던 불가리아의 장신 공격수 루보슬라프 페네프Lyuboslav Penev의 머리에 맞고는 자책골로 이어졌던 것이다.

불가리아는 6분 뒤 스토이치코프의 그림 같은 프리킥으로 1-2로 따라 붙은 뒤 잠시 숨을 고르며 리즈에서의 소식에 귀를 기울였다. 다행스럽게도 엘런드 로드에서는 추가 득점 소식 없이 1-1이었고 아직까지 불가리아의 8강행 불씨는 여전히 꺼지지 않고 있었다. 그러나 불가리아의 희망은 후반 39분 스페인의 기예르모 아모르Guillermo Amor가 시도한 맨땅의 헤딩슛이 골로 연결됨에 따라 무너져 내렸다. 리즈에서의 경기가 무승부로 끝난다면 불가리아가 패한다 하더라도 B조의 2위는 불가리아의 차지가 되겠지만, 스페인이 2-1로 앞서 나가게 된 이상 불가리아는 조 3위로 밀려 내려가며 탈락이었다. 극적인 반전이 필요했지만 불가리아는 도리어 경기 종료 직전에 추가 골을 허용하며 1-3으로 무릎을 꿇었고, 이로써 B조의 8강행 티켓은 프랑스와 스페인의 차지가 됐다.

C조

유로 역사상 최악의 죽음의 조

유로 96의 C조는 유럽축구선수권대회 역사를 통틀어 단연 최악으로 꼽히는 죽음의 조다. C조에 속한 네 나라의 면면은 더할

나위 없이 화려했다. 시드를 배정 받은 지난 대회 준우승팀 독일, 1994 월드컵 준우승팀 이탈리아 그리고 동유럽의 맹주 러시아와 체코가 그 주인공들로 이들 네 나라가 과거 유로 무대에서 보인 행적은 더욱 휘황찬란했다.

네 나라 모두 과거 앙리 들로네컵을 들어 올린 경험이 있었는데, 역대 유로 우승팀들이 모두 한 조에 묶인 것은 이때가 처음이었다. 이들은 지난 9번의 유럽축구선수권대회에서 모두 합쳐 5차례나 정상에 올랐으며, 이들 네 나라 중 적어도 한 나라가 결승에 오른 것만 해도 8차례나 되었다. 네 나라 중 두 나라가 결승에서 맞대결을 벌인 적도 2차례나 되며 이제껏 독일, 이탈리아, 러시아, 체코가 없었던 결승전은 유로 84가 유일했다.

죽음의 C조를 장식한 이들의 화려한 면모는 단지 과거에 국한된 얘기가 아니었다. 대회 개막 한 달 전에 발표된 1996년 5월 FIFA 월드 랭킹을 살펴보면 독일이 2위, 러시아가 3위, 이탈리아가 7위, 체코가 10위에 오르며 C조의 네 나라 모두가 10위권 안에 들어 있었다. 유럽을 벗어나 전 세계로 규모를 확대한다 하더라도 유로 96의 C조는 그 자체로 죽음의 계곡이었다.

물론 죽음의 조에서도 무게 중심은 분명 독일과 이탈리아에 기울어져 있었는데, 독일과 이탈리아가 C조뿐 아니라 유로 96을 통틀어 잉글랜드와 함께 가장 강력한 우승 후보로 꼽히고 있다는 점을 감안한다면 이 같은 전망은 충분히 설득력이 있었다. 그리고 죽음의 조의 1막은 예상된 결말과 함께 막을 내렸다. 독일은 중거리 포 두 방으로 난적 체코를 2-0으로 제압하며 죽음의 조의 첫 관문을 통과했고, 샤워실에 헤어드라이어와 거울이 없다며 대회조직위에 이를 비치해줄 것을 요구했던 이탈리아도 몸

단장만큼이나 깔끔한 플레이로 러시아를 2-1로 꺾고 서전을 장식했다.

하지만 승리에는 값비싼 대가가 동반됐다. 독일은 위르겐 클린스만Jürgen Klinsmann이 예선 리그에서의 경고 누적으로 본선 첫 경기를 뛸 수 없음에 따라 베테랑 수비수 위르겐 콜러Jürgen Kohler에게 주장 완장을 맡기고 체코전에 임했지만, 콜러가 경기 시작 14분 만에 큰 부상을 입고 피치 밖으로 나옴에 따라 대회 초반부터 수비 라인 구성에 어려움을 겪어야 했다. 이뿐이 아니었다. 독일은 이날 무려 6명이 경고[35]를 받았는데, 이는 향후 주전들의 줄 부상과 함께 대회 기간 내내 독일을 따라 다니는 먹구름이 됐다. 독일과 달리 이탈리아는 부상 없이 옐로우 카드 2장으로 경기를 마치면서 외형적으로는 큰 손실을 입지 않았다. 그러나 죽음의 조에서의 첫 경기 승리는 이탈리아 선수단을 안일함에 빠져들게 했고 이는 곧 큰 재앙으로 이어졌다.

이탈리아는 다음 경기 상대인 체코와의 대결에서는 변화된 모습으로 앤필드에 들어섰다. 골키퍼와 포백 라인을 제외하고는 미드필더와 공격 진영의 거의 모든 포지션을 교체한 사실상 새로운 팀을 내보냈는데, 러시아 전에서 최고의 활약을 보이며 두 골을 뽑아낸 피에르루이지 카시라기Pierluigi Casiraghi까지 제외한 것은 뜻밖이었다. 아리고 사키Arrigo Sacchi 감독은 훗날 최종전 상대인 독일전을 앞두고 주전 선수들의 피로도를 고려해 이날 스타팅 멤버를 대거 교체했다고 밝혔다. 하지만 사키 감독은 정작 중요한 것을

---

[35] 체코 역시 베즐, 네드베드, 카드렉, 드루라크 등 4명이 경고를 받아 이날 경기에서는 양 팀 모두 10장의 경고가 나왔는데, 이는 유럽축구선수권대회 한 경기 최다 경고 기록이었다.

놓쳤다. 바로 죽음의 조에서는 잠시 쉬어갈 틈도 힘을 비축할 상대도 없다는 점을 간과한 것이었다. 결국 이탈리아는 쉬어 가는 코너로 여긴 체코에게 1-2로 패하며 침몰했고, 클린스만의 유로 본선 3개 대회 연속골 등으로 러시아를 3-0으로 격파한 독일 그리고 패배를 안긴 체코에 이어 조 3위로 쳐지게 됐다.

죽음의 조의 3막, 승자승이냐? 골득실이냐?

최종전을 앞둔 C조의 상황은 당초 예측대로 혼전이었다. C조의 8강 토너먼트 진출권 중 1장은 사실상 독일의 차지였다. 2연승을 거둔 독일은 이탈리아와의 최종전에서 3골 차 이상으로 패하지 않는 한 8강 토너먼트에 진출할 수 있었다. 하지만 체코와 이탈리아 중 어느 팀이 남은 1장의 토너먼트 진출권을 가져가게 될지는 그 누구도 섣불리 예단하기 힘들었다.

이탈리아와 체코 모두 나란히 1승 1패를 기록 중이었는데 골득실에서는 0을 기록 중인 이탈리아가 -1의 체코를 앞서고 있었으나, 골득실보다는 승자승을 우선하도록 개정이 된 UEFA의 규정 아래서 이 같은 숫자상의 우위는 큰 의미가 없었다. 이에 체코에 패한 이탈리아가 8강 토너먼트에 자력으로 진출하기 위해서는 독일을 반드시 이겨야만 했다. 체코 역시 그리 안심할 처지는 아니었다. 체코가 이탈리아에 승자승에서 우위를 점하며 유리한 위치에 있는 것은 분명 사실이었다. 그러나 체코가 러시아를 이기고 승점 3점을 챙긴다고 하더라도 이탈리아 역시 독일을 꺾고 승점 3점을 추가할 경우, 체코가 가지고 있던 승자승의 우위는 순식간에 사라지고 골득실에서의 열세만이 남아 8강 토너먼트 진출은 물거품이 될 수도 있었다.[36] 물론 독일을 상대로 하는 이탈리아보다는 2연패로 탈락이 확정된 러시아를 상대하는 체코가 조금은 더 토너먼트와 가까이 있는 듯 보이기도 했다. 하지만 이탈리아가 독일을 이긴다면 자력으로 8강 진출이 가능한 상황이었던 반면 체코는 일단 승점을 더 챙겨 놓은 후 맨체스터에서 들려오는 소식을 확인해야만 하는 복잡한 상황이었기에 어느 누구도 C조의 결말을 쉽게 예측할 수 없었다.

한치 앞을 볼 수 없는 컴컴한 터널 같은 '죽음의 조'의 3막은 6월 19일 오후 7시 30분, 올드 트래포드와 앤필드에서 동시에 시작됐다. 경기가 먼저 달아 오른 곳은 앤필드의 피치였다. 위태로운 2위 체코는 이미 탈락이 확정된 러시아를 경기 시작과 동시에 몰아붙였고, 전반 5분 만에 나온 얀 수코파렉Jan Suchopárek이 감각적인 헤딩 선제골 덕에 일찌감치 앞서 나갔다.

올드 트래포드에서는 독일과 이탈리아가 대회 최고 수준의 플레이를 펼치며 경기장을 가득 메운 관중들의 기대에 부응했다. 이탈리아는 독일을 반드시 이겨야 하는 절박한 상황에 놓여 있었는데, 이 절박함이 되레 수비의 대명사 아주리를 공격적으로 움직이게 하는 원동력이 되었다. 이탈리아 선수들은 휘슬이 울리자마자 혼신을 다해 뛰어 다녔고 평소와는 사뭇 다른 그들의 플레이에 독일 선수들은 적잖이 당황했다. 그리고 얼마지않아

---

[36] 이탈리아가 독일에 승리를 거두고, 체코가 러시아에 이긴다고 가정했을 경우 독일, 이탈리아, 체코 3팀 모두 2승 1패가 되며 승점에서 동률을 이루게 된다. 이렇듯 승점이 모두 같은 상황에서 승자승이 꼬리를 무는 경우에는 승점이 동률인 팀들 간의 골득실을 따지게 되는데, 독일, 이탈리아와 이미 경기를 치른 체코의 경우 골득실에서 -1이 확정되었기에 러시아에 승리를 거두더라도 독일이 이탈리아에 3점차 이상의 대패를 하지 않는 이상 탈락하게 된다.

그에 대한 성과를 얻어낼 수 있었다. 전반 6분 독일의 골문을 향해 돌진하던 카시라기가 독일의 골키퍼 안드레아스 쾨프케Andreas Köpke에 걸려 넘어지며 피치 위에 쓰러진 것이었다. 주심은 독일의 페널티 마크를 손으로 가리켰고, 꼭 이겨야 할 경기에서 초반에 결정적인 기회를 잡은 이탈리아 벤치와 응원단은 환호성을 질렀다.

그러나 이탈리아의 기쁨은 거기까지였다. 지안프랑코 졸라 Gianfranco Zola의 페널티킥은 왼쪽으로 몸을 날린 쾨프케에게 막혔고, 이탈리아 팬들은 기쁨의 함성 대신 안타까운 탄식을 내뱉어야만 했다. 그리고 0-0인 채로 전반을 마감한 뒤 라커룸에서 접한 앤필드의 소식은 이탈리아를 더욱 답답하게 했다. 전반 19분 파벨 쿠카Pavel Kuka의 헤딩이 큰 궤적을 그리며 또 한 번 러시아의 골문으로 들어가며 스코어를 2-0으로 벌린 것이었다. 앤필드의 분위기는 그대로 굳어지는 듯 했고, 러시아로부터는 그 어떤 구원도 없을 듯 보였다. 이대로라면 죽음의 조의 희생양은 이탈리아가 될 공산이 컸다. 하지만 체코와 이탈리아의 롤러코스터는 이제부터 시작이었다.

앤필드의 분위기는 후반전 시작을 알리는 휘슬과 함께 급격히 변했다. 죽음의 조에 부록으로 낀 듯 했던 러시아가 뒤늦게나마 겨울잠에서 깨어나 그 진면목을 드러낸 것이다. 사실 러시아가 이토록 극심한 부진에 빠질 것으로 예상한 이는 거의 없었다. 러시아는 죽음의 조에서도 복병 중의 복병으로 꼽히는 팀이었다. 체코 역시 다크호스로 손색이 없었지만, 예선 리그에서 무려 34골을 터뜨리며 막강한 공격력을 보여줬던 러시아야말로 독일과 이탈리아를 진정으로 위협할 상대로 꼽혔다. 그런데 그런 러시

▲ 독일의 골키퍼 안드레아스 쾨프케에게 막히고 만 지안프랑코 졸라의 페널티킥. 졸라의 실축으로 인해 월드컵 준우승팀 이탈리아는 유로 96 조별리그에서 탈락하고 만다.

아가 유로 96에서는 휘청거렸다. 이탈리아전의 아쉬운 패배는 차치하더라도 독일전 0-3 완패는 독일이 강력한 우승 후보라는 점을 감안하더라도 충격적인 결과였다. 하지만 과거 동구권 맹주의 자존심은 전패 탈락을 허락하지 않았고, 후반전에 교체 투입된 알렉산더 모스토보이Aleksandr Mostovoi가 경기장에 들어선지 불과 4분 만에 체코의 골 그물을 흔들며 분위기 반전에 성공했다. 그리고 5분 후 이번에는 수비수 오마리 테트라체Omari Tetradze가 공격에 가담해 체코의 수비진을 무너뜨리며 2-2를 만들자 한때 체코가 장악했던 앤필드의 피치는 이내 러시아의 수중에 떨어졌다.

체코와 이탈리아의 운명을 바꾼 5분간의 롤러코스터

올드 트래포드에서는 계속해서 이탈리아가 경기를 주도했지만 독일의 견고한 수비벽에 막혀 여전히 애를 먹고 있었다. 그러던 후반 15분, 전반 11분에 이미 한차례의 경고를 받았던 독일의 토마스 슈트룬츠Thomas Strunz가 경고 누적으로 퇴장을 당하자 경기를 지배하고 있던 이탈리아는 수적인 면에서도 확고한 우위에 서게 됐고 공격의 고삐를 더욱 거세게 당겼다. 그러나 슈트룬츠의 퇴장은 이탈리아에게 되레 독이 됐다. 한 명이 부족해진 독일은 전원이 수비에 가담한 채 움츠려 들었고, 헐거워질 것이라 여겨졌던 독일 전차의 장갑은 더 두터워졌다. 이날만큼은 흰색의 아주리였던 독일의 수비는 여간해서 뚫리지 않았고, 그 어떤 팀이 오더라도 전차의 빗장을 열기는 불가능해 보였다.

이탈리아는 초조하게 전광판을 바라볼 뿐이었다. 올드 트래포드의 전광판은 여전히 0-0이었고, 같은 시각 앤필드는 2-2였다. 하지만 러시아가 동점을 만들어 냈다고 해서 달라질 것은 없었다. 이대로라면 체코가 8강에 올라가고 이탈리아는 탈락이었다. 그러나 전광판의 시계 바늘이 후반 40분에 다다른 그 시점 앤필드에서 놀라운 소식이 날아들었다. 러시아가 재차 체코의 골 그물을 흔들며 3-2로 역전을 시켰고, 그것으로 상황이 뒤바뀐 것이다.

앤필드에서 대역전극을 지켜보던 러시아 응원단은 크게 열광을 했는데, 이들보다 더 크게 기뻐하는 이들이 있었으니 바로 TV와 라디오로 경기를 지켜보던 이탈리아 벤치와 응원단이었다. 이제는 이탈리아가 8강에 진출할 수 있게 됐고, 체코가 벼랑 끝에 몰리게 됐다. 초초해하던 이탈리아 응원단은 환호성과 함께 들썩이기 시작했고 반면 경기 내내 여유로웠던 체코의 응원단은 믿기지 않는 현실과 마주하게 되자 이내 침울해졌다. 2-0의 스코어가 2-3으로, 그것도 경기 종료 5분여를 남겨 놓고 치명타와 같은 역전골을 허용하자 8강 토너먼트 진출 기회는 이제 사라진 듯 보였다.

이에 반해 이탈리아는 한층 여유로워졌다. 승점 3점이 필요하던 절박한 상황이 승점 1점만 챙겨도 되는 상황으로 바뀌자 이탈리아는 더 이상의 공세를 가하지 않은 채 템포를 늦췄고, 다시금 빗장을 꼭꼭 걸어 잠그던 본래의 모습으로 돌아왔다. 남은 시간은 단 5분. 그 짧은 시간 안에 러시아로 분위기가 쏠린 앤필드의 상황은 변하지 않을 듯 보였고, 이탈리아 입장에서는 이제 올드 트래포드의 경기만 마무리 지으면 되는 듯 했다. 하지만 이는 체코의 끈기와 능력을 간과한 것이었다. 경기 종료를 얼마 남기지 않고 역전을 허용했지만 체코는 결코 포기하지 않았고 후반 45분 또다시 극적인 일이 벌어졌다. 블라디미르 스미체르Vladimír Šmicer가 러시아의 페널티 아크에서 때린 오른발 슛이 러시아의 골문 오른쪽 구석을 파고 들어가며 스코어를 다시 3-3으로 만든 것이다.

스미체르의 이 골은 C조의 판도를 다시 한 번 뒤흔들었고 이 기적과도 같은 결과에 체코 응원단뿐 아니라 영국의 관중들 역시 펄쩍 뛰며 서로를 얼싸 안은 채 열광했다. 반면 이탈리아는 도저히 믿기지 않는 앤필드의 소식에 순간 눈과 귀를 의심했다. 불과 5분 사이에 상황이 또 바뀌어 체코는 지옥에서 천국으로, 이탈리아는 천국에서 지옥으로 떨어졌고, 결국 경기 종료를 알리는 주심의 휘슬 소리와 함께 C조의 최종전은 '죽음의 조'다운 드라마틱한 결말을 이끌어내며 막을 내렸다. 결국 이탈리아 대표팀은 생각도 하지 못했던 조별리그 탈락이라는 충격적인 성적표를 받아 든 채 귀국길에 올라야 했는데 비록 선수들을 향한 썩은 토마토 세례는 없었지만, 사키 감독은 공항에서 기다리고 있던 1천여 명의 팬들로부터 '빌어먹을 사키'라는 저주와 비난을 들으며 공항을 몰래 빠져 나가야 했다.

D조

크로아티아의 오만에 챔피언이 탈락하다

D조는 화제의 팀들의 조합으로 많은 관심을 끌었다. 대리 출전으로 우승컵을 거머쥐었던 디펜딩 챔피언 덴마크, 이탈리아를 격파하며 예선 리그 최대 파란을 일으킨 신생 독립국 크로아티아, 80년대 후반과 90년대 초반 연이어 U-20 월드컵을 석권했던 '이베리아 반도의 브라질' 포르투갈 그리고 이슬람 국가로는 사상 첫 유로 무대를 밟는 동방의 터키가 그들이었다. 이 중 터키를 제외한 나머지 3팀 모두 한결같이 복병으로 꼽혔기에 D조 역시도 섣불리 예측하기 어려웠는데 조별리그 첫 번째 경기 결과 역시 이 같은 예상에서 크게 벗어나지 않았다. 덴마크와 포르투갈은 1-1로 승부를 가리지 못했지만, 크로아티아는 터키를 1-0으로 이기면서 유로 본선 첫 경기에서 첫 골과 첫 승점, 첫 승을 한꺼번에 일구어 냈다.

D조 조별리그 2라운드는 다소 뜻밖의 결과를 불러왔다. 포르투갈이 터키에게 또다시 패배를 안기며 탈락을 확정짓게 한 것

까지는 모두가 예측했던 바였다. 하지만 덴마크와 크로아티아의 대결은 불꽃 튀는 접전이 될 것이라는 예상과 달리 한쪽의 완승으로 끝이 났다. 후반 8분 다보르 수케르 Davor Šuker의 페널티킥 골로 크로아티아가 1-0으로 앞서 나갈 때까지만 해도 경기가 일방적으로 끝이 날 줄 몰랐다. 덴마크도 곧 반격에 나섰기에 곧 균형을 이룰 듯 했다.

그러나 후반 35분 즈보니미르 보반Zvonimir Boban이 수케르의 크로스를 덴마크의 골문 안에 꽂아 넣자 이것이 결정타가 되었다. 점수 차가 2골 차로 벌어지자 덴마크는 골키퍼 슈마이켈까지 공격에 가담하며 총공세에 나섰지만 이는 되레 크로아티아에 역습을 허용하는 빌미가 됐다. 후반 44분 역습에 나선 크로아티아는 단 한 번의 롱 패스로 수케르에게 공을 전했고, 수케르는 슈마이켈의 머리를 넘기는 환상적인 로빙슛으로 이를 마무리 지으며 디펜딩 챔피언을 3-0으로 침몰시켰다. 이로써 2연승을 거둔 크로아티아가 남은 경기에 상관없이 8강 토너먼트 진출을 확정 지었던 반면 1무 1패로 몰린 덴마크는 터키와의 최종전을 무조건 이긴 후 크로아티아와 포르투갈의 경기 결과를 살펴봐야 하는 상황에 몰리게 됐다.

크로아티아에 완패를 당해 조 3위로 처졌지만 덴마크는 8강 토너먼트 진출에 여전히 기대감을 가지고 있었다. 덴마크가 탈락이 확정된 터키와 경기를 치르는 반면 포르투갈은 크로아티아와 경기를 치러야 했기 때문이었다. 포르투갈, 크로아티아와 연이어 경기를 치러 본 덴마크는 막강한 전력의 크로아티아가 경쟁 상대인 포르투갈을 무난히 이길 것으로 생각했다. 하지만 D조 최종전이 벌어진 6월 19일, 노팅엄의 시티 그라운드에 나선 크로아티아의 출전 선수 명단은 덴마크의 기대와는 전혀 딴판이었다. 크로아티아의 포르투갈전 선발 출전 명단 중 베스트 멤버는 단 4명에 불과했고, 나머지는 모두 후보 선수들로 채워졌던 것이다. 8강 진출을 이미 확정 지은 크로아티아의 미로슬라브 블라제비치Miroslav Blažević 감독은 선수 보호 차원에서 그리고 후보 선수들만으로도 조 1위는 무난히 차지할 수 있겠다는 자신감으로 포르투갈전에 임했지만, 덴마크의 입장에서는 몹시 화가 날 노릇이었고 또 이 같은 우려는 곧 현실이 되었다.

경기 시작 4분 만에 나온 루이스 피구Luís Figo의 골로 일찌감치 앞서 나간 포르투갈은 이후로도 크로아티아를 계속해서 몰아붙였고, 기세등등한 포르투갈 앞에서 크로아티아는 맥을 추지 못했다. 포르투갈은 전반 33분 주앙 핀투João Pinto의 추가골까지 더해 전반전을 2-0으로 마쳤는데 크로아티아의 입장에서는 이마저도 운이 좋았다고 할 수 있을 정도로 전반 45분 동안의 시티 그라운드는 완벽히 포르투갈의 세상이었다.

셰필드의 힐스보로 스타디움에서 하프 타임을 맞고 있던 덴마크는 노팅엄에서 전해오는 - 그러리라 예측은 했지만 - 좋지 않은 소식에 후반이 시작되자마자 공세를 더욱 강화했고 후반 5분과 24분에 연속골을 터뜨리며 2-0을 만들었다. 하지만 덴마크의 이 같은 노력에도 불구하고 전체적인 상황은 나아지지 않았다. 시티 그라운드의 스코어는 여전히 2-0이었기 때문이다.

후반이 시작되자 크로아티아의 블라제비치 감독은 수케르와 보반 등 핵심 선수들을 투입하며 조 1위 수성에 사활을 걸었지만 그 시합은 이미 지는 경기였다. 크로아티아는 또 한 골을 내주며 결국 0-3으로 졌고, 역시 또 한골을 추가하며 터키를 3-0

으로 격파한 디펜딩 챔피언 덴마크는 예상보다 일찍 유로 96과 작별을 고했다.

8강 토너먼트

블록버스터? 미안해 작가주의 영화였어

유로 96의 8강 토너먼트의 대진이 확정되자 축구팬들은 크나큰 기대감을 감추지 못했다. 이중 8강 토너먼트 첫째 날인 6월 22일에 예정되어 있던 잉글랜드와 스페인, 프랑스와 네덜란드의 경기는 블록버스터 영화에 비견되며 많은 관심을 모았다. 하지만 주목을 받았던 기대작들은 블록버스터가 아닌 작가주의 영화였고, 두 경기 모두 0-0으로 끝난 탓에 그날만큼은 그 누구도 골을 구경할 수 없었다.

웸블리에서 상영된 잉글랜드와 스페인의 경기는 그나마 간혹 관중석을 들썩이게 했고 결과적으로는 잉글랜드가 승부차기에서 4-2로 웃으면서 홈 관중들에게 해피엔딩을 선사했다. 하지만 앤필드 극장에서 개봉한 프랑스와 네덜란드의 경기는 뜻하지 않은 지루함만을 선사하며 관객들을 당혹스럽게 했다. 그래도 앤필드에서는 골이 나올뻔 했다. 하지만 주심의 오심은 네덜란드의 페널티킥을 프리킥으로 둔감시켜버렸고, 결국 승부를 결정지을 수 있던 페널티킥을 놓친 네덜란드는 승부차기에서 4-5로 무릎을 꿇으면서 프랑스에 준결승 티켓을 양보해야 했다.

8강 토너먼트 둘째 날 경기는 다행스럽게도 흥미진진하게 전개됐고 골도 터져 나왔다. 6월 23일, 올드 트래포드에서는 우승 1순위로 꼽히는 전통의 강호 독일과 메이저 대회 첫 출전 만에 신흥 강호로 자리매김하며 우승 후보로 급부상한 크로아티아가 격돌했다. 8강 토너먼트 최고의 빅 매치로 꼽혔던 이들의 대결은 한 치의 어긋남 없이 초반부터 치열하게 전개됐다. 하지만 이 치열함은 관중들이 원했던 그것과는 달랐다. 두 팀은 거친 몸싸움을 마다 않고 격렬하게 부딪혔는데, 특히 크로아티아는 작심한 듯 덤벼들며 독일 선수들을 자극했다. 크로아티아는 분명 독일을 위협하기에 충분한 기술을 가지고 있었다. 그러나 기술보다는 거친 태클과 도발에 가까운 '파울 풋볼'에 더 의존했고, 결국 경기는 난투극에 버금가는 상황으로 전개됐다.

크로아티아의 이 같은 도발은 그라운드의 이곳저곳에서 폭 넓게 이루어졌지만 그 중에서도 독일의 투 톱 클린스만과 프레디 보비치Fredi Bobic에게 보다 집중적으로 가해졌다. 크로아티아는 클린스만을 어떻게든 - 걸어 나가든 실려 나가든 - 그라운드 밖으로 몰아내려는 듯 공이 있건 없건 개의치 않고 끊임없이 달려들어 그를 괴롭혔다. 크로아티아의 이러한 전략은 효과를 보는 듯 했다. 잇단 도발에 시달리던 클린스만이 보복성 파울을 범하다 경고를 받는 등 크로아티아의 거친 플레이에 독일 선수들은 점차 흔들렸고 이내 주도권을 내준 채 뒤로 물러섰다.

크로아티아의 빠르고 거친 플레이에 고전을 면치 못하자 독일의 포그츠 감독은 스위퍼인 마티아스 잠머Matthias Sammer를 투 스토퍼 앞으로 끌어 올리는 과감한 전술 변화로 반전을 꾀했는데 이것이 주효했다. 잠머가 기습적으로 페널티 박스를 파고들자 크로아티아의 수비수 니콜라 예르칸Nikola Jerkan은 당황한 나머지 손으로 공을 쳐내는 실수를 범하면서 페널티킥을 내줬고, 클린스만이 이를 성공시키며 1-0을 만들었다. 실점 이후 크로아티아는 좀처럼 동점의 기회를 만들지 못했다. 빠른 스피드로 볼 점유율에서는 다소의 우위를 점했으나, 잠머의 전진 배치로 한층 응집력이 강화된 독일의 중원을 제압하기에는 요원해 보였다.

그렇지만 성과가 아예 없던 것은 아니었다. 경기 초반부터 끊임없이 공략해왔던 클린스만을 그라운드 밖으로 내보내는데 기어이 성공한 것이다. 클린스만은 전반 종료 6분여를 남기고 오른쪽 장딴지 근육 파열로 교체 아웃 됐고, 이로써 독일은 가장 중요한 공격 옵션을 잃은 채 경기를 치러야 했다. 독일의 악재는 이뿐만이 아니었다. 하프 타임에는 독일의 또 다른 포워드 보비치 역시 어깨 탈골로 이탈해야 했는데, 이에 전반 45분 만에 두 명의 주전 공격수를 모두 잃은 포그츠 감독은 결국 터키 리그에서 뛰고 있는 평범한 노장 공격수 슈테판 쿤츠Stefan Kuntz를 원 톱으로 내세운 채 후반전을 맞이해야 했다.

위협적인 독일의 공격진을 피치에서 지워버리는데 성공하자 기세가 오른 크로아티아는 후반 시작과 동시에 거센 반격에 나섰고, 후반 6분에는 수케르가 골키퍼마저 제친 후 골을 성공시키며 1-1 동점을 만들어 냈다. 하지만 크로아티아의 기쁨은 오래 가지 못했다. 후반 12분, 전반에도 이미 한 차례 경고를 받은 바 있던 이고르 스티마치Igor Štimac가 또 다시 과격한 플레이를 펼치다 경고 누적으로 퇴장을 당했고, 그렇게 뒤늦게나마 보상을 받은 독일이 크로아티아의 골문을 산산조각 내는 데는 오랜 시간이 필요치 않았다. 후반 13분 어느 샌가 크로아티아의 페널티 박스 안으로 침투해 들어온 잠머의 오른발 슛은 크로아티아의 골 그물을 크게 흔들었고, 결국 독일이 난적 크로아티아를 2-1로 제압하며 준결승에 진출했다.

한편, 그날 저녁 빌라 파크에서 준결승 토너먼트의 남은 한자리를 놓고 벌어진 치열한 각축에서는 체코가 후반 8분에 나온 카렐 포보르스키Karel Poborský의 놀라운 질주에 이은 환상적인 로빙슛으로 포르투갈을 1-0으로 꺾고 4강 고지에 올라섰다.

준결승 토너먼트

'지단? 수준 이하네, 기량도 의심스러워'

6월 26일, 맨체스터의 올드 트래포드에서 열린 프랑스와 체코의 준결승전은 뛰어난 기술을 지닌 팀들의 대결이었기에 한껏 기대를 모았지만 뜻밖에도 유로 96을 재미없게 만든 따분한 시합 중 하나로 꼽힌다.

후반 8분에야 첫 유효 슈팅이 나왔지만 이마저도 골키퍼가 가만히 서서 공을 잡았을 정도로 위협과는 거리가 멀었고, 후반 14분에 터진 박수갈채도 전반 42분에 피치 밖으로 실려 나갔던 스미체르가 머리에 붕대를 칭칭 감은 채로 다시금 경기장에 들어와 체코의 벤치를 향하자 터져 나온 격려의 박수였다. 어찌됐든 관중석에서 박수가 나오자 경기는 잠시 불을 뿜는 듯 했고 후반 21분에는 프랑스의 '원더 보이' 지단이 다시없을 절호의 기회를 잡았다. 하지만 지단의 슈팅은 체코의 골문을 벗어나며 득점으로 이어지지 못했고, 이후 전후반 90분은 물론 연장전 종료를 알리는 그 순간까지도 골이라는 것은 터져 나오지 않았다.

두 팀의 승부는 승부차기 여섯 번째 키커에 가서야 기나긴 승부의 끝을 맺을 수 있었다. 프랑스가 체코의 골키퍼 페트르 코우바Petr Kouba의 발끝에 막히며 골라인 넘지 못한 반면 체코의 주장

미로슬라프 카들레츠Miroslav Kadlec의 킥은 골문 상단을 흔들었고, 이로써 체코가 승부차기에서 6-5로 이기면서 유로 76 이후 20년 만에 유로 결승전에 진출하는 기염을 토했다.

반면 결승 진출이 좌절된 프랑스 대표팀은 한동안 자국 언론들의 거센 비판을 받으며 후폭풍에 시달려야 했다. 프랑스의 언론들은 탈락 원인이 선수들의 투지 결여에서 나온 것이라며 선수단 전체를 비난하고 나섰고, 이런 식으로 간다면 2년 뒤 자국에서 열리는 월드컵에서도 결과는 마찬가지일 것이라고 대표팀을 질타했다. 자케 감독의 지도력 또한 비판의 도마에 올랐다. 프랑스의 일간지 프랑스와는 팀의 융화를 이유로 발군의 득점력을 가진 에릭 칸토나Eric Cantona를 대표팀에서 제외시킨 자케 감독의 용병술을 힐난했다. 스포츠 일간지 레퀴프 역시 대표팀의 경기력이 저하됐다며 자케 감독에게 맹공을 가하는 한편 제2의 플라티니로 각광을 받던 지단이 무슨 이유로 수준 이하의 경기를 펼쳤는지 모르겠다며 그의 기량에 의문을 제기했다.

사우스게이트 가출 사건

올드 트래포드에서의 실망스러웠던 준결승전과 달리 그날 저녁 웸블리에서는 숙적 잉글랜드와 독일이 유로 96 최고의 명승부를 펼치며 축구팬들의 기대에 부응했다. 개최국 잉글랜드와 유일한 2회 우승국 독일의 격돌은 토너먼트 대진이 확정된 직후부터 일찌감치 뜨거운 관심을 모았다. 대다수의 축구 전문가들은 이들의 대결을 사실상의 결승전으로 보고 이 경기의 승자가 우승컵을 가져갈 것이라 예상했는데, 여기에 두 팀의 라이벌 의

식이 더해지면서 웸블리 일대는 팽팽한 긴장감이 감돌았다.

잉글랜드의 각오는 특히 남달랐다. 잉글랜드는 자국에서 열렸던 1966 월드컵 결승전에서 서독을 꺾고 우승을 차지했던 '웸블리의 영광'을 30년 만에 재현함은 물론, 지긋지긋하게 따라 붙었던 '게르만 징크스'도 이 기회에 털어버리겠다며 의지를 불태웠다. 잉글랜드는 1966 잉글랜드 월드컵 이후에 가진 독일과의 대결에서 2승 3무 8패의 저조한 성적을 거두고 있었는데, 그나마 거둔 2차례의 승리도 친선 경기에서 얻은 성과였을 뿐 메이저 대회에서는 주요 승부처마다 독일의 벽을 넘지 못했다. 이에 이번만큼은 기필코 승리를 거두겠다고 각오를 다졌지만 준결승전에서 격돌하게 된 영원한 숙적이 하필이면 '개최국 킬러'라는 점은 유로 우승을 갈망하고 있던 잉글랜드에 부담으로 다가왔다.

여기에 잉글랜드 축구의 성지인 웸블리에서 치르는 홈경기에서 홈 유니폼을 입지 못하는 사태까지 발생하자 잉글랜드는 적잖게 당황했다. 잉글랜드는 당초 독일과의 준결승전에서 흰색 상의에 짙은 청색 하의로 이루어진 홈 유니폼을 입으려 했다. 그러나 독일 역시 전통적인 흰색 상의와 검은색 하의로 경기에 나서고자 했고 이에 문제가 발생했다. 두 팀의 홈 유니폼은 구별이 힘들 정도로 흡사했기에 잉글랜드나 독일 중 한 팀은 원정 유니폼을 입어야 했지만 팽팽한 신경전을 벌이고 있던 두 라이벌이 이를 양보할 리 없었다.

결국 UEFA는 혼란 방지를 위해 유니폼 추첨을 실시했는데, 추첨 결과 흰색의 홈 유니폼은 독일의 차지가 되었고 잉글랜드는 짙은 남색의 원정 유니폼을 입을 수밖에 없었다. 자국 팀의 유니폼이 원정 유니폼으로 결정되자 선수들은 물론 영국의 언론들까지도 당혹스러워 했다. 짙은 남색이라고는 하나 잉글랜드의 원정 유니폼은 실제로는 황량한 회색에 가까웠는데 '회색'이라는 단어가 주는 음산함과 희망이 없다는 의미에 낙심한 표정을 감추지 못했다.

물론 악재만 있었던 것은 아니었다. 유니폼 추첨에서는 비록 쓴 잔을 마셨지만 경기를 앞둔 상황이 그리 나쁘게 흘러가지만은 않았다. 독일의 키 플레이어 클린스만이 부상으로 준결승전에 출전할 수 없었던 반면 잉글랜드는 이번 대회에서 4골을 뽑아내며 득점 선두에 올라 있는 시어러가 출격을 기다리고 있었다. 공격의 무게 추는 잉글랜드로 기울어 있었고, 이는 경기 초반에 고스란히 증명됐다. 축구 전쟁의 막이 오르자 잉글랜드는 기다렸다는 듯이 독일의 골문을 향해 공격의 포문을 열었고, 경기 시작 2분 만에 나온 시어러의 헤딩슛에 눈 깜짝할 새에 선제골로 이어지자 웸블리의 홈 팬들은 환호성을 질렀다. 하지만 독일은 이른 시간에 실점을 허용했음에도 침착하게 대응했고 전반 15분 잉글랜드의 페널티 지역 오른쪽에서 올라온 땅볼 크로스를 쿤츠가 재빠르게 밀어 넣으면서 1-1 동점을 만들었다.

이후 한 치의 물러섬이 없이 맞선 두 팀은 피치의 끝에서 끝을 폭풍처럼 오가며 난타전을 벌였지만 전후반 90분은 물론 연장전까지 가는 120분간의 사투에도 불구하고 승부를 가리지 못했다. 두 팀의 불꽃 튀는 접전은 승부차기에서도 계속됐다. 잉글랜드와 독일이 내세운 5명의 키커들 모두 한 치의 오차 없이 성공시킴에 따라 승부차기에서도 5-5로 동률을 이루게 됐고 이에 승부를 가리기 위해서는 여섯 번째 키커가 나서야 했다. 그리고 두고두고 비판을 받는 베너블스 감독의 선택이 나왔다.

잉글랜드는 승부차기의 여섯 번째 키커로 가레스 사우스게이트Gareth Southgate를 내세웠는데 문제는 사우스게이트가 이제껏 단 한 번도 페널티킥을 성공시킨 적이 없었다는 것이었다. 훌륭한 필드 플레이어였지만 승부차기 키커로는 부적합한 선택으로 보였고 이 같은 우려는 곧 현실이 되었다. 사우스게이트가 킥을 하자 쾨프케 골키퍼는 오른쪽으로 몸을 날렸고 공은 골라인 넘지 못한 채 튕겨져 나왔다. 잉글랜드가 결승에 오르기 위해서는 남은 독일의 여섯 번째 키커를 반드시 막아야 했지만, 안드레아스 뮐러Andreas Möller의 미사일 같은 슈팅은 골 그물을 강하게 흔들며 경기의 마침표를 찍었고, 이로써 독일이 승부차기까지 가는 접전 끝에 개최국 잉글랜드를 6-5로 물리치고 결승에 진출했다.

1990 이탈리아 월드컵에 이어 유로 96에서도 독일에게, 준결승에서, 승부차기로 패하는 악몽 같은 우연과 또다시 맞닥뜨리게 된 영국의 언론들은 이날 패배의 원인을 사우스게이트의 실축과 그를 키커로 내세운 베너블스 감독 그리고 우울한 회색 유니폼 탓으로 돌렸다. 특히 사우스게이트에 대한 비판이 극에 달하자 이를 견디지 못하던 그는 결국 가출을 하며 종적을 감추었다. 그러자 점차 사우스게이트를 옹호라는 이들이 생겨났고, 그가 승부차기에서 실축한 것은 그의 잘못이라기보다는 베너블스 감독의 계획성 없는 전략에 따른 것이라는 의견이 커지기 시작했다. 이후 사우스게이트는 열흘 만에 집으로 돌아왔지만 홈에서 열린 유로 준결승에서 독일에게 결승 티켓을 넘긴 베너블스 감독은 결코 용서를 받지 못하면서 유로 96을 끝으로 잉글랜드 대표팀 사령탑에서 물러나야 했다.

결승전

신데렐라 비어호프의 유로 첫 골든골

독일과 체코의 유로 96 결승전을 바라보는 시선은 너무도 뚜렷했다. 독일의 우세가 분명해 보였기 때문이다. 독일은 이번 유로 96 C조 조별리그 첫 번째 경기에서도 체코를 2-0을 완파하는 등 유로 76 결승 이후에 가진 10차례의 경기에서 8승 2무의 절대적인 우위를 점하며 체코의 천적으로 군림하고 있었고, 이에 앙리 들로네컵의 주인공은 정해져 있는 듯 했다.

그렇지만 독일은 전력에서 앞선다는 평가에도 불구하고 승리를 낙관할 수 없었다. 체코가 큰 전력 손실 없이 결승전에 임할 수 있었던 반면 독일은 거의 매 경기마다 부상자가 속출한 탓에 선수가 바닥이 난 상황이었다. 체코는 스미체르가 결혼식[37]을 위해 잠시 스쿼드를 이탈했지만, 경고 누적으로 프랑스와의 준결승전에는 나서지 못했던 골게터 쿠카와 베테랑 수비수 수코파렉 등의 핵심 전력이 출전할 수 있게 됨에 따라 훨씬 더 짜임새 있는 전력으로 결승에 임할 수 있었다.

반면 독일의 상황은 심각했다. 대회 개막을 앞두고 마리오 바슬러Mario Basler, 체코와의 C조 첫 경기에서는 콜러가 부상을 입었고, 이탈리아와의 최종전에서는 토마스 헬머Thomas Helmer가 왼쪽 무릎 인대를 다쳤다. 크로아티아와의 8강전에서는 클린스만이 오

---

[37] 스미체르는 당초 6월15일에 결혼식을 올릴 예정이었다가 유로 96 참가를 위해서 6월 29일로 결혼식을 연기했는데, 유로 96 결승전이 6월 30일에 치러지는 것을 감안한다면 그 자신도 체코가 결승 무대에 오를 것이라고는 생각지 못했던 것 같다.

른쪽 장딴지 근육 파열로 전반전도 마무리하지 못한 채 벤치로 돌아갔고, 보비치는 어깨 탈골로 하프 타임에 교체되어 들어와 장기 부상자 명단에 이름을 올렸다. 또 잉글랜드와의 준결승전이 끝난 후에는 쿤츠, 크리스티안 지게Christian Ziege, 슈테펜 프로인트 Steffen Freund가 부상자 대열에 합류 했고 그간 부상당한 몸을 이끌고 경기에 출전했던 헬머 역시 팔목을 크게 다쳐 결승전 출전이 불투명했다. 여기에 묄러와 슈테판 로이터Stefan Reuter도 경고 누적으로 인해 경기에 나설 수 없었다. 결국 독일의 스쿼드 22명 중 결승전에 나설 수 있는 선수는 12명밖에 되지 않았는데 그마저도 후보 골키퍼 2명을 제외하면 고작 10명에 불과해 스타팅 멤버를 짜고 말고 할 것 없이 경기를 치를 수 없는 처지였다.

이 같은 상황에 몰리자 포그츠 감독은 후보 골키퍼 올리버 칸 Oliver Kahn과 올리버 렉Oliver Reck을 필드 플레이어로 엔트리에 올릴 것임을 내비쳤지만, 이들 골키퍼를 필드 플레이어로 돌린다 한들 12명뿐으로 결승전 출전 엔트리 16명을 채우기에는 여전히 4명이 부족했다. 이에 독일 축구 협회는 UEFA에 2명의 선수를 추가로 뽑게 해달라는 특별 요청을 했고, UEFA도 이를 받아들임38)에 따라 포그츠 감독이 엔트리의 빈칸을 채워 나가는데 있어 다소나마 숨통이 트이는 듯 했다. 하지만 문제는 생각지도 못한 곳에서 불거졌다. UEFA의 이 같은 결정에 대해 독일의 미디어들이 비판적인 입장을 쏟아내기 시작한 것이다. 한마디로 특별 규정의 도움으로 우승했다는 소리를 듣기 싫다는 얘기였다. UEFA의 뜻밖의 구제로 한숨을 돌리는가 싶던 포그츠 감독으로

---

38) 체코 역시 스미체르의 공백을 이유로 UEFA에 선수를 추가 발탁할 수 있도록 요청했지만 받아들여지지 않았다.

서는 새로운 고민과 맞닥뜨리게 된 것이다. 그러나 독일 미디어들의 이 같은 비판은 반전의 계기가 되었다. 장딴지 근육이 크게 손상돼 결승전 투입이 불가능할 듯 보였던 주장 클린스만이 출전을 강행하겠다는 뜻을 밝히자 헬머, 지게, 쿤츠 등도 완치가 되지 않은 몸을 이끌고 나서겠다며 투혼을 발휘했고, 결국 포그츠 감독은 독일 미디어들의 바람대로 특별 규정의 도움 없이 떳떳하게 결승전을 맞았다.

유로 96의 결승전은 6월 30일 웸블리 스타디움에서 펼쳐졌다. 독일의 선축으로 시작된 경기는 결승전이라는 무대의 특성에 걸맞게 조심스럽게 전개됐다. 독일은 볼 점유율에서 우위를 점하며 경기를 리드했지만 다수의 선수가 분데스리가에서 뛰고 있는 체코는 독일에 대한 대비가 잘 되어 있었기에 결정적인 장면은 자주 나오지 않았다. 체코는 전반 33분 쿤츠의 슛이 코우바 골키퍼의 몸에 맞고는 크게 바운드를 그리며 뒤로 굴절이 되면서 골로 이어질 뻔 했지만 공이 골라인을 넘어서려는 그 찰나 수비수 카렐 라다Karel Rada가 재빠르게 달려들어 공을 걷어냄에 따라 위기를 모면했다. 그리고 그렇게 위기를 넘기자 얼마지 않아 기회가 찾아왔다. 후반 12분 역습에 나선 체코의 포보르스키가 독일의 페널티 지역 왼쪽을 향해 빠르게 치고 들어가던 중 페널티킥을 얻어냈고, 파트릭 베르게르Patrik Berger가 이를 성공시킴에 따라 1-0으로 앞서 나가기 시작했다.

선제골을 넣자 기세가 오른 체코는 이후 과감하게 공격에 나서 독일 수비진을 괴롭혔다. 체코의 빠른 공격에 독일의 파울은 늘어났고 경기의 분위기는 체코의 의도대로 흘러가는 듯 했다. 이후 독일의 점유율이 다시금 높아졌지만 클린스만과 쿤츠가 체코의 끈끈한 수비에 꽁꽁 묶임에 따라 이렇다 할 득점 기회를 잡지 못했다. 공격의 물꼬를 트기 위해서는 마중물이 필요한 상황이었고, 이에 포그츠 감독은 후반 24분 유로 96이 첫 국제 대회인 올리버 비어호프Oliver Bierhoff를 투입하는 과감한 승부수를 띄웠다. 그리고 포그츠 감독이 동점골을 위한 마중물로 선택한 비어호프가 골이라는 결실로 이루기까지는 채 5분도 걸리지 않았다. 후반 28분 지게의 프리킥이 예리한 곡선을 그리며 체코 골문을 향해 날아오자 외곽에서 돌아 들어간 비어호프가 이를 머리로 받아 넣으며 1-1이 되는 동점골을 뽑아낸 것이다.

비어호프의 동점골로 인해 연장전으로 돌입하자 유로 96의 우승팀은 승부차기에서 결정되는 것이 아니냐는 얘기가 관중석 곳곳에서 흘러나왔다. 유로 96은 메이저 대회 사상 처음으로 골든골[39]이 적용된 대회로 토너먼트 6경기에서 4번의 연장전이 있었지만, 골든골은 단 한 골도 볼 수 없었고 모두 승부차기까지 갔기 때문이었다. 보다 공격적인 플레이를 끌어내기 위한 당초의 목적과는 달리 어느 팀이든 넣기만 하면 그 시점에 경기가 끝나는 골든골은 안 그래도 수비 중심적인 포메이션이 득세한 유로 96의 연장전을 더욱 수비 위주로 변하게 했고, 앙리 들로네컵의 주인공은 30여분이 더 지나서야 가려질 것으로 예상됐다. 그러나 그 같은 우려는 오래지 않아 깨지고 말았다. 연장 전반 5분

---

39) 연장전에서 먼저 골을 넣는 팀이 남은 시간에 관계없이 승리하는 제도. 축구에는 1993년에 도입되어, 그해 3월 호주에서 벌어진 U-20 월드컵 호주와 우루과이와의 8강전에서 최초로 적용이 됐으며(호주 2-1승), 유럽축구선수권대회에서는 유로 96에 처음으로 도입됐다. 골든골 규칙은 2002년 UEFA가 실버 골을 도입하기로 함에 따라 이후에는 폐지됐다.

▲ 독일의 올리버 비어호프가 우승을 확정 짓는 골든골을 터트리고 있다.

클린스만의 크로스에 이은 비어호프의 터닝슛은 코우바 골키퍼의 손을 스친 후 골문 안으로 데굴데굴 굴러 들어가며 유로 최초의 골든골이 되었고, 독일은 이로써 사상 처음으로 유로 3회 우승이라는 미증유의 위업을 달성한 나라가 되었다.

유로 96은 총 31경기에서 64골, 경기당 평균 득점이 2.06골에 불과할 정도로 골 가뭄이 극심한 대회였다. 반면 옐로우 카드는 무려 156장이 새로 발급됐고, 레드카드를 받아 퇴장을 당한 선수도 7명이나 되었을 정도로 거친 대회였다. 그러나 그럼에도 불구하고 흥행에 있어서만큼은 대성공을 거뒀다. 전 세계 150개국에서 69억 명이 TV를 통해 유로 96을 시청하는 한편 총 1,275,857명의 관중이 유로 96을 보기 위해 경기장을 찾았다.

EURO 2000
BELGIUM-NETHERLANDS

UEFA European Football Championship

EURO 2000 Qualifying

Group 1
ITALY	8	4	3	1	13	5	15
Denmark	8	4	2	2	11	8	14
Swiss	8	4	2	2	9	5	14
Wales	8	3	0	5	7	16	9
Belarus	8	0	3	5	4	10	3

Group 2
NORWAY	10	8	1	1	21	9	25
Slovenia	10	5	2	3	12	14	17
Greece	10	4	3	3	13	8	15
Latvia	10	3	4	3	13	12	13
Albania	10	1	4	5	8	14	7
Georgia	10	1	2	7	8	18	5

Group 3
GERMANY	8	6	1	1	20	4	19
Turkey	8	5	2	1	15	6	17
Finland	8	3	1	4	13	13	10
Northern Ireland	8	1	2	5	4	19	5
Moldova	8	0	4	4	7	17	4

Group 4
FRANCE	10	6	3	1	17	10	21
Ukraine	10	5	5	0	14	4	20
Russia	10	6	1	3	22	12	19
Iceland	10	4	3	3	12	7	15
Armenia	10	2	2	6	8	15	8
Andorra	10	0	0	10	3	28	0

Group 5
SWEDEN	8	7	1	0	10	1	22
England	8	3	4	1	14	4	13
Poland	8	4	1	3	12	8	13
Bulgaria	8	2	2	4	6	8	8
Luxembourg	8	0	0	8	2	23	0

Group 6
SPAIN	8	7	0	1	42	5	21
Israel	8	4	1	3	25	9	13
Austria	8	4	1	3	19	20	13
Cyprus	8	4	0	4	12	21	12
San Marino	8	0	0	8	1	44	0

Group 7
ROMANIA	10	7	3	0	25	3	24
PORTUGAL	10	7	2	1	32	4	23
Slovakia	10	5	2	3	12	9	17
Hungary	10	3	3	4	14	10	12
Azerbaijan	10	1	1	8	6	26	4
Liechtenstein	10	1	1	8	2	39	4

Group 8
YUGOSLAVIA	8	5	2	1	18	8	17
Ireland	8	5	1	2	14	6	16
Croatia	8	4	3	1	13	9	15
Macedonia	8	2	2	4	13	14	8
Malta	8	0	0	8	6	27	0

Group 9
CZECH	10	10	0	0	26	5	30
Scotland	10	5	3	2	15	10	18
Bosnia-Herzegovina	10	3	2	5	14	17	11
Lithuania	10	3	2	5	8	16	11
Estonia	10	3	2	5	15	17	11
Faroe Islands	10	0	3	7	4	17	3

Playoff
Scotland	0:2	England		England	0:1	Scotland
Israel	0:5	Denmark		Denmark	3:0	Israel
Slovenia	2:1	Ukraine		Ukraine	1:1	Slovenia
Ireland	1:1	Turkey		Turkey	0:0	Ireland

제11장 유로 2000 (2000 유럽축구선수권대회)

1996년 7월 14일, 스위스의 제네바에서 열린 UEFA 집행위원회로부터 사상 유래 없는 소식이 전해졌다. 바로 2000년 유럽축구선수권대회의 개최국으로 벨기에와 네덜란드의 공동 개최를 결정한 것이었다. 두 나라가 함께 축구 대회를 개최하는 것은 세계 축구사를 통틀어 처음이었는데 사실 이 같은 결정이 처음부터 의도됐던 것은 아니었다.

당초 벨기에와 네덜란드는 개별적으로 대회 유치를 희망하며 첫 유로 개최를 위해 치열한 경쟁을 벌여 왔다. 하지만 이들의 경쟁이 예상외로 뜨거워지며 과열 양상을 보이자 '하나의 유럽'을 만들어 가고 있던 유럽 곳곳에서는 이에 따른 부작용을 우려하는 목소리가 흘러나왔다. 그러자 UEFA에서는 벨기에와 네덜란드에 대회를 함께 치르도록 권유했고, 결국 두 나라가 1993년 세밑에 함께 대회를 치르기로 합의, 이후 UEFA가 이를 만장일치로 승인함에 따라 2000년 유럽축구선수권대회는 세계 축구 역사상 처음으로 공동 개최로 치러지게 됐다.

개최국 자동 진출권을 네덜란드와 벨기에 모두에게 주기로 결정함에 따라 51개국의 UEFA 회원국 중 49개국이 5개국으로 구성된 5개 조와 6개국으로 구성된 4개 조로 나뉘어 남은 14장의 본선 진출 티켓을 놓고 뜨거운 각축전을 벌였다. 유로 96의 예선 리그에 비해서 1개조가 더 늘어난 만큼 본선 진출 티켓 획득 과정에도 약간의 변화가 있었다. 각 조의 1위가 본선에 직행하는 것은 이전 대회와 크게 다를 바 없었지만 조 2위 국가들의 상황은 크게 바뀌었다. 2위 팀들 중 오직 1위에게만 본선 직행의 혜택이 있었을 뿐, 나머지 8개 2위 팀들은 홈&어웨이 방식으로 플레이오프를 치러 그 승자들이 본선 무대에 오를 수 있었다.

예선 리그

유럽의 2위 전문팀?

유로 2000 예선 리그는 대부분 큰 반전 없이 끝이 났다. 예선 리그 조가 늘어난 만큼 축구 강국들 역시 곳곳으로 분산되었던 탓에 대부분의 조는 당초 전망대로 순위표가 나오면서 마무리됐다. 물론 스포츠에는 항상 이변이 뒤따르기 마련이었기에 이번에도 예상 밖의 결과가 나오기는 했다.

디펜딩 챔피언 독일이 예선 첫 경기에서 터키에 0-1로 패한 것이 바로 그런 사례다. 당시 독일 축구가 하락세에 접어든 시점임을 감안하더라도 이날의 결과는 매우 충격적이었는데 그도 그럴 것이 독일이 터키에게 진 것은 1951년 이후 처음[40]이었기

---

40) 독일은 1951년 6월 17일 베를린에서 가진 터키와의 친선 경기에서 1-2로 패한 뒤로는 지난 1992년까지 터키를 상대로 11승 2무라는 압도적인 성적을 기록하고 있었다.

때문이다. 같은 조에서는 도저히 위협할 상대를 찾을 수 없다던 스페인이 키프로스 원정에서 2-3으로 패한 것도 유럽을 깜짝 놀라게 한 사건으로 여겨졌는데, 이는 독일이 터키에 패한 것과 함께 유로 2000 예선 최대의 파란으로 꼽혔다. 하지만 이들도 이후로는 연전연승을 거듭했고 결국에는 당초 그들이 있어야 할 자리로 여겨졌던 조 1위 자리를 꿰찼다.

약간의 파도가 있었지만 대체로 평온했던 유로 2000 예선에서도 혼란스러웠던 조가 있었는데 예선 4조와 8조가 그랬다. 4조에서는 월드컵 챔피언 프랑스의 조 1위 등극을 기정사실로 받아들이면서 구소련 축구를 이끌었던 쌍두마차 러시아와 우크라이나가 2위 자리를 놓고 치열한 각축전을 벌일 것으로 전망했다. 하지만 4조의 레이스는 당초 예상보다도 혼란스러웠고, 이에 마지막까지도 본선 진출 팀을 가려낼 수 없었다. 최종전을 앞두었을 당시 1위부터 3위까지의 승점 차는 단 1점에 불과했는데 이같은 혼돈이 최종전이 벌어지는 순간에도 계속되면서 순위표가 시시각각 변했다. 최종전 시작을 알리는 휘슬이 울리기 전에는 우크라이나가 1위였지만 전반 45분이 끝났을 때는 조 3위였던 프랑스가 그 자리를 차지했고, 후반 30분에는 러시아가 우크라이나를 상대로 골을 기록하며 1위에 올라섰다. 그렇게 되자 예선 리그 내내 1위를 달렸던 우크라이나는 단번에 3위로 떨어지며 예선 탈락이라는 벼랑 끝으로 내몰렸다. 하지만 우크라이나는 종료 3분여를 남기고 터진 안드리 세브첸코Andriy Shevchenko의 극적인 동점골에 힘입어 모스크바 원정경기를 1-1로 끝내면서 2위로 올라섰고, 덕분에 아이슬란드를 꺾고 승점 3점을 추가한 프랑스가 1위를 차지하며 본선 직행 티켓을 가져갔다.

8조는 다른 어떤 조보다 뜨거운 관심을 모았다. 바로 유고슬라비아와 크로아티아의 맞대결이 기다리고 있었기 때문이었다. 조 1위 역시 이 두 팀 중 한 팀이 차지할 공산이 높을 것으로 예상된 가운데 월드컵 3위 팀 크로아티아에게 조금 더 무게를 두는 듯한 의견이 많았는데 이에 '2위 전문팀'[41]으로 급부상하고 있던 아일랜드는 졸지에 고래 싸움에 낀 새우가 될 것으로 전망됐다. 하지만 아일랜드는 더블린을 방문한 크로아티아와 유고슬라비아를 패퇴시켰고 이로 인해 8조는 당초 예측을 뛰어넘는 혼돈의 조가 됐다. 마지막 한 경기씩만을 남겨 놓은 시점에 1위 유고슬라비아는 승점 16점, 2위 아일랜드는 승점 15점, 3위 크로아티아는 승점 14점이었기에 이들의 순위는 최종전 결과에 따라 얼마든지 뒤바뀔 수 있었다. 실제로 최종전이 벌어지는 그 순간에도 8조의 순위표는 여러 차례의 등락을 거듭했는데, 후반 16분부터 1위였던 아일랜드가 후반 45분에 통한의 동점골을 허용하며 2위 전문팀임을 재차 입증한 덕에 유고슬라비아가 경기 종료 직전에 1위에 오르면서 예선 리그를 마감했다.

유로 2000 벨기에-네덜란드

사상 첫 공동 개최로 펼쳐진 유로 2000은 벨기에의 4개 도시에서 15경기, 네덜란드의 4개 도시에서 16경기를 각각 나누어 치렀다. 대회 공식 명칭에 벨기에가 먼저 들어가는 대신 결승전은 네덜란드에서 치르기로 했는데, 로테르담이 암스테르담을 제치

---

[41] 아일랜드는 1990 이탈리아 월드컵 유럽 예선을 시작으로 유로 92, 1994 미국 월드컵, 유로 96, 1998 프랑스 월드컵에 이르기까지 5번의 메이저 대회 예선을 연이어 2위로 마감하는 진기록을 세웠다.

고 결승전 개최권을 가져갔다. 유로 2000의 경기 진행 방식 역시 지난 유로 96과 마찬가지로 4개 팀이 4개조로 나뉘어 조별 리그를 치른 후 각 조 1, 2위 팀이 8강 토너먼트에 진출해 우승팀을 가리도록 했다.

개최국 네덜란드와 월드컵 챔피언 프랑스가 앙리 들로네컵에 가장 근접해 있는 것으로 여겨졌고 디펜딩 챔피언 독일과 이탈리아, 스페인의 우승 확률도 높게 점쳐졌다. 그밖에 예선 리그를 10전 전승으로 돌파한 체코와 종주국 잉글랜드 그리고 그런 잉글랜드를 제압한 스웨덴 등이 다크호스로 분류됐다. 개최국 벨기에와 네덜란드, 디펜딩 챔피언 독일과 스페인이 각각 시드를 배정 받은 가운데 이루어진 본선 조 편성 결과는 다음과 같았다.

A조 : 독일, 루마니아, 포르투갈, 잉글랜드
B조 : 벨기에, 스웨덴, 터키, 이탈리아
C조 : 스페인, 노르웨이, 유고슬라비아, 슬로베니아
D조 : 네덜란드, 체코, 프랑스, 덴마크

A조

도시를 초토화시킨 잉글랜드 훌리건

유로 2000의 조별리그 A조 경기를 개최하기로 한 도시들은 대회 개막을 앞두고 노심초사했다. 유럽의 훌리건 중에서도 단연 최악의 명성을 자랑하는 훌리건의 양대 산맥 잉글랜드와 독일이 A조에 속해 있었기 때문이다. 그나마 다행스러웠던 점이 한 가지 있다면 1998 프랑스 월드컵에서 자국 훌리건의 난동으로 인해 프랑스 경찰이 사망한 비극적인 사건을 겪어야 했던 독일의 경우 여권 효력 정지 등의 방법을 통해 대회 기간 동안 자국의 극성 훌리건들의 해외여행을 금지시킨 것이었다. 하지만 훌리건의 원조인 영국은 아무런 조치를 취하지 않았고 이에 벨기에와 네덜란드 경찰들은 유럽 대륙에 상륙한 이들 훌리건들로 인해 골머리를 썩어야 했다.

A조에서는 독일과 잉글랜드의 맞대결이 단연 관심을 끌었고 또 이들의 8강 토너먼트 진출 가능성 또한 높은 것으로 점쳐졌다. 기술적으로는 이들에 앞서 있다는 평을 들은 루마니아가 돌풍을 일으킬 것이라고 전망한 전문가도 적지 않았고, 포르투갈의 전력 역시 지난 유로 96에 비해 더욱 탄탄해진 것으로 평가받았지만 이들 신진 세력보다는 전통 강호들에게 무게를 두는듯 한 의견이 조금 더 많았다. 하지만 그 같은 전망이 오판이었음은 A조 조별리그가 벌어진 첫날에 여실히 드러났다. 디펜딩 챔피언 독일은 루마니아와의 경기를 간신히 1-1로 마쳤는데, 후반 4분 페널티킥을 내줬어도 뭐라 할 말 없는 상황을 주심의 오심 덕에 무사히 넘기면서 운 좋게도 지는 경기에서 승점 1점을 챙길 수 있었다. 이처럼 A조의 첫 경기부터 예상 밖의 결과가 나왔지만 이는 이변에도 들지 못했다. 그날 저녁 아인트호벤에서는 더 큰 파란이 일어났던 것이다.

잉글랜드와 포르투갈의 경기 초반 흐름은 전문가들의 예상대로였다. 잉글랜드는 데이비드 베컴David Beckham의 크로스를 폴 스콜스Paul Scholes와 스티브 맥마나만Steve McManaman이 연이어 골로 연결시키며 2-0으로 앞서 나갔고 승부의 추도 그대로 기운 듯 했다. 그러나 포르투갈은 예전의 그 평범한 팀이 아니었다. 루이스 피구Luís Figo의 환상적인 중거리 슛과 주앙 핀투João Pinto의 멋진 다이빙 헤딩슛으로 동점을 만들며 하프 타임을 맞이한 포르투갈은 후반 14분 누누 고메스Nuno Gomes의 골로 기어이 3-2 역전에 성공했고, 파란을 일으키며 A조 선두로 치고 나섰다.

이렇듯 훌륭한 경기를 치렀음에도 포르투갈의 8강 토너먼트 전망은 여전히 불확실했다. 포르투갈의 다음 상대는 루마니아였는데 예선 리그에서 이미 포르투갈을 제압한 바 있던 데다 첫 경기에서 독일을 옴짝달싹 못하게 한 전력이 있었기에 이번에도 루마니아가 다소 우세하리라는 전망이 많았다. 그러나 이 같은 예측은 이번에도 보기 좋게 빗나갔다. 독일을 힘들게 했던 루마니아의 가공할 미드필드 진영은 포르투갈의 현란한 플레이에 좀처럼 위로 올라오지 못했고, 결국 후반 인저리 타임에 극적인 결승골을 기록한 포르투갈이 1-0으로 이기면서 모두의 예상을 깨고 A조에서 가장 먼저 8강 토너먼트 진출을 확정 지었다.

포르투갈이 8강 진출을 확정 지은 그날 저녁 샤를루아에서는 오랜 앙숙인 독일과 잉글랜드가 유로 2000 최고의 빅 매치로 전망됐던 라이벌 대결을 펼쳤다. 이들은 이미 하루 전에 한차례의 격돌을 벌인 바 있었다. 문제는 축구장에서의 대결이 아닌 양국의 축구팬들에 의한 장외 난투극이었다는 점이었는데, 수 시간에 걸쳐 난투극을 벌였음에도 양측 모두 여전히 흥분이 가라앉지 않은 상태였기에 벨기에 경찰은 잔뜩 긴장한 채로 경기를 주시할 수밖에 없었다.

잉글랜드는 1966 잉글랜드 월드컵 결승전 이후 메이저 대회에서 단 한 번도 독일을 이겨본 적이 없었기에 이날만큼은 반드시 승리를 거머쥐겠다며 잔뜩 벼르고 들어왔지만 시작은 좋지 못했다. 잉글랜드는 전반전의 대부분을 독일의 공격에 휘둘렸고 이에 전반 35분이 되어서야 첫 슈팅을 기록할 수 있었다. 그러나 후반이 되자 밀고 올라오기 시작했고, 후반 8분 베컴의 프리킥에 이은 앨런 시어러Alan Shearer의 다이빙 헤딩이 독일의 골 그물을 출렁이며 1-0으로 승리, 메이저 대회에서 34년 만에 독일을 격파하며 조 2위로 올라섰다.

하지만 이겨도 문제였다. 잉글랜드가 숙적 독일을 상대로 승리를 거두자 흥분한 잉글랜드의 훌리건들이 시내 곳곳에서 난동을 피우며 샤를루아 시내를 초토화시켰던 것이다. 훌리건들은 이를 제지하는 벨기에 경찰에게도 폭력을 행사하다 이날 하루42)에만 450여명이 체포되었고 이중 390명은 강제 추방당했다. 이에 UEFA가 훌리건들이 해외로 떠나지 못하도록 충분한 조치를 취하지 않은 영국 정부를 비난하는 한편 훌리건들의 난동이 또다시 벌어질 경우 잉글랜드가 8강에 오르더라도 대회 성적을 박탈하고 선수단을 추방하겠다고 경고하자, 영국 정부는 그제야 부랴부랴 훌리건 제재안 마련에 나섰다.

처음으로 꼴찌를 한 유로 최다 우승국

A조의 최종전은 6월 20일 샤를루아와 로테르담에서 동시에 치러졌다. 샤를루아에서는 1승 1패로 조 2위에 올라있는 잉글랜드와 1무 1패로 공동 3위에 처져 있는 루마니아가 대결을 펼쳤고, 로테르담에서는 2승으로 8강 진출을 확정 지은 포르투갈이 1무 1패로 공동 3위를 기록 중인 독일과 일전을 벌였다.

---

42) 유로 2000 대회 기간 동안 네덜란드와 벨기에에서는 모두 965명의 영국 훌리건들이 구속됐고 이중 464명이 추방됐다.

포르투갈이 한 장의 티켓을 가져간 상황에서 가장 유리한 입장에 올라 있는 쪽은 조 2위 잉글랜드였다. 잉글랜드는 루마니아와의 최종전에서 비기기만 해도 8강에 나갈 수 있었던 반면 공동 3위 루마니아와 독일의 상황은 좋지 못했다. 그래도 루마니아는 그나마 나은 편이었다. 루마니아는 잉글랜드와의 마지막 경기를 이기면 8강 토너먼트에 오를 수 있었지만 발톱 빠진 독수리로 전락한 독일이 8강에 오르기 위해서는 포르투갈을 이기고 루마니아가 잉글랜드를 잡아줘야만 가능했는데, 당시의 독일로서는 포르투갈을 상대로 승리를 거두는 일이 쉽지 않아 보였기에 주된 관심은 샤를루아로 모아졌다.

잉글랜드와 루마니아는 1998 프랑스 월드컵 조별리그에서도 대결을 펼친 바 있었는데 당시에는 루마니아가 후반 45분에 터진 극적인 결승골에 힘입어 2-1로 이기고 조 1위로 16강에 진출했다. 이에 잉글랜드는 복수를 다짐하고 있었으나 주전 골키퍼 데이비드 시먼David Seaman이 연습 경기 중 부상을 입고 경기에 출전하지 못하게 되는 등 조짐이 좋지 않았다. 반면 루마니아에게는 행운이 따라줬다. 전반 22분 크리스티안 키부Cristian Chivu가 비오렐 몰도반Viorel Moldovan에게 올려주려 했던 크로스가 뜻하지 않게 잉글랜드의 골포스트에 맞고 골로 연결되면서 의외로 쉽게 1-0의 리드를 잡았다. 그러나 잉글랜드는 쉽게 물러나지 않았고 전반 41분 시어러의 페널티킥으로 동점을 만든 데 이어 전반 종료 직전에는 마이클 오언Michael Owen의 골로 역전에 성공하며 2-1로 앞선 채로 하프 타임을 맞이했다.

그렇지만 잉글랜드의 리드는 후반 시작 3분 만에 깨지고 말았다. 시먼을 대신해 경기에 나서 전반 내내 잉글랜드의 골문을 잘 지켜냈던 나이젤 마틴Nigel Martyn 골키퍼가 왼쪽 측면에서 올라온 크로스를 어설프게 처리한 것이 잉글랜드의 페널티 아크에 자리하고 있던 도리넬 문테아누Dorinel Munteanu에게 마치 어시스트처럼 전해지면서 2-2 동점이 됐던 것이다. 물론 그럼에도 여전히 잉글랜드가 8강에 더 가까이 있었기에 이후 잉글랜드는 마치 비기기를 목표로 하는 것처럼 경기를 했고 그 뜻을 이루는 듯 했다. 그러나 경기 종료를 얼마 남겨 놓지 않은 후반 44분 필립 네빌Philip Neville이 페널티 박스를 돌파해 들어가던 루마니아의 몰도바를 쓰러뜨리며 페널티킥을 내줬고, 결국 루마니아가 최종전을 극적인 3-2의 역전승으로 장식하며 월드컵에서와 마찬가지로 잉글랜드를 경기 종료 직전에 나락으로 떨어뜨렸다.

로테르담의 경기는 예상보다 훨씬 더 일방적으로 끝이 났다. 독일은 세르지우 콘세이상Sérgio Conceição에게 해트트릭을 허용하며 0-3으로 패배, 1무 2패라는 역대 최악의 성적을 짊어지고 돌아가야 했는데 서독 시절을 포함해서 독일이 월드컵과 유로 조별리그에서 꼴찌를 한 것은 이때가 유일했다.

B조

월드 클래스 다이버, 인자기

B조에서는 이탈리아가 무난히 1위를 차지할 것으로 점쳐진 가운데 개최국 벨기에와 스웨덴이 2위 다툼을 벌일 것으로 전망됐다. 벨기에의 개최국 프리미엄에도 불구하고 예선 리그에서 잉글랜드를 제압한 스웨덴에게 좀 더 후한 점수를 주는 의견이 많았지만 이 같은 견해는 개막전에서 나온 일련의 사태들에 의

해 휩쓸려버려다.

6월 10일, 브뤼셀의 킹 보드앵 스타디움[43])에서 유로 2000의 개막 경기로 치러진 벨기에와 스웨덴의 일전은 초반만 해도 쉽사리 우열을 가릴 수 없었다. 하지만 일진일퇴의 공방을 벌이던 중 스웨덴의 수비수 롤란드 닐손Roland Nilsson이 벨기에 선수와의 충돌 후 머리에 큰 충격을 받은 듯 했고 이것이 스웨덴이 경기를 잃는 원인이 되었다. 닐손은 흔들리는 모습이 역력했음에도 계속해서 피치에 남았는데 결국 전반 종료를 2분여 앞둔 시점 벨기에의 바트 고르Bart Goor에게 공을 빼앗기면서 선제골의 빌미를 제공했다.

스웨덴은 하프 타임동안 닐손을 교체했지만 수비 불안은 여전했고 그 같은 와중에 나온 오심이 기어이 스웨덴의 발목을 잡았다. 후반 1분 마르크 빌모츠Marc Wilmots의 패스를 왼팔로 제어한 후 날린 에밀 음펜자Emile Mpenza의 오른발 강슛이 핸드볼 파울로 받아들여지지 않고 골로 인정됐던 것이다. 스웨덴은 이후 벨기에 골키퍼 필립 드 빌드Filip de Wilde의 좀처럼 보기 힘든 우스꽝스러운 실책 덕에 1-2로 따라붙을 수 있었지만 주장 파트리크 안데르손Patrik Andersson의 퇴장과 함께 추격 의지를 상실했고, 결국 개막전은 개최국 벨기에의 2-1 승리로 끝이 났다.

이튿날 아른헴에서 치러진 이탈리아와 터키의 대결은 사실 승패가 뻔히 보이는 경기였다. 하지만 터키가 후반 7분 선제골을 내줬음에도 불구하고 불과 10분 만에 - 이탈리아를 상대로 -

---

[43]) 원래 명칭은 헤이젤 스타디움으로 1995년 150억 벨기에 프랑을 들여 재건축, 킹 보드앵 스타디움이라는 이름으로 재개장했다. 1993년에 서거한 벨기에 국왕 보드앵 1세를 기리는 뜻에서 보드앵이라는 명칭을 붙였다.

동점골을 만들어 내며 잘 싸우자 전날 브뤼셀에 이어 아른헴에 서도 또 한 번의 이변이 연출되는 듯 했다. 그러나 그 같은 예측은 얼마지 않아 나온 월드 클래스 다이버 필리포 인자기Filippo Inzaghi의 다이빙 한 번에 수포로 돌아갔다. 후반 25분 인자기가 터키의 페널티 박스를 파고들자 터키의 주장 오귄 테미즈카노글루Ogün Temizkanoğlu는 이를 저지하기 위해 인자기에게 달려가 몸싸움을 시도했다. 그러자 인자기는 며칠 동안 단식을 한 사람처럼 그 즉시 푹 쓰러졌고, 몸을 내던지면서 얻어낸 페널티킥을 직접 마무리하면서 이탈리아의 2-1의 승리를 이끌었다.

각각 1승씩을 기록한 개최국 벨기에와 이탈리아의 대결은 사흘 뒤 킹 보드앵 스타디움에서 열렸다. 이에 22명의 이탈리아 선수 전원은 경기에 앞서 피치에 도열해 헤이젤 참사[44]로 목숨을 잃은 39명의 유벤투스 팬들의 넋을 기렸는데 이 같은 결의가 있어서였는지 초반부터 경기를 지배하며 2-0으로 쉽게 이겼고, 2연승을 기록하며 8강 토너먼트 진출을 확정 지은 첫 번째 나라가 되었다. 반면 개최국 벨기에는 1패를 안고 뒤로 물러나면서 조별리그 통과를 장담할 수 없는 처지에 몰리게 됐다. 하지만 뒤이어 경기를 가진 스웨덴이 조 최약체로 꼽히던 터키를 상대로 유로 2000 최악의 지루한 경기를 펼치다 0-0 무승부에 그치는

---

44) 1985년 5월 29일, 헤이젤 스타디움에서 벌어진 유벤투스와 리버풀의 1984~85 유로피언컵 결승전에 앞서 발생한 리버풀 서포터즈들의 난동으로 39명이 사망하고 454명이 다친 사건. 사상자의 상당수가 유벤투스 팬이었다. 이후 헤이젤 스타디움에서는 축구 경기가 열리지 못하다가 킹 보드앵 스타디움으로 재개장 한 뒤에야 축구 경기를 다시 치를 수 있게 됐다. 한편, 이탈리아 축구협회는 지난 2015년 헤이젤 참사의 희생자를 추모하는 뜻에서 이탈리아 대표팀 번호 중 39번을 영구 결번하기로 의결했다.

바람에 조 2위 자리를 지킬 수 있었고 8강 토너먼트에 오를 수 있는 유리한 고지를 계속해서 점할 수 있게 됐다.

물론 1무 1패로 공동 3위에 처져 있는 스웨덴과 터키에게도 8강 진출의 가능성은 여전히 남아 있었다. 하지만 B조 최종전에서도 이탈리아와 벨기에가 무난히 승리를 거두리라는 전망이 지배적이었기에 B조의 순위표는 최종전 이후에도 큰 변화가 없을 것이라는 의견이 많았다. 특히 터키와 최종전을 치를 벨기에의 전망은 무척 밝았다. 벨기에와 터키는 1998 프랑스 월드컵 예선에서도 같은 조에 속해 경기를 치른 바 있었다. 당시 대결에서는 벨기에가 터키를 홈에서 2-1, 원정에서 3-1로 완파했는데, 그 같은 전례가 있었기에 이번에도 역시 그렇게 끝날 가능성이 높다고 여겨졌다.

B조의 최종전이 벌어진 6월 19일, 브뤼셀에서 터키를 맞이한 벨기에의 초반 발걸음은 매우 산뜻했다. 비기기만 해도 8강에 오를 수 있는 가운데 전반 초반의 경기 내용 역시 우세하게 이끌었던 것이다. 하지만 단지 그 뿐이었다. 전반 24분 터키의 골키퍼 뤼쉬튀 레츠베르Rüştü Reçber가 굳건한 지키고 있던 방어막을 뚫고 터키의 골 망을 흔들었지만 논란의 여지가 있는 오프사이드 판정에 의해 무산된 이후에는 좀처럼 골 찬스를 잡지 못했다. 반면 터키는 벨기에의 조그마한 실수를 놓치지 않았다. 전반 인저리 타임, 벨기에의 페널티 박스 위로 높이 솟구친 공을 벨기에 수비수와 골키퍼가 서로를 지나치게 배려한 나머지 그저 멀뚱히 바라보고 있는 사이에 하칸 쉬퀴르Hakan Şükür가 달려들어 골을 만들어 냈고, 그 한 골로 인해 벨기에와 터키의 처지는 뒤바뀌었다.

0-1이 되면서 탈락 위기에 몰리게 된 벨기에는 후반에 접어

들자 세 명의 스트라이커를 공격 전면에 내세워 동점골을 뽑기 위해 안간힘을 다 했지만 레츠베르 골키퍼의 연이은 선방에 막히며 그 어떤 성과도 얻어 내지 못했다. 벨기에는 후반 15분 쉬퀴르에게 또 한 번의 실점을 허용하며 휘청거렸는데 여기에 후반 39분에는 드 빌드 골키퍼가 무리한 파울을 범하며 퇴장을 당하면서 스스로 경기를 망쳤다. 0-2로 끌려가는 상황에 10명으로 11명을 이긴다는 것은 사실상 불가능한 일에 가까웠고 이는 곧 현실이 되었다. 결국 벨기에는 개최국으로는 처음으로 조별리그에서 탈락하는 불명예를 안게 됐고, B조 최약체로 여겨졌던 터키가 유로 본선 6경기 만에 첫 승을 올리면서 스웨덴을 2-1로 제압한 이탈리아에 이어 조 2위로 8강 토너먼트에 진출하는 기쁨을 누렸다.

C조

인저리 타임의 기적, 알폰소의 라스트 미니트 골

C조에서는 스페인의 조 1위 가능성이 높다고 여겨지는 가운데 노르웨이와 유고슬라비아가 2위 자리를 놓고 다툼을 벌일 것으로 전망됐다. 하지만 유로 2000의 다른 조와 마찬가지로 C조에 대한 예측 또한 어긋나면서 첫 날부터 이변이 속출했다.

먼저 로테르담에서 노르웨이와 마주한 스페인이 무풍지대에 갇힌 난파선처럼 무력한 모습만을 보이다가 충격적인 패배를 당했다. 후반 15분 노르웨이의 골키퍼 토마스 미흐레Thomas Myhre가 자신들의 진영 한복판에서 길게 차 올린 프리킥은 순식간에 스페인의 페널티 박스 위로 높이 솟구쳤는데 이때 스페인 수비진의 안일함에 골키퍼의 오판이 더해지면서 어처구니없는 골을 허용했고 결국 0-1로 패했다.

그날 저녁 샤를루아에서는 놀라운 일이 연이어 일어났다. 유고슬라비아와 슬로베니아의 대결은 매우 흥미로운 일전 중 하나로 꼽히기는 했지만 사실 그리 큰 관심을 불러일으키지는 못했다. 과거 유고 연방에 속했던 모든 나라가 그렇듯 슬로베니아 역시 유고슬라비아를 싫어했고, 유고슬라비아 역시 가장 먼저 연방을 탈퇴했던 슬로베니아를 좋아하지 않았다. 또 연방을 탈퇴한 모든 나라에게 그랬듯 유고슬라비아는 슬로베니아를 상대로 전쟁을 벌였다. 하지만 그 기간은 열흘에 불과했고, 슬로베니아가 입은 피해 역시 보스니아나 크로아티아에 비하면 미미한 편이었다. 그래서 이들의 대결에서는 유고슬라비아와 여타 유고 연방 탈퇴 국가들과의 대결에서 볼 수 있는 비장함이 - 보스니아나 크로아티아 등에 비해서 - 다소 덜한 편이었다. 어찌됐던 이들의 대결이 정작 크게 주목 받지 못했던 이유는 바로 두 팀의 실력 차가 확연했기 때문이다. 유고슬라비아가 동유럽을 대표하는 축구 강국이었던 반면 슬로베니아는 유로 2000 참가국 중 최약체로 꼽혔기에 이 둘의 역사적인 관계에도 불구하고 긴장감은 떨어졌고 경기의 승패 역시 이미 결정지어진 듯 했다.

그러나 경기는 예상치 못한 방향으로 흘렀다. 전반 23분 즐라트코 자호비치Zlatko Zahovič의 멋진 헤딩골을 기선을 잡은 슬로베니아가 후반 7분과 12분에 연이어 2골을 더 넣으면서 3-0으로 앞서 나갔던 것이다. 여기에 후반 15분 유고슬라비아의 시니사 미하일로비치Siniša Mihajlović가 경고 누적으로 퇴장을 당하자 샤를루아의 경기 역시 이변으로 막을 내리는 듯 했다. 하지만 이 같은 상황은 되레 극적인 반전 드라마를 이끈 밀알이 되었다. 슬로베니아가 3-0이라는 스코어에 만족해하며 다소 느슨하게 경기를 펼치자 유고슬라비아는 그 틈을 놓치지 않고 반격에 나섰고, 후반 22분 사보 밀로셰비치Savo Milošević가 1-3이 되는 만회골을 터뜨리자 곧 스러지는 듯 했던 유고슬라비아의 잉걸 또한 다시금 붉게 달아올랐다. 그리고 또 한 번의 놀라운 드라마가 연출됐다. 유고슬라비아는 이후 3분 간격으로 추격골과 동점골을 잇달아 꽂아 넣으면서 기어이 3-3을 만들었고, 패배가 확실해 보이던 경기를 무승부로 이끌면서 승점 1점을 챙겼다.

극적인 드라마의 여운은 2라운드에 고스란히 이어졌다. 아쉽게도 다 잡은 대어를 놓친 슬로베니아는 스페인에 1-2로 패하면서 벼랑 끝에 내몰린 무적함대가 기사회생할 수 있는 발판을 마련해준 반면 침몰하기 직전에 수면으로 떠오른 유고슬라비아는 당초 조 2위를 다툴 것으로 여겨진 노르웨이를 1-0으로 꺾고 조 1위로 치고 올라갔다. 이날 끊임없는 파울 풋볼을 벌인 유고슬라비아는 미테야 케주만Mateja Kežman이 교체 투입 1분 만에 퇴장을 당하는 진기록을 세우는 등 1장의 레드카드와 4장의 옐로우 카드를 수집해야 했지만 승점 3점을 추가했기 때문인지 크게 개의치 않는 분위기였다.

C조의 시드국 스페인은 8강 진출을 장담할 수 없는 처지였다. 같은 1승 1패지만 상대 전적에서 앞서며 2위에 올라 있는 노르웨이가 1무 1패로 4위에 머물고 있는 슬로베니아와 최종전을 치르는 반면 스페인은 C조의 참가국 중 가장 까다로운 상대로 여겨진 조 1위 유고슬라비아와 일전을 벌여야 했기 때문이다.

물론 스페인이 유고슬라비아를 제압한다면 노르웨이의 경기는 신경 쓰지 않아도 됐다. 하지만 유고슬라비아는 당초 예상대로 호락호락하지 않았다. 먼저 골을 넣고 도망가는 쪽은 늘 유고슬라비아였고 스페인은 쫓아가기에 급급했다. 전반 30분 선제골을 내준 스페인은 8분 뒤 1-1 동점을 만들었지만 후반 5분 만에 재차 골을 내줬고, 이후 추가 실점을 허용한 지 불과 1분 만에 재차 2-2를 만들며 따라 붙었지만 후반 30분에 다시금 골을 내줌에 따라 반드시 이겨야만 하는 경기를 계속해서 끌려갔다.

스페인은 그 같은 상황에서도 결코 포기하지 않고 경기를 지배해 나갔지만 어느덧 시간이 후반 45분에 다다르자 더 이상의 돌파구는 나오지 않을 것처럼 보였다. 1998 프랑스 월드컵에 이어 유로 2000에서도 조별리그 탈락이라는 끔찍한 결과와 마주할 위기에 내몰렸던 것이다. 이후 대기심이 추가 시간을 5분이나 주었지만 바람 앞의 등불 같았던 스페인의 운명에는 변화가 없을 듯했다. 후반 48분에 가이스카 멘디에타Gaizka Mendieta가 페널티킥을 성공시키며 3-3 동점을 만들었지만 남은 시간은 고작 1분 30여 초 남짓이었고, 아른헴에서 경기를 치르고 있던 노르웨이도 0-0의 스코어를 유지하고 있었기에 스페인은 여전히 3위 자리를 벗어날 수 없었다.

하지만 그렇게 스페인이 탈락하는 듯 했던 그 순간 기적이 일어났다. 인저리 타임도 끝나가던 후반 50분 알폰소 페레즈Alfonso Pérez의 발리슛이 유고슬라비아의 골 그물을 출렁이며 4-3으로 뒤집었고, 이 극적인 라스트 미니트 골Last-minute Goal 한 방에 조 3위였던 스페인은 순식간에 조 1위로 올라서며 8강 토너먼트에 진출할 수 있었다. 반면 정규 시간 90분 내내 1위를 달리고 있던 유고슬라비아는 경기 종료 직전에 2위로 내려앉아야 했고, 슬로베니아와의 경기를 0-0으로 마쳤을 때까지만 해도 2위였던 노르웨이 역시 조 3위로 미끄러져 내리면서 D조 1위와 C조 2위의 경기가 예정된 로테르담 대신 오슬로로 발길을 돌려야 했다.

D조

거인들의 조? 두 경기만에 끝!

유로 88 챔피언이자 개최국인 네덜란드, 유로 76 우승국으로 예선 리그를 전승으로 통과한 체코, 유로 84 우승팀이자 월드컵 챔피언인 프랑스 그리고 유로 92 챔피언 덴마크가 속한 D조는 유로 역사상 두 번째로 역대 우승팀들이 한 조를 이룸에 따라 '거인들의 조'로 불리며 가장 큰 관심을 모았다.

거인들의 열전은 6월 11일에 그 막을 올렸다. 브뤼헤에서는 월드컵 챔피언 프랑스와 덴마크가, 암스테르담에서는 개최국 네덜란드와 체코가 일전을 벌였는데 프랑스가 예상대로 압도적인 기량을 과시하며 덴마크를 3-0으로 완파한 것과 달리 네덜란드는 뜻밖에도 고전을 면치 못하며 홈 팬들에게 실망을 안겼다. 네덜란드는 후반 44분 동생 로날드 데 보어Ronald De Boer가 얻어낸 페널티킥을 형 프랑크 데 보어Frank de Boer가 성공시킨 덕분에 힘겨웠던 첫 경기를 간신히 1-0으로 이길 수 있었는데, 사실 이 같은 결과는 체코가 결코 만만치 않았다는 반증이기도 했다.

덴마크를 난타했던 프랑스 역시 체코를 상대로 쉽지 않은 경기를 펼쳤다. 전반 7분 체코의 어처구니없는 백패스가 티에리 앙리Thierry Henry에게 차단되며 일찌감치 선제골로 연결됐을 때만 해도 이번 경기 역시 프랑스가 많은 골이 터뜨리며 쉽게 가져가는 듯 했다. 하지만 체코는 쉽게 꺾이지 않았고 또 집요했다. 전반 35분 카렐 포보르스키 Karel Poborský에게 페널티킥 동점골을 내준 프랑스는 후반 15분 유리 조르카예프Youri Djorkaeff의 골로 재차 리드를 잡는데 성공했지만 경기 자체를 지배하지는 못했다. 하지만 프랑스는 잘 정비된 수비 라인 덕에 2-1로 이길 수 있었고, 두 경기 만에 8강 진출을 확정지었다.

첫 경기에서 고전을 면치 못했던 네덜란드 역시 두 번째 경기는 의외로 쉽게 이기면서 어렵지 않게 8강 진출 티켓을 획득했다. 네덜란드는 후반 12분에 나온 파트릭 클루이베르트Patrick Kluivert의 골을 시작으로 10여분 간격으로 연이어 두 골을 터뜨리면서 덴마크를 3-0으로 완파했는데 덕분에 프랑스와 마찬가지로 2연승을 기록하며 토너먼트 진출을 조기에 확정지었고, 이로써 D조의 8강 토너먼트 진출권은 두 번째 경기 만에 모두 동이 났다.

D조의 최종전은 네덜란드와 프랑스의 8강 토너먼트 진출과 체코와 덴마크의 조별리그 탈락이 이미 확정되었던 터였기에 긴장감이 덜한 편이었다. 그렇지만 네덜란드와 프랑스의 일전은 D조의 조 1위 결정전이자 미리 보는 결승전으로 꼽히는 경기였기에 이들이 경기를 치를 암스테르담 아레나에는 5만여 관중들이 입추의 여지없이 들어차며 그에 대한 뜨거운 관심을 내비쳤다.

두 팀 모두 8강 진출권을 확보했기 때문인지 그간 경기를 뛰었던 베스트 일레븐 대신 1, 2차전에서는 좀처럼 모습을 볼 수 없었던 선수들을 다수 출전시키며 주전 멤버들에게는 휴식을 줬는데 특히 프랑스가 보여준 변화의 폭은 조금 더 컸다. 이처럼 주전 멤버들이 대거 빠졌지만 경기는 뜨거웠고, 실망스러웠던 잉글랜드와 독일의 경기와 달리 당초 기대에서 한 치의 어긋남이 없었다.

이들의 경기는 킥 오프 30여 초 만에 첫 슈팅이 나왔을 정도로 초반부터 매우 격렬했다. 프랑스가 전반 8분 만에 먼저 골을 뽑아내자 반격에 나선 네덜란드도 불과 6분 후 동점을 만들었고 그러자 프랑스는 전반 31분에 나온 다비드 트레제게David Trezeguet가 골로 다시금 앞서 나가면서 2-1로 전반전을 마무리했다. 프랑스는 후반 2분에도 또 한 번의 결정적인 기회를 잡았지만 네덜란드의 골키퍼 잔더 베스터벨트Sander Westerveld의 선방에 막히며 골로 연결 짓지 못했다. 프랑스가 네덜란드의 숨통을 끊어 놓을 수 있는 절호의 찬스를 놓친 셈이었는데 그렇게 되자 곧 네덜란드에게 덜미를 잡히고 말았다.

네덜란드는 후반 6분 F.데 보어가 대회 최고의 골로 꼽히는 환상적인 프리킥을 꽂아 넣으며 2-2 동점을 만든 데 이어 후반 14분에는 부데베인 젠덴Boudewijn Zenden이 베스터벨트 골키퍼의 롱패스를 단번에 역전골로 만들어 버리며 경기를 뒤집었다. 이후 두 팀은 후반 막판까지 불꽃 튀는 접전을 계속했지만 그 어느 쪽도 추가 득점을 만들지 못함에 따라 네덜란드가 3-2로 이기며 조 1위를 차지했고, 프랑스는 조 2위로 8강 토너먼트에 올랐다. 한편 리에주에서 경기를 치른 덴마크는 체코에게도 0-2로 패하면서 단 한 골도 뽑지 못한 채 3전 전패로 대회를 마감하는 수모를 겪어야 했다.

8강 토너먼트

6-1, 유로 본선 최다 득점 승리 기록을 새로 쓰다

파란이 계속된 조별리그와 달리 8강 토너먼트는 큰 이변 없이 막을 내렸다. 포르투갈은 피구의 완벽하다는 말로는 부족한 경이로운 크로스 두 방으로 터키를 2-0으로 격파했고, 이탈리아 역시 파울 풋볼로만 응대를 한 루마니아를 2-0으로 가볍게 제쳤다. 8강 토너먼트 최고의 빅 매치로 꼽혔던 프랑스와 스페인 일전 역시 당초 예측대로 끝이 났다. 지네딘 지단Zinedine Zidane의 그림 같은 프리킥으로 선제골을 뽑아낸 프랑스는 불과 몇 분 후 스페인에게 페널티킥을 내주면서 동점을 허용했지만 전반 44분 터진 결승골을 끝까지 잘 지켜내면서 2-1로 승리, 지난 대회에 이어 2회 연속으로 준결승 토너먼트에 진출했다.

다소 뜻밖의 결과를 가져다주며 놀라움을 안겨준 경기는 네덜란드와 유고슬라비아의 대결이었다. 이변이 일어나서가 아니라 당초 예상을 훨씬 뛰어 넘는 엄청난 스코어가 나왔기 때문이다. 경기 초반 두 팀이 팽팽한 접전을 이어나갈 때까지만 해도 이날의 경기가 이토록 일방적으로 치달을 것이라고는 누구도 생각지 못했다. 전반 24분 데니스 베르캄프Dennis Bergkamp의 킬 패스를 선제골로 연결한 클루이베르트가 14분 뒤 에드가 다비즈Edgar Davids의 패스를 다시 한 번 골로 연결시키며 2-0을 만들었지만 이때까지만 해도 유고슬라비아의 기세는 꺾이지 않은 상태였다.

하지만 후반 6분에 나온 자책골로 점수 차가 3-0으로 벌어지자 유고슬라비아는 무너져 내렸다. 네덜란드는 3분 뒤 클루이베르트의 해트트릭으로 4-0으로 만들었지만 네덜란드의 득점 행진은 그것이 끝이 아니었다. 이번엔 마르크 오베르마스Marc Overmars가 나섰다. 오베르마스는 후반 33분 베르캄프의 패스를 받아서 날린 환상적인 원 터치 발리슛으로 5-0을 만든 데 이어 후반 44분에는 골포스트를 맞고 나오는 공을 깔끔하게 마무리하며 스코어를 6-0으로 만들었다. 유고슬라비아는 경기 종료 몇 초 전에 나온 밀로셰비치의 대회 5호 골로 영패를 모면했지만 참담함만은 어찌할 수 없었다. 결국 경기는 네덜란드의 6-1 완승으로 끝이 났는데 이는 역대 유럽축구선수권대회 본선 최다 득점 승리 기록[45]이었다.

준결승 토너먼트
10명의 선수만으로도 수비의 미학을 보여준 이탈리아

프랑스가 연장 후반 막바지에 나온 지단의 페널티킥 골든골로 포르투갈과의 힘거웠던 경기를 2-1 승리로 마무리하며 유로 84 이후 16년 만의 결승 진출을 확정 지은 이튿날, 암스테르담 아레나에서는 네덜란드와 이탈리아의 준결승전이 펼쳐졌다. 두 팀의 경기는 꽤나 단순한 패턴으로 진행됐다. 홈 관중들의 열광적인 응원을 받은 네덜란드의 일방적인 공격과 이탈리아의 탄탄한 수비의 연속이었는데, 확실히 이탈리아는 수비를 어떻게 하는지를 제대로 알고 있는 팀이었기에 네덜란드는 일방적인 공세에도 불구하고 이렇다 할 득점 기회를 잡지 못했다.

이탈리아는 분명 수비의 대가였다. 그렇지만 네덜란드는 일반적인 수비로는 도저히 막을 수 없는 상대였기에 이탈리아는 온갖 방법을 동원해 네덜란드의 공격을 무력화하려 했다. 이탈리아가 선택한 방법 중 하나는 파울이었는데 이로 인해 이탈리아는 곧 구석으로 몰리게 됐다. 지안루카 참브로타Gianluca Zambrotta가 전반 32분 만에 경고 누적으로 퇴장을 당하며 수적 열세에 처한

---
[45] 이전 기록은 유로 84의 프랑스 5-0 벨기에, 덴마크 5-0 유고슬라비아.

상황에서 불과 5분 후에 페널티킥을 내줬던 것이다. 하지만 F.데 보어의 페널티킥은 이탈리아의 골키퍼 프란체스코 톨도Francesco Toldo에게 막히며 무산되었고 네덜란드는 결국 아무런 소득을 얻지 못한 채 전반전을 마쳐야 했다.

후반전의 흐름 역시 전반전과 비슷했다. 후반 초반에는 이탈리아가 잠시 공격을 주도했지만 후반 10분이 넘어가자 네덜란드가 다시 경기를 지배했고 후반 15분에는 다비즈가 이탈리아의 페널티 박스를 돌파하던 중 걸려 넘어지면서 두 번째 페널티킥을 얻어냈다. 그리고 이번에는 대회 득점 선두를 달리고 있던 클루이베르트가 페널티킥 키커로 나섰다. 하지만 클루이베르트의 발끝을 떠난 공 역시 골포스트를 맞고 나오며 득점으로 이어지지 못했고 네덜란드 전역에서는 또 한 번의 탄식만이 흘러 나왔다. 계속된 실패에도 불구하고 네덜란드는 이탈리아의 골문을 향한 진격을 멈추지 않았지만 10명의 선수만으로도 훌륭히 잘 막아내며 수비의 미학을 보여준 이탈리아의 빗장을 여는데 실패함에 따라 결국 경기는 0-0으로 끝이 나면서 승부차기에 돌입해야 했다.

그러나 이날 네덜란드의 실패와 불운은 비단 정규 시간에만 해당되는 일이 아닌 듯 했다. 네덜란드는 전반전에 이미 페널티킥 실축을 경험한 F.데 보어를 승부차기 첫 번째 키커로 내보냈는데 그의 킥은 이번에도 톨도 골키퍼에게 막혔고, 여기에 두 번째 키커 야프 스탐Jaap Stam의 킥마저 대기권을 향해 날아가면서 이를 지켜보는 홈 팬들의 마음을 먹먹하게 했다. 네덜란드는 반데 사르 골키퍼가 이탈리아의 네 번째 키커 파올로 말디니Paolo M

▲ 네 번째 키커 보스펠트의 킥마저 톨도 골키퍼에게 막힘에 따라 네덜란드는 120분 동안의 우위를 점했음에도 결승 진출에 실패했다.

aldini의 슛을 막아내며 잠시 한 숨을 돌렸지만, 네 번째 키커 파울 보스펠트Paul Bosvelt의 슛이 톨도 골키퍼를 넘지 못함에 따라 결국 승부차기에서 1-3으로 패하며 이탈리아에게 결승 진출권을 내줘야 했다. 이로써 이탈리아는 자국에서 열렸던 유로 80 이후 계속된 메이저 대회 승부차기 4연패[46]의 악몽에서 깨끗하게 벗어나며 32년 만에 앙리 들로네컵에 도전할 수 있게 됐던 반면 네덜란드는 유로 92와 유로 96 그리고 1998 프랑스 월드컵에 이

---

46) 유로 80 3.4위전 vs 체코슬로바키아 1-1 PK(8-9), 1990 월드컵 준결승전 vs 아르헨티나 1-1 PK(3-4), 1994 월드컵 결승전 vs 브라질 0-0 PK(2-3), 1998 월드컵 8강전 vs 프랑스 0-0 PK(3-4)

어 이번 대회에서도 승부차기에서 덜미[47]를 잡히며 승부차기와의 끔찍한 악연을 끊지 못했다.

결승전

프랑스, 골든골로 두 번째 정상에 오르다

2000년 7월 2일, 로테르담의 페예노르트 스타디온에서는 1998 프랑스 월드컵 8강전에서 치열한 공방전을 벌였던 프랑스와 이탈리아가 다시 조우했다. 당시 대결에서는 이탈리아가 승부차기의 악몽을 떨쳐내지 못하며 프랑스의 준결승 진출을 지켜봐야 했는데, 이에 이번만큼은 기필코 승리를 거두고자 했다.

하지만 이탈리아의 굳은 결의에도 - 여기에 더해 가장 강력한 우승 후보인 네덜란드를 물리치고 결승에 올라왔음에도 - 불구하고 프랑스의 우승을 점치는 의견이 더 많았다. 1910년 5월 15일 첫 대결을 벌인 이래 양 팀의 상대 전적에서는 이탈리아가 17승 8무 6패로 크게 앞서고 있었다. 그러나 최근 20년간의 대결에서는 프랑스가 3승 2무 무패로 압도적인 우위를 기록하고 있었고 이번 대결에서도 월드컵 챔피언 프랑스가 우세한 경기를 펼칠 것으로 전망됐다.

그렇지만 이탈리아는 예상을 뒤엎고 전반 시작부터 공세를 펼쳤고, 덕분에 경기의 주도권을 쥐며 당초 경기를 지배하리라 여겼던 프랑스와 팽팽히 맞섰다. 경기는 치열했지만 전반에는 그 어느 쪽도 성과를 내지 못했다. 그냥 발만 뻗어도 수비가 되는

---

47) 유로 92 준결승전 vs 덴마크 2-2 PK(4-5), 유로 96 8강전 vs 프랑스 0-0 PK(4-5), 1998 월드컵 준결승전 vs 브라질 1-1 PK(2-4)

이탈리아의 방어막은 물샐 틈 없었고, 2년 전 월드컵 우승의 가장 큰 기틀이었던 프랑스의 탄탄한 수비 라인에서도 좀처럼 약점을 찾아 볼 수 없었다.

경기는 후반에 접어들자 보다 활기를 띠었다. 전반에는 좀처럼 모습을 볼 수 없었던 지단의 플레이가 살아나자 프랑스의 움직임이 좋아졌고, 그러자 이탈리아의 디노 조프Dino Zoff 감독은 후반 8분에 알레산드로 델 피에로Alessandro Del Piero를 교체 투입하면서 맞불을 놨다. 그리고 그의 교체는 곧 결실을 맺었다. 델 피에로가 들어가자 수세에 몰린 듯 했던 이탈리아의 공격이 살아났고, 후반 10분에는 프란체스코 토티Francesco Totti의 환상적인 발뒤꿈치 패스에 이은 지안루카 페소토Gianluca Pessotto의 크로스를 마르코 델베키오Marco Delvecchio가 골로 연결시키며 앞서 나갔다.

0-1이 되자 프랑스의 로제 르메르Roger Lemerre 감독은 실뱅 윌토르Sylvain Wiltord를 투입하며 공격을 강화했지만 준결승전에서 대회 최고의 화력을 뿜냈던 네덜란드의 공격력을 무력화시킨 이탈리아의 수비벽과 톨도 골키퍼를 넘는 것은 쉬운 일이 아니었다. 후반 13분 프랑스는 동점골에 몰입하다 되레 이탈리아에게 추가골을 내줄 뻔했는데 델 피에로가 이를 놓침에 따라 한 골 차의 간격을 유지할 수 있었다. 델 피에로는 후반 38분에도 프랑스의 숨통을 끊어 놓을 절호의 기회를 또 다시 날리고 말았는데 이것이 뼈아팠다. 프랑스 역시 '월드컵 챔피언의 유로 징크스'의 희생양으로 전락하고 마는 듯하던 후반 48분, 윌토르의 극적인 동점골이 프랑스를 살렸고 이탈리아는 손안에 들어왔던 우승컵을 내려놓아야 했다.

연장전에 돌입하자 승부의 추는 프랑스 쪽으로 기울었다. 후반 막판에 교체되어 들어온 로베르 피레Robert Pirès가 이탈리아 진영을 휘젓고 다니자 난공불락처럼 여겨졌던 이탈리아의 수비 라인에도 균열이 일었다. 그리고 연장 전반 13분 이탈리아의 오른쪽 측면을 돌파해 들어가던 피레의 크로스를 트레제게가 강력한 왼발 슛으로 2-1을 만들었고 이것으로 드라마틱한 승부는 막을 내렸다. 이로써 프랑스는 유로 84 이후 16년 만에 두 번째 우승을 차지하게 됐는데, 월드컵 우승팀이 유럽축구선수권대회마저 연이어 차지한 사례는 프랑스가 처음이었다.

> 역대 월드컵 챔피언들은 유럽축구선수권대회에서 고전을 면치 못해왔다. 1966 월드컵 우승팀 잉글랜드는 우승이 당연시 되던 유로 68에서 3위에 그쳤고, 1974 우승팀 서독 역시 유로 76 결승전에서 체코슬로바키아에 승부차기에서 패하며 준우승에 머물러야 했다. 1982 월드컵 우승팀 이탈리아는 유로 84의 예선리그조차 통과하지 못했고, 1990 월드컵 우승팀 서독이 유로 92 결승전에서 덴마크를 상대하게 되자 모두가 독일의 우승을 예상했지만 우승컵은 동화의 주인공 덴마크의 몫이었다. 이 같은 징크스는 비단 우승팀에게만 해당되는 사항이 아니었다. 월드컵 우승에는 실패했더라도 월드컵에 출전한 유럽 국가 중 가장 뛰어난 성적을 올린 팀은 한결같이 그 다음에 치러지는 유럽축구선수권에서 예상치 못한 부진에 허덕였다. 1962 월드컵 준우승팀 체코슬로바키아는 유로 64 예선 1라운드에서 탈락했고, 1970 월드컵 준우승팀 이탈리아는 유로 72 8강 라운드에서 벨기에에 패했다. 1978 월드컵 준우승팀 네덜란드 역시 유로 80의 조별리그를 돌파하지 못했고, 1986 월드컵 준우승팀 서독은 자국에서 열린 유로 88 준결승전에서 네덜란드에게 32년 만에 패하며 결승 진출권을 내줬다. 그리고 1994 월드컵 준우승팀 이탈리아는 유로 96에서 죽음의 조의 희생양으로 전락하며 조별리그에서 자취를 감췄다.

EURO 2004
PORTUGAL

UEFA European Football Championship

EURO 2004 Qualifying

Group 1
FRANCE	8	8	0	0	29	2	24
Slovenia	8	4	2	2	15	12	14
Israel	8	2	3	3	9	11	9
Cyprus	8	2	2	4	9	18	8
Malta	8	0	1	7	5	24	1

Group 2
DENMARK	8	4	3	1	15	9	15
Norway	8	4	2	2	9	5	14
Romania	8	4	2	2	21	9	14
Bosnia-Herzegovina	8	4	1	3	7	8	13
Luxembourg	8	0	0	8	0	21	0

Group 3
CZECH	8	7	1	0	23	5	22
Netherlands	8	6	1	1	20	6	19
Austria	8	3	0	5	12	14	9
Moldova	8	2	0	6	5	19	6
Belarus	8	1	0	7	4	20	3

Group 4
SWEDEN	8	5	2	1	19	3	17
Latvia	8	5	1	2	10	6	16
Poland	8	4	1	3	11	7	13
Hungary	8	3	2	3	15	9	11
San Marino	8	0	0	8	0	30	0

Group 5
GERMANY	8	5	3	0	13	4	18
Scotland	8	4	2	2	12	8	14
Iceland	8	4	1	3	11	9	13
Lithuania	8	3	1	4	7	11	10
Faroe Islands	8	0	1	7	7	18	1

Group 6
GREECE	8	6	0	2	8	4	18
Spain	8	5	2	1	16	4	17
Ukraine	8	2	4	2	11	10	10
Armenia	8	2	1	6	7	16	7
Northern Ireland	8	0	3	5	0	8	3

Group 7
ENGLAND	8	6	2	0	14	5	20
Turkey	8	6	1	1	17	5	19
Slovakia	8	3	1	4	11	9	10
Macedonia	8	1	3	4	11	14	6
Liechtenstein	8	0	1	7	2	22	1

Group 8
BULGARIA	8	5	2	1	13	4	17
Croatia	8	5	1	2	12	4	16
Belgium	8	5	1	2	11	9	16
Estonia	8	2	2	4	4	6	8
Andorra	8	0	0	8	1	18	0

Group 9
ITALY	8	5	2	1	17	4	17
Wales	8	4	1	3	13	10	13
Serbia-Montenegro	8	3	3	2	11	11	12
Finland	8	3	1	4	9	10	10
Azerbaijan	8	1	1	6	5	20	4

Group 10
SWISS	8	4	3	1	15	11	15
Russia	8	4	2	2	19	12	14
Ireland	8	3	2	3	10	11	11
Albania	8	2	2	4	11	15	8
Georgia	8	2	1	5	8	14	7

Playoff
Latvia	1 : 0	Turkey
Scotland	1 : 0	Netherlands
Croatia	1 : 1	Slovenia
Russia	0 : 0	Wales
Spain	2 : 1	Norway

Turkey	2 : 2	Latvia
Netherlands	6 : 0	Scotland
Slovenia	0 : 1	Croatia
Wales	0 : 1	Russia
Norway	0 : 3	Spain

제12장 유로 2004 (2004 유럽축구선수권대회)

유로 2004 예선에서는 개최국으로 낙점된 포르투갈을 제외한 50개 UEFA 회원국이 5개국씩 모두 10개조로 나뉘어 경합을 벌였다. 본선 진출 티켓 획득 방법에 다소의 변화가 있었는데, 각 조 1위 팀들이 본선에 직행하는 것은 이전 대회와 같았지만 조 1위 팀들의 몫이 모두 10장으로 늘어난 탓에 2위 팀들은 2개 팀씩 짝을 이뤄 홈&어웨이 방식으로 플레이오프를 치른 후에야 본선에 합류할 수 있었다.

예선 리그

스파이와 폭탄 테러, 전쟁 이야기? 축구 이야기!

유로 2004 예선 리그에서 가장 많은 사건과 사고 화제를 불러일으킨 곳은 축구 종가 잉글랜드가 속한 7조였다. 7조에서는 잉글랜드의 1위 가능성이 가장 높은 것으로 점쳐졌고 뒤를 이어 2002 월드컵 3위 팀 터키가 잉글랜드를 위협할 것으로 여겨졌다. 하지만 터키가 예선 리그 초반 예상을 뛰어 넘는 맹렬한 기세로 3연승을 내달리자, 리히텐슈타인을 상대로 겨우 두 골만을 넣고 이긴 잉글랜드가 과연 본선 무대를 밟을 수 있을지에 대해 의문을 갖는 시선이 많아졌다.

그러나 두 팀의 상황은 선더랜드에서의 맞대결 이후 뒤바뀌었다. 터키는 1984년 잉글랜드와 첫 대결을 벌인 이후 1무 7패라는 처참한 성적을 기록하고 있었는데 더욱 심각한 문제는 그 8번의 경기에서 단 한 골도 넣지 못했다는 것이었다. 이에 터키는 이번만은 다를 것이라고 큰 소리를 쳤지만 속으로는 불안감을 감추지 못했고, 결국 잉글랜드의 훈련 캠프에 터키 축구협회 관계자를 몰래 잠입시켰다가 들통이 나는 바람에 망신살이 뻗치기도 했다. 이처럼 터키는 승리를 위해, 더 엄밀히 말하면 잉글랜드 원정 연패[48]의 사슬을 끊기 위해 무리수를 두며 안간힘을 썼지만 또다시 0-2로 졌고, 결국 잉글랜드가 선두로 치고 나갔다.

하지만 이들의 대결은 조용히 끝나지 않았다. 경기가 끝나고 수 시간이 지난 뒤 이스탄불 소재의 영국 총영사관에 작은 폭탄이 날아들었고 이로 인해 유럽의 일원으로 인정받고자 했던 터키의 소망은 한걸음 더 물러나게 됐다. 잉글랜드 역시 비난의 화살에서 자유롭지 못했다. 잉글랜드는 터키 응원단을 상대로 한 홈 관중들의 인종 차별 구호와 이로 인해 빚어진 폭력 사태를 막지 못하며 지탄의 대상이 됐는데 이에 UEFA로부터 11만 달러의 벌금을 부과 받았다. 잉글랜드 원정에서 뼈아픈 패배를 당한 터키는 이후 연승 가도를 달리며 선두 자리를 탈환하고자 애를 썼지만, 잉글랜드 역시 계속해서 승리를 이어감에 따라 좀처럼

---

[48] 터키가 잉글랜드를 상대로 거둔 유일한 1무는 1987년 4월 29일 이즈미르에서 가진 유로 88 예선 리그 홈경기에서였다.

역전의 실마리를 잡지 못했다. 터키가 조 1위로 본선에 직행하기 위해서는 홈에서 갖는 잉글랜드와의 마지막 경기를 반드시 이겨야 했다. 하지만 터키는 별다른 모습을 보여주지 못하며 0-0으로 경기를 끝내야 했는데, 이조차도 데이비드 베컴David Beckham의 페널티킥이 달나라까지 갈듯 한 기세로 크로스바 위를 높이 솟구쳐 올라간 덕에 얻어낸 성과였다.

비록 잉글랜드에게 조 1위 자리를 내줬지만 조 2위 팀들을 대상으로 한 플레이오프 추첨 결과가 나오자 대부분의 사람들은 터키 역시 무난하게 본선에 오를 것으로 생각했다. 터키의 상대팀으로 발트해의 소국 라트비아가 결정됐기 때문이었다. 라트비아는 한 수 위로 평가받는 폴란드, 헝가리와 1승 1패를 주고받은 뒤 무패 가도를 달리고 있던 스웨덴과의 원정 최종전에서 1-0 승리를 거두며 조 2위를 확정, 그리스가 스페인을 격침시킨 것 이상의 이변을 연출한 바 있었다.

하지만 라트비아가 유로 2004 예선 최대의 파란을 일으켰다고 하더라도 이들이 월드컵 3위 팀을 꺾고 유로 본선 티켓을 거머쥘 것이라 생각하는 이들은 거의 없었고, - 독일을 제외하고는 - 유럽의 월드컵 3위 팀이 다음 유로 본선에 진출하지 못하던 징크스도 이번에는 적용되지 않을 것이라는 전망이 우세했다. 이후 라트비아가 리가에서 가진 홈경기를 1-0 승리로 끝냈을 때도 이는 작은 이변에 불과하다는 견해가 여전히 많았다. 그러나 라트비아는 이스탄불에서 펼쳐진 2차전에서도 2-2 무승부를 기록하며 1, 2차전 합계 3-2로 이겼고, 이로써 터키를 징크스의 또 다른 희생양으로 묶어 둔 채 소련에서 분리 독립한 후 처음으로 메이저 대회 본선에 오르는 쾌거를 이루어 냈다.

유로 2004 포르투갈

예선 리그를 전승으로 통과한 디펜딩 챔피언 프랑스가 1/3의 확률로 우승 1순위로 평가됐고, 개최국 포르투갈과 이탈리아, 잉글랜드, 스페인 등이 그 뒤를 이을 것으로 전망됐다. 개최국 포르투갈과 프랑스, 스웨덴, 체코 등이 시드 배정을 받은 가운데 2003년 12월 1일, 리스본에서 가진 유로 2004 본선 조 추첨 결과는 다음과 같았다.

A조 : 포르투갈, 그리스, 스페인, 러시아
B조 : 프랑스, 잉글랜드, 스위스, 크로아티아
C조 : 스웨덴, 불가리아, 덴마크, 이탈리아
D조 : 체코, 라트비아, 독일, 네덜란드

A조

68초, 유로 역사상 가장 빠른 골이 나오다

개최국 포르투갈과 스페인이 조 1위를 다툴 것으로 전망된 A조의 첫 경기는 2004년 6월 12일 포르투의 에스타디우 두 드라강에서 대회 개막전으로 펼쳐졌다. 개막전은 개최국이 치르는 관례에 따라 2002 한일 월드컵에서 실망스러운 경기를 보여주었던 포르투갈이 그 테이프를 끊었는데 상대가 유로와 월드컵 본선에서 단 1승도 올리지 못한 그리스였기에 경기장을 가득 메운 홈 관중들은 승리를 믿어 의심치 않았다.

하지만 경기는 그들의 기대와는 전혀 다른 방향으로 흘러갔다. 경기 시작 7분 만에 선취점을 허용한 포르투갈은 브라질에서

귀화한 데쿠Deco와 포르투갈의 '원더 보이' 크리스티아누 호날두 Cristiano Ronaldo를 잇달아 투입하며 공격을 강화했지만 동점에만 몰입한 나머지 역습을 허용하면서 페널티킥을 내줬고, 이를 막지 못하면서 되레 추가골을 허용했다. 포르투갈은 후반 추가 시간에 호날두가 루이스 피구Luís Figo의 코너킥을 헤딩으로 마무리하며 그의 A매치 첫 골을 기록했지만 이날 포르투갈의 골은 그것이 전부였고, 결국 1-2로 패하면서 개최국 자동 진출권이 부여된 유로 80 이후 개막전에서 패한 첫 번째 개최국이 됐다.

이때까지만 해도 그리스의 승리는 일회성 이변에 불과한 듯 보였다. 그리스의 다음 상대는 스페인이었는데 - 예선 리그에서 두 팀이 1승 1패를 나눠가졌음에도 불구하고 - 다수의 전문가들이 스페인의 우세를 점치는 상황이었기에 그리스의 돌풍은 여름철 소나기보다도 빨리 사라질 것으로 여겨졌다. 그러나 그리스는 스페인을 상대로도 1-1 무승부를 이끌어 냈고 이에 또 한 번 예상을 뒤엎는 결과를 이끌어내며 선두 자리를 지켜냈다.

A조 최종전을 앞둔 포르투갈의 상황은 불안 그 자체였다. 앞선 경기에서 - 러시아의 정신적 리더인 알렉산더 모스토보이 Alexander Mostovoi가 감독의 훈련 방식과 전술을 비난해 집으로 돌려보내지면서 - 어수선한 분위기를 연출하고 있던 러시아를 꺾고 8강에 대한 불씨를 되살렸지만 그들의 순위는 여전히 조 3위였다. 이에 포르투갈이 토너먼트에 오르기 위해서는 조별리그 최종전에서는 반드시 승리를 거둬야 했지만 상대가 그리 만만치 않았다.

리스본에서 경기를 갖는 포르투갈의 최종전 상대는 오랜 숙적인 스페인이었는데 그간의 상대 전적에서 5승 12무 15패로 절대적인 열세를 보이고 있던 데다 포르투갈이 스페인을 상대로 승리를 거둔 것도 1981년이 마지막이었다. 여기에 2003년 9월에 가진 친선 경기에서도 0-3의 완패를 당한 바 있었기에 포르투갈 홈 팬들은 과연 스페인을 이길 수 있을지에 대해서 의문을 가졌다. 또 스페인은 비기기만 해도 8강에 올라갈 수 있었던 반면 포르투갈은 이기지 못하면 탈락이었기에 8강 진출 여부를 걱정하는 것도 당연해 보였다.

하지만 반드시 이겨야만 했던 포르투갈의 절박한 상황은 놀라운 결과를 만들어 내는 원동력이 됐다. 루이스 펠리피 스콜라리 Luiz Felipe Scolari 감독은 조별리그 1, 2차전에서 민첩한 몸놀림을 보인 호날두를 처음으로 스타팅 멤버로 기용했는데, 호날두는 피구와 함께 스페인의 양쪽 측면을 끊임없이 위협하며 감독의 기대에 부응했다. 그러나 포르투갈은 계속된 우위에도 불구하고 득점 기회를 잡지 못하며 전반전을 마쳐야 했고, 이에 스콜라리 감독은 하프 타임동안 누누 고메스Nuno Gomes를 투입하는 승부수를 던졌는데 이것이 적중했다. 후반 12분 페널티 서클 외곽에서 터져 나온 고메스의 날카로운 터닝슛이 골로 연결되면서 조별리그 탈락의 기로에 서게 된 쪽은 순식간에 스페인이 된 것이다. 다급해진 스페인은 이후 몇 차례의 반격을 펼쳤지만 페르난도 토레스Fernando Torres의 헤딩슛이 포르투갈의 크로스바에 맞고 나오는 등 성과를 얻지 못했고, 이로써 탈락 위기에 몰렸던 개최국 포르투갈이 스페인을 23년 만에 제압하면서 8강에 진출하는 기염을 토했다.

파루룰레에서는 그리스가 러시아에게 1-2로 패하면서 승점을 추가하는데 실패했지만 스페인을 다득점에서 앞섬에 따라 조

2위를 차지하며 그리스 축구 역사상 처음으로 유로 8강에 올랐다. 한편 이날 러시아의 드미트리 키리첸코Dmitri Kirichenko는 경기 시작 68초 만에 골을 터뜨리며 팀 승리를 이끌었는데 이는 유로 본선 역사상 가장 빠른 시간에 나온 골이다.

B조

90분을 지다가 3분 만에 이기다

B조에서는 디펜딩 챔피언 프랑스와 축구 종주국 잉글랜드의 존재가 워낙 컸던 탓에 관심은 오직 이 두 팀에게만 쏠렸다.

2004년 6월 13일, 스위스와 크로아티아의 B조의 첫 경기가 양 팀 골키퍼들의 선방과 공격진의 부실한 마무리로 인해 0-0으로 끝난 그날 저녁, 리스본에서는 프랑스와 잉글랜드가 유로 2004 최고 빅 매치라는 명성에 부응하듯 불꽃 튀는 대결이 펼치면서 지루했던 낮 경기에 대한 보상을 톡톡히 했다.

두 팀의 대결은 쉽게 우위를 점치기 힘들었다. 1980년 이후 양 팀의 맞대결에서는 잉글랜드가 3승 2무 2패로 근소하게 앞서고 있었고 2002 한일 월드컵에서도 잉글랜드가 프랑스보다 더 높은 곳까지 올라갔다. 하지만 최근의 경기력을 봤을 때는 디펜딩 챔피언 프랑스의 모습이 더 좋아 보였다. 프랑스는 자크 상티니Jacques Santini 감독이 지휘봉을 잡은 이후 80%가 넘는 가공할 승률[49]을 기록 중이었는데 여기에 2003년 2월 12일[50]이래로 A

---

49) 2002년 8월부터 유로 2004가 개막하기 직전까지 상티니 감독의 프랑스는 모두 24번의 경기를 가져 20승 3무 1패를 기록했다.
50) 파리에서 가진 체코와의 평가전에서 0-2로 패했다.

매치 18경기 연속 무패 행진 또한 달리고 있었기에 조심스레 프랑스의 우세를 점치는 의견이 더 많았다.

경기는 모두의 예상대로 프랑스의 지배 속에 진행됐다. 하지만 경기의 흐름과는 반대로 실제 경기를 이끈 쪽은 잉글랜드였다. 전반 38분 베컴의 프리킥에 이은 프랭크 램파드Frank Lampard의 헤딩골로 기선을 잡은 잉글랜드는 후반 26분 웨인 루니Wayne Rooney가 폭발적인 질주와 함께 이끌어낸 페널티킥은 베컴의 실축과 함께 날려버렸지만, 이후 후반 45분에 다다를 때까지는 큰 실수 없이 경기를 잘 이끌어 가면서 승리를 눈앞에 두는 듯 했다. 하지만 경기 종료를 얼마 남겨 두지 않은 시점에 잉글랜드가 페널티 박스 바로 바깥의 위험한 지역에서 불필요한 파울을 범하며 내준 프리킥은 잉글랜드에게는 재앙의 씨앗, 프랑스에게는 반전의 밀알이 되었다. 인저리 타임이 20초가량 지났을 무렵 지네딘 지단Zinedine Zidane의 발끝을 떠난 공은 잉글랜드의 골문 구석에 가서 꽂히면서 1-1 동점으로 이어졌고 그렇게 되자 이제 양 팀이 승점 1점씩을 나눠 가질 것으로 생각됐다.

그러나 이것이 전부가 아니었다. 추가 시간 1분 40여 초가 흐르던 그 무렵, 그때까지 실수 없이 경기를 잘 이끌어 왔던 스티븐 제라드Steven Gerrard의 어처구니없는 백패스 한방에 모든 것이 뒤바뀌게 됐다. 제라드의 킬 패스를 받은 프랑스의 티에리 앙리Thierry Henry가 잉글랜드의 페널티 박스를 파고들자 다급해진 잉글랜드의 데이비드 제임스David James 골키퍼가 앙리를 쓰러뜨리며 페널티킥을 내줬던 것이다. 이는 결국 지단의 페널티 결승골로 이어졌고 이로써 침몰 직전에 놓였던 프랑스가 90분간 졌던 경기를 단 3분 만에 2-1로 뒤집으며 조별리그 첫 경기를 극적인 역전 드라마로 마무리 지었다.

놀라운 반전 드라마만큼이나 뜻밖이었던 것은 두 팀의 다음 행보였다. 다 잡았던 승리를 놓치며 좀처럼 충격에서 헤어나지 못하고 있던 잉글랜드가 18세 7개월 24일의 나이로 득점에 성공하며 유로 본선 최연소 득점 신기록[51]을 새로 쓴 루니의 연속골 덕에 스위스를 3-0으로 완파하면서 그늘 속에서 벌떡 일어난 것과 달리 짜릿한 승리를 일궈내며 순항만을 할 것 같던 프랑스는 예기치 못한 풍랑에 시달리며 휘청거렸다.

프랑스는 크로아티아를 상대로 의외로 고전을 면치 못했다. 전반 22분 지단의 프리킥이 상대 수비수의 발뒤꿈치에 맞고 행운의 자책골로 이어진 덕택에 일찌감치 리드를 잡았지만 후반 초반에 연이어 두 골을 내주면서 순식간에 역전을 허용했던 것이다. 구석에 몰렸던 프랑스는 다비드 트레제게David Trezeguet의 동점골로 2-2를 만들면서 패배를 면했는데 이조차도 사실 트레제게의 핸드볼 파울을 주심이 보지 못했기에 얻어낸 결과였다.

어찌됐든 프랑스는 1승 1무 승점 4점으로 조 1위 자리를 유지할 수 있었지만 크로아티아전에서의 예기치 못한 부진으로 인해 내분에 휩싸이게 됐다. 비센테 리자라쥐Bixente Lizarazu와 로베르 피레Robert Pirès가 크로아티아와의 경기에 자신들을 제외시킨 상티니 감독의 용병술에 대해 비판적인 의견을 제시하고 나서자 상티니 감독 역시 맞받아치며 설전을 벌였던 것이다. 이에 지단 등이 나서서 선수들의 의견을 상티니 감독에게 전달하며 사건이 일단락되는 듯 했으나 이미 나타난 분열의 양상만은 어찌할 수 없었다.

---

[51] 기존 기록은 구 유고슬라비아의 드라간 스토이코비치Dragan Stojković가 유로 84 조별리그 프랑스와의 경기에서 작성한 19세 3개월 16일이었다.

프랑스에게 그나마 다행스러웠던 것은 조별리그 최종전 상대가 조 최약체였던 스위스라는 것이었다. 프랑스는 1-0으로 앞서 가던 전반 26분, 이 날로 18세 4개월 20일을 맞이한 스위스의 요한 폴란텐Johan Vonlanthen은 동점골을 내주면서 불과 나흘 전 잉글랜드의 루니가 세웠던 유로 최연소 득점 기록이 새롭게 경신되는 것을 봐야 했지만, 후반 막판에 터진 연속골 덕에 3-1로 이기면서 B조 1위로 8강 토너먼트에 진출했다. 한편 리스본에서 크로아티아와 격전을 벌인 잉글랜드는 2골 1도움을 기록한 루니의 맹활약 덕에 4-2로 이기면서 2승 1패를 기록, 조 2위로 유로 96 이후 8년 만에 유로 8강 무대에 오르게 됐다.

C조

태권 동자 이브라히모비치

C조에서는 이탈리아의 1위 등극 가능성이 가장 높게 점쳐졌고 북유럽의 바이킹 형제 스웨덴과 덴마크가 2위 자리를 놓고 경쟁을 펼칠 것으로 전망됐다. 하지만 이들의 전력 차가 그리 크지 않았기에 그 누구도 조별리그를 쉽게 통과하기 어려울 것이라는 전망이 가장 일반적이었고 또 그렇게 진행됐다.

C조는 기마랑이스에서 벌어진 이탈리아와 덴마크의 대결로 그 시작을 알렸다. 이탈리아의 지안루이지 부폰Gianluigi Buffon 골키퍼와 덴마크의 토마스 쇠렌센Thomas Sørensen 골키퍼의 활약은 이 날 경기의 하이라이트였는데, 특히 전반 종료 직전 쇠렌센 골키퍼가 알레산드로 델 피에로Alessandro Del Piero와 프란체스코 토티Francesco Totti의 슛을 잇달아 막아 낸 것은 최고의 백미였다. 결국

이들 골키퍼들의 대단한 활약 덕에 경기는 0-0 무승부로 끝이 났지만 정작 이 경기가 기억되고 있는 데는 다른 이유가 있다. 후반 8분 이탈리아의 토티가 그의 마크맨이었던 덴마크의 크리스티안 폴센Christian Poulsen의 얼굴에 침을 뱉는 장면이 TV 카메라에 포착됐던 것이다. 경기 당시에는 주심이 이를 보지 못했지만 토티가 '퉤'하는 장면은 고스란히 전 세계에 라이브로 중계됐고 이에 UEFA 상벌위원회는 그에게 3경기 출전 정치 처분을 내렸다. 이 같은 결정에 이탈리아 축구협회는 토티의 행위에 대해서 사과를 하며 결과를 겸허히 받아들이겠다고 했지만, 정작 토티는 '더워서 침을 뱉었을 뿐'라는 구차한 변명만을 늘어놓아 이탈리아 팬들조차 고개를 젓게 했다.

골 결정력 부족과 더위에 약한 토티로 인해 첫 경기에서 체면을 구긴 이탈리아는 조별리그 두 번째 경기에서 상처 난 자존심을 회복하고자 했지만 이번에도 그 같은 바람은 이루어지지 않았다. 이탈리아의 다음 경기 상대는 불가리아를 5-0으로 대파한 스웨덴이었는데, 크리스티안 비에리Christian Vieri가 결정적인 기회를 두 번이나 무산시키는 등 여러 차례의 득점 기회를 놓침에 따라 스스로 경기를 어렵게 만들었다. 이탈리아는 출전이 금지된 토티를 대신해 출격한 신예 안토니오 카사노Antonio Cassano가 전반 37분에 터트린 골 덕분에 1-0으로 앞선 채로 하프 타임을 맞이할 수 있었지만, 한 골만 넣으면 잠그고 버티는 그 버릇이 또다시 도진 탓에 결과적으로 승점 3점을 날리게 되었다.

이탈리아의 지오바니 트라파토니Giovanni Trapattoni 감독은 1-0인 상태에서 후반 25분에 이르자 카사노를 빼고 수비 태세로 전환했다. 이런 소심함은 스웨덴에게 경기의 주도권을 내주는 결과를 초래했는데 이후에는 골키퍼 부폰의 활약 덕분에 그나마 리드를 이어갈 수 있었다. 트라파토니 감독은 그 같은 와중에 델 피에로마저 빼버리는 초강수를 뒀는데 이는 결과적으로 불로 불을 끄는 셈이었다. 압박의 강도를 높여가던 스웨덴은 후반 40분 이탈리아의 문전에서 파상공세를 벌이던 중 즐라탄 이브라히모비치Zlatan Ibrahimović의 뒤돌려 차기[52]를 연상시키는 백힐링 슛으로 이탈리아의 골 그물을 흔들었고 경기는 결국 1-1 무승부로 끝을 맺었다. 한편 앞서 경기를 가졌던 덴마크는 불가리아를 2-0으로 제압하며 승점 3점을 추가, 스웨덴에 이어 조 2위 자리에 올랐다.

음모론 크리에이터 이탈리아의 '바이킹 음모론'

두 경기씩을 치른 C조의 판도는 당초 예상과 크게 달랐다. 무난히 조 1위를 차지할 것으로 보였던 이탈리아가 2무승부로 3위에 처져 있던 반면 북유럽의 스웨덴과 덴마크가 1승 1무를 기록하며 나란히 1, 2위를 달리고 있었다.

여기에 순위 결정 방식에서 승자승 원칙[53]을 우선으로 적용하는 유럽축구선수권대회의 특성상 이탈리아는 불가리아와의 최종전을 이긴다 하더라도 스웨덴과 덴마크가 승패를 가리지 못하고 2-2 이상의 스코어로 무승부를 거둘 경우[54] 탈락할 수밖에

---

52) 이브라히모비치는 실제로 검은 띠를 보유한 태권도 유단자다. 이브라히모비치는 17세에 고향인 스웨덴의 말뫼에서 태권도 유단자가 됐고, 2010년에는 이탈리아 태권도 국가대표팀으로부터 명예 검은 띠를 받았다.
53) 승점이 같은 경우 승점이 동률인 팀 간의 승자승, 골득실, 다득점 순서로 순위를 정하며 이마저도 같은 경우에 월드컵처럼 전체 골득실로 우열을 가린다.

없었다. 그러자 이탈리아 언론에서는 노르딕계인 바이킹의 후손들이 담합해 라틴계인 이탈리아를 의도적으로 탈락시키려 한다며 '바이킹 음모론'을 들고 나왔고, 이에 UEFA는 말도 안 되는 주장임에도 불구하고 스웨덴과 덴마크의 경기를 더욱 철저히 지켜봐야 했다.

기마랑이스에서 경기를 치르는 이탈리아는 이미 탈락을 확정지은 불가리아를 쉽게 이길 것으로 예상했지만, 그 같은 생각은 경기장에 쏟아져 내리는 폭우에 곧 쓸려갔다. 이탈리아는 거센 비에 발이 묶인 듯 형편없는 플레이를 보였는데 전반 종료 직전에는 되레 페널티킥을 내주며 불가리아가 대회 첫 골이자 유일한 골을 만들어낼 수 있게 했다.

이탈리아가 폭우 속에서 허우적대고 있던 당시 포르투에서는 스웨덴과 덴마크가 빗속에서 난타전을 벌이고 있었다. 경기장 곳곳에서는 스웨덴과 덴마크의 응원단을 가릴 것 없이 이탈리아의 음모론을 조롱하는 '2-2', '노르딕의 승리, 굿바이 이탈리아' 등의 응원 피켓들이 눈에 띄었지만, 정작 피치의 선수들은 이 같은 여유를 즐길 틈이 없었다. 두 팀 모두 패하면 자칫 조별리그에서 탈락할 수 있는 상황이었기에 사력을 다해 뛰었고, 전반 28분 덴마크가 먼저 1-0을 만들자 스웨덴도 후반 2분에 얻은 페널티킥으로 1-1 동점을 만들었다.

---

54) 0-0 무승부로 끝날 경우에는 덴마크가 탈락하며, 1-1 무승부로 마쳤을 때는 덴마크와 이탈리아가 승자승과 골득실, 다득점에서 모두 동률을 이루게 됨에 따라 전체 골득실을 살펴야 한다. 이 경우 덴마크가 불가리아에 2-0으로 이긴 것을 감안해 이탈리아 역시 불가리아에 2골차 이상으로 승리하면 8강에 올라갈 수 있지만 그렇지 못할 경우에는 덴마크가 2위 자리를 차지한다.

한편 기마랑이스에서는 전반전에 연이어 기회를 날렸던 이탈리아가 후반 시작 3분 만에 1-1을 만들었지만 여전히 3위였다. 포르투에서의 경기 결과가 어떻게 되든 우선은 이겨야 음모론을 들먹일 수 있는데 그러기에는 동점으로 부족했다. 스웨덴이 이기든, 덴마크가 이기든, 이탈리아가 비기면 소용없었다. 후반 21분 덴마크의 욘 달 토마손Jon Dahl Tomasson이 두 번째 골을 넣어 2-1을 만들었지만, 이탈리아는 여전히 1-1이었고 그러면 스웨덴은 패한다 하더라도 조 2위를 확보할 수 있었다.

불안하기는 스웨덴도 마찬가지였다. 경기가 이대로 끝나 1-2로 패한다고 가정했을 경우, 만일 이탈리아가 불가리아를 꺾는다면 스웨덴은 탈락이었다. 스웨덴이 탈락의 위기에서 벗어나려면 싫든 좋든 이탈리아가 제기한 음모론의 스코어인 2-2를 만들어야만 했고 그러려면 동점골을 뽑아야 했다. 하지만 경기 종료를 코앞에 둔 시점에도 동점골이 나오지 않자 스웨덴의 벤치와 응원단은 불안함을 감추지 못했다. 그러나 정규 시간 종료를 1분여 앞둔 후반 44분에 상황이 급변했다. 스웨덴의 마티아스 욘손Mattias Jonson이 극적인 동점골을 뽑아내며 2-2를 만들어 낸 것이었다.

이 무렵 기마랑이스에서 경기를 치르고 있던 이탈리아는 포르투의 경기 결과를 알지 못했다. 그리고 후반 추가 시간 2분에 카사노가 2-1을 만드는 결승골을 뽑아내자 몇 초간은 기적처럼 8강 진출을 이루어 냈다고 생각하며 기뻐했다. 하지만 잠시 후 포르투의 스코어가 2-1이 아닌 2-2가 되었음을 알게 되자 이탈리아 선수들은 곧 망연자실할 수밖에 없었다. 스웨덴, 덴마크와 함께 나란히 1승 2무로 동률을 기록했지만, 다득점에서 밀리며 조 3위가 됨에 따라 유로 역사상 처음으로 무패의 기록으로 조별리그에서 탈락하는 비운을 맛봐야 했기 때문이다. 경기가 자신들의 예측대로 끝이 나며 생각보다 일찍 집으로 돌아가게 되자 이탈리아는 다시 한 번 음모론을 제기하고 나섰다. 이탈리아 축구협회의 프랑코 카라코Franco Carraro 회장은 덴마크와 스웨덴이 무승부를 겨냥하고 경기에 나선 것이 분명하다며 확신에 찬 어조로 음모론을 제기했는데 이에 UEFA는 우아하게 지는 법을 배워야 할 것이라며 핀잔을 주었다.

D조

죽음의 Death조

'죽음의 Death조'라 일컬어진 D조에서는 체코, 독일, 네덜란드의 치열한 3파전이 예상되는 만큼 어느 누구도 쉽게 결과를 예측하지 못했다. 죽음의 조라 하더라도 분명 조금은 앞서 있는 팀이 있게 마련이지만 유로 2004의 D조에서는 이를 찾기 쉽지 않아 보였고 전문가들의 의견 또한 엇갈렸다. 예선 리그에서 23득점에 5실점만을 기록하며 네덜란드를 밀어내고 조 1위를 차지한 시드국 체코에게 조금 더 후한 점수를 주는 의견도 많았지만, 2002 한일 월드컵에서 준우승을 차지한 전통의 강호 독일과 베스트 일레븐 모두가 스타플레이어로 구성되어 있는 네덜란드의 8강 진출을 예측하는 이들 역시 적지 않았기 때문이다.

사정이 이렇다 보니 유로 2004 참가국 중 최약체로 꼽히는 인구 240만 명의 소국 라트비아가 D조에 합류하게 된 것에 대해 모두들 안쓰럽게도 생각했다. 하지만 라트비아는 의외로 담담했다. 라트비아는 체코와의 첫 경기에서 무참히 무너질 것이라는 세간의 예상과는 달리 잘 버텨냈고, 전반 추가시간에는 되레 선제골을 뽑아내며 모두를 놀라게 했다. 라트비아는 비록 후반 28분 밀란 바로시Milan Baroš에게 동점골을, 후반 40분에는 마렉 하인츠Marek Heinz에게 역전 결승골을 내주며 1-2로 분투를 삼켜야 했지만 뜻밖의 선전을 펼치면서 3천여 명에 달하는 자국의 원정 응원단을 부끄럽지 않게 했다.

그날 저녁 포르투에서는 프랑스와 잉글랜드의 대결에 이은 또 하나의 빅뱅으로 관심을 모으던 독일과 네덜란드의 경기가 펼쳐졌다. 두 팀의 역대 전적에서는 독일이 13승 12무 10패로 근소한 우위를 점하고 있었다. 그러나 독일이 네덜란드에 승리를 거둔 것은 그들이 마지막으로 유럽 정상에 오르기 직전인 1996년 4월이 가장 최근의 일이었고, 이후 3경기에서는 오히려 네덜란드가 2승 1무로 앞서 있었다. 여기에 공격 라인의 무게감에서 네덜란드가 한 수 위라는 평을 들었던 터라 축구 전문가들과 미디어는 물론 독일 팬들조차도 네덜란드의 근소한 우세를 점쳤다.

하지만 독일은 과거에도 늘 전력 이상의 결과를 만들어내는 팀이었고 이는 오랜 라이벌과의 대결에서 다시 한 번 입증됐다. 독일은 점유율에서는 밀리면서도 공격에서는 되레 네덜란드를 압도했는데, 전반 30분에 나온 토르스텐 프링스Torsten Frings의 - 크로스인지 슛인지 다소 애매했던 - 프리킥이 네덜란드의 골포스트에 맞고는 골문 안으로 들어감에 따라 1-0으로 리드를 잡은 채 전반전을 마칠 수 있었다. 다소 우세하게 경기를 이끌어갔음에도 먼저 실점을 내주며 끌려가자 네덜란드의 딕 아드보카트Dick Advocaat 감독은 후반 시작과 동시에 베슬러이 스네이더르

Wesley Sneijder와 마르크 오베르마스Marc Overmars를 투입해 변화를 꾀했지만 기대했던 결과는 나오지 않았다. 하지만 네덜란드는 종료 10분여를 남기고 터져 나온 루드 판 니스텔로이Ruud van Nistelrooy가 환상적인 발리슛으로 기어이 동점골을 만들어냈고 이로써 관심을 모았던 경기는 승부를 가리지 못한 채 1-1 무승부로 끝을 맺었다.

아드보카트의 패착이 낳은 유로 2004 최고의 명승부

오랜 숙적과의 대결을 아쉽게도 무승부로 마친 독일은 다음 상대인 라트비아를 상대로는 기필코 승리를 거두리라 다짐하며 시작부터 파상 공세를 펼쳤지만 결과는 신통치 않았다. 독일은 이날 무려 23번의 슈팅을 날렸음에도 단 한 골도 기록하지 못하며 0-0 무승부로 마쳤는데 이에 라트비아는 유럽축구선수권대회 역사상 첫 승점을 기록하는 쾌거를 올릴 수 있었고, 무승부로 끝났음에도 승리를 거둔 것처럼 기뻐했다.

2004년 6월 19일 아베이로에서는 유로 2004 최고의 명승부로 꼽히는 네덜란드와 체코의 대결이 펼쳐졌다. 경기는 시작부터 빠르고 화끈하게 전개됐다. 예선 리그에서 체코에 패한 바 있던 네덜란드는 시작부터 거세게 달려들었고, 전반 4분에 나온 아르연 로번Arjen Robben의 프리킥에 이은 빌프레트 보우마Wilfred Bouma의 헤딩 선제골과 전반 19분에 터진 판 니스텔로이의 골로 2-0으로 앞서 나갔다. 그렇게 전반 20여 분만에 두 골 차로 앞서게 되자 네덜란드는 다 끝난 줄 알았지만 체코는 그럴 생각이 없었고 얼마지 않아 터진 얀 콜레르Jan Koller의 만회골 덕에 한 골 차로 따라 붙을 수 있었다. 물론 그때까지만 해도 여전히 네덜란드가 앞서 있었고, 전반 막판 에드가 다비즈Edgar Davids의 중거리 슛이 체코의 골포스트를 강하게 때렸을 때만 해도 이후 경기의 향방이 바뀌리라고는 생각지 못했다.

하지만 후반 8분 로번이 벤치로 물러앉고 파울 보스펠트Paul Bosvelt가 투입되자 상황은 급변했다. 아드보카트 감독은 훗날 토마스 갈라섹Tomáš Galásek이 중원을 장악하고 있어 이에 대한 대응으로 미드필더 보스펠트를 투입할 수밖에 없었다고 말했지만, 결과적으로 이는 패착이었다. 측면에서의 커다란 위협이 사라지자 체코는 보다 활기 있게 공격을 전개할 수 있었고 경기는 팽팽한 양상으로 진행됐다. 그러던 후반 26분 체코의 바로시가 네덜란드의 골 그물을 크게 출렁이게 하는 동점골을 뽑아내자 이후의 흐름은 체코로 넘어왔고, 후반 30분 네덜란드의 욘 헤이팅아 John Heitinga가 파벨 네드베드Pavel Nedvěd의 질주를 막다가 퇴장을 당하자 경기는 체코 쪽으로 확연히 기울었다. 네덜란드는 곧바로 이어진 체코의 프리킥 공세는 에드빈 반 데르사르Edwin van der Sar 골키퍼의 선방으로, 네드베드의 중거리 포는 크로스바의 도움으로 막아냈지만, 종료 2분여를 남기고 나온 체코의 파상공세는 어쩌지 못했다. 네덜란드는 결국 블라디미르 스미체르Vladimír Šmicer에게 뼈아픈 결승골을 허용했고 이로써 체코가 극적인 3-2 역전승을 거두며 8강 진출을 확정지었다.

죽음의 조 마지막 장은 6월 23일 포르투와 브라가에서 동시에 열렸다. 브라가에서 라트비아와 맞붙은 네덜란드는 이 경기를 반드시 이겨야 8강에 오를 수 있었는데 여기에는 체코의 도움이 필요했다. 1무 1패로 조 3위에 처져 있는 네덜란드의 입장에서는 포르투에서 독일과 경기를 갖는 체코가 비기거나 이겨줘야만 했지만, 체코가 그동안 벤치만 지켰던 7명을 포함해 후보 선수만 9명을 내보냄에 따라 독일의 낙승이 예상됐고 이에 2무로 조 2위에 올라 있는 독일이 8강에 더 가까이 있는 듯 보였다.

그러나 네덜란드의 걱정은 기우였다. 독일은 전반 21분 미하엘 발락Michael Ballack의 멋진 발리슛으로 선제골을 얻었지만 체코의 2진을 상대로도 확실한 우위를 점하지 못했고, 리드를 잡은 지 불과 9분 만에 동점골을 내줌에 따라 1-1인 상황에서 라커룸으로 들어가야 했다. 하프 타임 동안에 네덜란드가 2-0으로 이기고 있다는 소식을 접한 독일은 후반 시작과 함께 모든 것을 공격에 쏟아 부었다. 하지만 발락의 결정적인 슛이 골포스트를 맞고 나오는 등 대회 내내 발목을 잡았던 골 결정력 부족에 더해 운 또한 따라주지 않았다.

독일이 그렇게 애를 썼음에도 골을 얻지 못했던 반면 체코는 쉽게 역전골을 뽑았는데, 후반 32분 바로시가 역습 기회를 단번에 성공시키며 2-1을 만들어냈다. 이후 독일은 사력을 다해 골을 노렸지만 체코는 투박한 독일의 공격을 어렵지 않게 막아내며 2-1로 승리, 죽음의 조를 3전 전승으로 통과하며 조 1위로 8강 토너먼트에 올랐다. 반면에 유로 최다 우승국인 독일은 지난 대회에 이어 이번에도 조별리그에서 탈락하는 수모를 겪어야 했는데, 이번에는 그래도 조 3위로 탈락한 것이 그나마 위안이었다. 한편 네덜란드는 후반 39분에 나온 쐐기골을 더해 라트비아를 3-0으로 제압, 1승 1무 1패를 기록하며 조 2위로 8강에 진출했다.

8강 토너먼트

슈팅 라이크 베컴? NO!

개최국 포르투갈과 축구 종주국 잉글랜드의 대결은 유로 2004 8강 토너먼트 중 가장 큰 관심을 모은 경기로 전 세계의 미디어들의 비상한 관심을 모았다.

특히 영국의 언론들은 잉글랜드가 자국에서 열렸던 1966 월드컵에서 포르투갈을 누르고 우승[55]을 차지했던 것을 연일 보도하며 사상 첫 유로 우승에 대한 열망을 드러냈는데 이에 부응하듯 경기 시작 3분 만에 나온 오언의 골로 앞서 나가며 초반 주도권을 잡았다. 그러나 포르투갈의 조르제 안드라데Jorge Andrade에게 발을 밟히며 축구화가 벗겨지는 뜻밖의 사고를 당한 루니가 전반 27분 만에 쩔뚝거리며 교체되어 나오자 잉글랜드는 곧 원래의 모습으로 돌아간 듯 했고, 얼마지 않아 피치는 포르투갈의 지배 아래에 놓였다.

하지만 포르투갈은 예전 같지 않은 피구의 프리킥이 계속해서 크로스바 위를 훌쩍 넘어 가는 등 우세하게 경기를 이끌었음에도 좀처럼 동점을 만들지 못했다. 결국 스콜라리 감독은 후반 30분, 주장 피구마저 벤치로 불러들이는 초강수를 뒀는데 그의 대체 카드는 뜻밖에도 엘데르 포스티가Hélder Postiga였다. 잉글랜드 프리미어리그에서 뛰었던 포스티가는 불성실한 플레이에 좋지 않은 성적으로 토튼햄 핫스퍼Tottenham Hotspur에서의 생활을 1년 만에 접어야 했는데 이에 그가 포르투갈 대표팀 스쿼드에 선발

---

[55] 잉글랜드는 준결승전에서 포르투갈을 2-1로 물리치고 결승에 진출한 후 결승전에서 서독을 4-2로 물리치고 우승을 차지했다.

된 것은 의외라는 평가가 많았다. 하지만 그런 그가 후반 38분 동점골을 터뜨리며 포르투갈을 구해냈고, 경기도 30분 더 이어지게 됐다. 하지만 연장전에서도 승부는 쉽게 가려지지 않았다. 포르투갈은 연장 후반 5분에 터진 코스타의 골로 역전에 성공했지만 잉글랜드의 램파드가 종료 5분전 극적인 2-2 동점을 만듦에 따라 결국 준결승 진출팀을 가리기 위해서는 승부차기를 할 수 밖에 없었다.

두 팀의 승부차기에서는 뜻하지 않게도 홈런 레이스가 펼쳐졌다. 잉글랜드는 세계 최고의 '데드볼 스페셜리스트'라는 베컴을 첫 번째 키커로 내세웠지만 그의 킥은 대서양 너머의 신대륙으로 가겠다는 듯 크로스바 위를 훌쩍 넘어가며 날아갔고, 포르투갈의 세 번째 키커 코스타 역시 홈런 레이스에 동참해 베컴과 비슷한 - 물론 베컴만큼 높이 차 올리지는 못했다 - 실수를 하며 팽팽한 균형을 이어가게 했다. 이후 7번째 키커까지 이어진 두 팀의 승부차기 혈투는 포르투갈의 히카르두Ricardo 골키퍼가 펼친 원맨쇼에 의해 막을 내렸다. 다리우스 바셀Darius Vassell의 슛을 막아낸 히카르두 골키퍼는 자신이 직접 7번째 키커로 나서 승부차기 6-5가 되는 슛을 꽂아 넣었고, 이로써 포르투갈이 지난 유로 2000에 이어 2회 연속으로 4강 고지를 밟게 됐다.

한편 그날 저녁 리스본에서 치러진 아주 뻔한 듯 했던 다윗과 골리앗의 대결에서는 그리스가 프랑스를 꺾는 파란을 연출하면서 또 다시 유럽을 놀라게 했다. 실망스러웠던 전반전을 보낸 프랑스는 후반 들어 공격의 빈도를 늘리며 그리스의 골문을 향해 몇 차례의 슈팅을 날렸지만 위협이 되지 못하는 것은 전반전과 다르지 않았다. 프랑스는 되레 그리스가 후반전에 시도한 첫 번째 슈팅에 골을 내주며 무너져 내렸는데, 후반 20분 테오도로스 자고라키스Theodoros Zagorakis의 크로스를 앙겔로스 카리스테아스Angelos Charisteas가 머리로 받아 넣으며 승부를 결정지었다. 결국 그리스는 후반에 나온 단 한 번의 공격 찬스에서 얻어낸 골로 우승 후보 프랑스를 1-0으로 꺾고 역사상 처음으로 유로 4강에 오르는 기염을 토했는데, 이에 그리스는 마치 우승이라도 한 듯 환호작약했다.

승부차기 약체가 승부차기 강호를 승부차기로 이기다

스웨덴과 네덜란드는 0-0 경기로는 보기 드문 치열한 공방전을 벌였다. 두 팀 모두 수비보다는 공격에 주안점을 두고 있는 팀들이었기에 경기 자체는 흥미롭게 전개됐지만 그 어느 팀도 상대를 압도하지는 못했다.

전체적으로는 네덜란드가 다소 앞섰지만 판 니스텔로이는 서너 차례의 득점 기회를 날렸고, 연장전에서 나온 로번의 슛은 골포스트를 맞고 나오는 등 많은 공격에도 불구하고 골과의 인연을 맺지 못했다. 한동안 구석으로 몰렸던 스웨덴은 연장 후반이 되자 공세를 재개했는데, 헨리크 라르손Henrik Larsson의 왼발 터닝 슛은 크로스바를, 프레드리크 융베리Fredrik Ljungberg의 전광석화 같은 오른발 중거리 슛은 골포스트에 맞고 나오며 땅을 쳐야 했다. 결국 연장 후반 종료를 알리는 순간까지 그 어느 쪽도 골을 기록하지 못함에 따라 준결승 토너먼트에 오를 팀은 승부차기를 통해서 가릴 수밖에 없었는데, 이는 네덜란드에게 있어 크나큰 도전이었다.

네덜란드는 이제껏 승부차기에서 이겨본 적이 없었다. 유로 92, 유로 96, 1998 프랑스 월드컵 그리고 자국에서 열렸던 유로 2000에 이르기까지 지난 4번의 승부차기에서 모두 패했다. 반면 스웨덴은 승부차기에서 독일을 이겨본 두 팀 중 한 팀[56]이었고, 지금까지는 승부차기에서 단 한 번도 져본 적이 없었다. 이에 대부분의 사람들이 은연중에 스웨덴의 승리를 생각하고 있었다.

하지만 이번만은 달랐다. 스웨덴의 이브라히모비치는 베컴 코스프레를 하듯 홈런포를 날렸고, 여섯 번째 키커 올로프 멜버리 Olof Mellberg의 슛은 반 데 사르 골키퍼를 넘어서지 못했다. 이제 네덜란드의 여섯 번째 키커 로번의 슛이 성공하면 그것으로 끝이었다. 그러나 그간 계속된 승부차기 패배로 인해 네덜란드는 승리를 확신하지 못했고, 로번이 킥을 하기 위해 나섰을 때는 네덜란드 관중들은 물론 아드보카트 감독마저 초조함을 감추지 못했다. 그러나 로번의 발끝을 떠난 공은 골문 구석에 꽂히며 지긋지긋한 승부차기의 악몽에서 벗어나게 했고, 이로써 승부차기를 못하는 네덜란드가 승부차기에서 승리를 거두며 지난 대회에 이어 2회 연속으로 준결승 토너먼트에 진출했다.

한편, 8강 토너먼트의 마지막 경기에서는 바로시가 대회 4경기 연속골 등 대회 4호 골과 5호 골을 연이어 꽂아 넣은 덕에 체코가 덴마크를 3-0으로 쉽게 이기면서 4강 진출을 확정지었다.

---

[56] 스웨덴은 1988년 베를린 4개국 친선 대회에서 서독을 승부차기 4-2로 이긴 바 있었는데, 독일이 A매치 승부차기에서 패한 것은 유로 76 결승전에서 체코에게 분루를 삼킨 이후 이때가 처음이자 마지막이었다. 스웨덴은 1994 미국 월드컵 8강전에서도 루마니아를 승부차기 5-4로 물리치고 준결승에 진출했고, 1996년 2월 홍콩 구정 4개국 대회에서는 일본을 5-4로 물리쳤다.

준결승 토너먼트

유로 최초의 실버 골

포르투갈이 네덜란드를 2-1로 꺾고 개최국 4강 징크스라는 덫을 피해 사상 처음으로 유로 결승전에 진출하는 기쁨을 맛본 그 이튿날 포르투에서는 돌풍의 팀 그리스와 이번 대회에서 유일하게 전승 가도를 달리고 있던 체코의 준결승전이 열렸다.

체코는 이번 대회 참가팀 중 최고의 기술을 가지고 있는 팀으로 꼽혔다. 이에 그리스의 오토 레하겔Otto Rehhagel 감독은 더욱 타이트한 압박으로 체코를 옭아맸지만 체코는 그리스의 숨 막힐듯한 압박에도 불구하고 쉴 새 없이 공격을 전개해 나가며 경기를 주도했다. 체코는 시작부터 좋은 기회를 잡았다. 하지만 전반 초반 장신 공격수 콜레르의 헤딩 패스에 이은 토마스 로시츠키Tomáš Rosický의 대포알 같은 강슛이 아쉽게도 크로스바를 맞고 나오는 등 골과는 인연을 맺지 못했다. 여기에 이날 체코에게는 운이 따르지 않았다. 토마스 로시츠키Tomáš Rosický의 대포알 같은 강슛은 아쉽게도 크로스바를 맞고 나왔고, 전반 33분에는 팀의 주장이자 키 플레이어인 네드베드가 부상으로 쓰러지는 불운과 맞닥뜨려야 했다. 네드베드의 교체 아웃 이후 체코의 패스는 정확성이 떨어지며 그렇지 않아도 철옹성 같은 그리스의 수비를 뚫는데 애를 먹었고, 결국 소나기처럼 슈팅 세례를 퍼부었음에도 그리스의 두터운 콘크리트 방벽을 뚫지 못했다.

체코의 일방적인 공세만 지속되던 경기는 연장전이 시작되자 생각지도 못한 방향으로 전개됐다. 수비만 하던 그리스가 공세로 전환해 눈에 띄게 체력이 떨어진 체코를 물고 늘어지자 90

▲ 그리스가 유로 최초이자 마지막 실버 골로 체코를 격파했다.

분 동안 경기를 지배했던 체코가 되레 수비에 급급했던 것이다. 그리고 연장전 전반이 끝나갈 무렵 터진 트라이아노스 델라스 Traianos Dellas의 결정적인 헤딩슛이 체코의 골 그물을 출렁이자 체코의 진영에는 탄식만이 흘러나왔다.

유로 2004에서는 연장전에 한 팀이 먼저 골을 넣더라도 일단 15분간의 경기는 마쳐야 하는 '실버 골' 방식이 적용됐지만 연장전 전반의 남은 시간은 고작 수 십 초에 불과했던 것이다. 주심은 체코의 선수들과 팬들이 아연실색해 있는 사이에 경기 종료를 알리는 휘슬을 불었고 결국 그리스가 유로 최초이자 마지막 실버 골로 체코를 격파하는 또 한 번의 파란을 연출하며 결승전에 진출, 전 세계를 경악케 했다.

결승전

우승 확률 1/100

유로 2004에서 나온 가장 뜻밖의 일이라면 그리스가 프랑스와 체코를 연파하며 결승에 올랐다는 것이었고, 이에 개막전에서 맞붙은 두 팀이 결승전에서도 재대결을 벌이는 진풍경을 연출했다. 역대 유럽축구선수권대회에서 조별리그에서 겨뤘던 팀들이 결승전에서 재격돌을 벌인 사례가 없지는 않았다. 하지만 대회의 시작을 열었던 두 팀이 대회의 끝을 장식한 사례는 이번이 처음이었다. 그리스가 포르투갈, 프랑스, 체코를 잇달아 삼켜버리는 파란을 몰고 왔음에도 결승전에 대한 전망에서는 개최국 포르투갈의 우세를 점치는 의견이 많았다. 여기에는 여러 가지 근거가 동반됐는데 그중 개최국이 결승전에 올랐을 경우에는 예외 없이 앙리 들로네컵을 가져갔다는 점이 가장 설득력 있게 받아들여졌다.

2004년 7월 4일 리스본의 에스타디오 다 루즈에서 열린 결승전의 초반 흐름은 이 같은 예측대로 진행되는 듯 했다. 포르투갈은 시작부터 활발하게 움직이며 경기를 지배했고 전반 13분에는 미겔Miguel이 그리스의 페널티 박스 모서리 부근에서 예리한 오른발 슛을 날리며 공격의 시작을 알렸다. 그러나 포르투갈이 전반전에 보여준 가장 위협적인 장면은 미겔의 이 슈팅이 사실상 전부였다. 그리스는 플레이메이커 기오르고스 카라구니스Giorgos Karagounis가 출전하는 매 경기마다 옐로우 카드를 받는 진기록을 세운 덕에 결승전에 나서지 못했지만 특유의 압박과 굳건한 수비력으로 포르투갈의 공세를 진즉에 차단해 주도권을 내줬음에도 별 문제 없이 전반전을 마쳤다.

결승전이라는 긴장감을 빼고는 밋밋하기 짝이 없던 경기는 후반 초반에 골이 터져 나오자 활기를 띠었다. 후반 12분 그리스는 카리스테아스의 헤딩골로 1-0으로 앞서 나가기 시작했는데, 이는 이날 그리스가 얻어낸 유일한 유효 슈팅이기도 했다. 실점을 허용하자 포르투갈의 스콜라리 감독은 코스타를 교체 투입하며 반전을 노렸고, 후반 29분에는 코스타의 롱 패스 한방으로 호날두가 골키퍼와의 1대1로 맞서는 상황을 만들어 냈다. 하지만 호날두는 어이없는 슛으로 동점의 기회를 허공으로 날렸고 그와 함께 포르투갈의 어렴풋한 희망 또한 사라졌다. 포르투갈은 남은 시간 내내 그리스 진영에 머물며 동점골을 뽑기 위해 안간힘을 썼지만 유로 2004에서만큼은 난공불락의 요새였던 그리스의 골문은 끝내 열리지 않았다.

그리고 90분의 정규 시간에 더해 5분의 추가 시간마저 끝이 나자 우승 확률 1/100이었던 그리스가 유럽 챔피언에 등극하는, 꿈에서나 가능했던 일이 현실이 되었다. 그간 메이저 대회에서 단 1승도 올리지 못했던 그리스의 유로 2004 우승은 전 세계를 놀라게 하며 세계 축구사에 길이 남을 신화가 되었는데, 이에 AP 통신 등은 2004년 10대 스포츠 뉴스에 그리스의 유로 우승을 1위로 선정했다.

EURO 2008
AUSTRIA-SWISS

UEFA European Football Championship

EURO 2008 Qualifying

Group A
POLAND	14	8	4	2	24	12	28
PORTUGAL	14	7	6	1	24	10	27
Serbia	14	6	6	2	22	11	24
Finland	14	6	6	2	13	7	24
Belgium	14	5	3	6	14	16	18
Kazakhstan	14	2	4	8	11	21	10
Armenia	12	2	3	7	4	13	9
Azerbaijan	12	1	2	9	6	28	5

Group B
ITALY	12	9	2	1	22	9	29
FRANCE	12	8	2	2	25	5	26
Scotland	12	8	0	4	21	12	24
Ukraine	12	5	2	5	18	16	17
Lithuania	12	5	1	6	11	13	16
Georgia	12	3	1	8	16	19	10
Faroe Islands	12	0	0	12	4	43	0

Group C
GREECE	12	10	1	1	25	10	31
TURKEY	12	7	3	2	25	11	24
Norway	12	7	2	3	27	11	23
Bosnia-Herzegovina	12	4	1	7	16	22	13
Moldova	12	3	3	6	12	19	12
Hungary	12	4	0	8	11	22	12
Malta	12	1	2	9	10	31	5

Group D
CZECH	12	9	2	1	27	5	29
GERMANY	12	8	3	1	35	7	27
Ireland	12	4	5	3	17	14	17
Slovakia	12	5	1	6	33	23	16
Wales	12	4	3	5	18	19	15
Cyprus	12	4	2	6	17	24	14
San Marino	12	0	0	12	2	57	0

Group E
CROATIA	12	9	2	1	28	8	29
RUSSIA	12	7	3	2	18	7	24
England	12	7	2	3	24	7	23
Israel	12	7	2	3	20	12	23
Macedonia	12	4	2	6	12	12	14
Estonia	12	2	1	9	5	21	7
Andorra	12	0	0	12	2	42	0

Group F
SPAIN	12	9	1	2	23	8	28
SWEDEN	12	8	2	2	23	9	26
Northern Ireland	12	6	2	4	17	14	20
Denmark	12	6	2	4	21	11	20
Latvia	12	4	0	8	15	17	12
Iceland	12	2	2	8	10	27	8
Liechtenstein	12	2	1	9	9	32	7

Group G
ROMANIA	12	9	2	1	26	7	29
NETHERLANDS	12	8	2	2	15	5	26
Bulgaria	12	7	4	1	18	7	25
Belarus	12	4	1	7	17	23	13
Albania	12	2	5	5	12	18	11
Slovenia	12	3	2	7	9	16	11
Luxembourg	12	1	0	11	2	23	3

제13장 유로 2008 (2008 유럽축구선수권대회)

유로 2008은 유로 2000에 이어 다시 한 번 공동 개최로 치러졌다. 다른 점이 있다면 유로 2000이 치열한 경쟁이 화해와 협력으로 마무리된 케이스였던 것에 반해 유로 2008은 애당초 협력을 지향했다는 점이다. FIFA가 2002 한일 월드컵을 끝으로 더 이상의 공동 개최는 없다며 공동 개최에 부정적인 입장을 견지했던 반면 세계 축구 역사상 처음으로 공동 개최를 이끌어 냈던 UEFA는 이에 대해 여전히 우호적이었고, 그 같은 분위기에 유럽의 여러 나라들은 너나 할 것 없이 공동 개최를 희망했다. 스칸디나비아에서는 덴마크, 핀란드, 노르웨이, 스웨덴 등 4개국이 '노르딕 2008'이라는 기치를 내걸고 대회 유치에 나섰고, 심지어 앙숙인 그리스와 터키도 공동 개최를 위해 손을 잡았지만 최종 투표 결과 제네바에 UEFA 본부를 두고 있는 스위스가 오스트리아와 함께 유로 2008의 공동 개최국으로 낙점 됐다.

AFC 소속이었던 카자흐스탄이 UEFA로 편입함에 따라 회원국 수가 52개국으로 늘었지만 개최국으로 확정된 스위스와 오스트리아가 자동 진출권을 획득했기에 유로 2008 예선 리그에는 이들을 제외한 50개국이 7개조로 나뉘어 예선 리그를 치렀다. 유로 2008 예선 라운드에서 눈에 띄는 점이 있다면 유로 96 이후 계속됐던 플레이오프가 사라졌다는 점이다. 이전 대회에서는 각 조 수위에게만 본선 진출 티켓이 보장되었지만 이번 대회에서는 7개조의 1위 팀은 물론 2위 팀에게도 본선 직행 티켓이 주어졌고, 이에 본선 참가국이 16개국으로 확대된 이후 처음으로 플레이오프가 치러지지 않았다.

예선 리그

"텔레파시로 경기를 지휘하겠다."

유로 2008 예선 리그에서 가장 많은 주목을 받은 곳은 독일 월드컵 결승전에서 맞붙은 프랑스와 이탈리아가 재격돌을 준비하고 있던 B조였다. 지네딘 지단Zinedine Zidane의 박치기 이후 두 달 여 만에 치러진 리턴 매치의 1차전은 프랑스가 3-1로 이기면서 복수에 성공했지만, 이듬해 9월 밀라노에서 예정된 2차전을 앞두고는 상황이 좋지 못했다. 프랑스의 레이몽 도메네크 Raymond Domenech 감독이 르 파리지엥과의 인터뷰에서 이탈리아가 지난 1999년에 있었던 프랑스와 이탈리아의 U-21 경기의 심판을 매수했다고 주장하는 바람에 6천 유로의 벌금과 함께 1경기 출장 정지의 징계를 받으면서 벤치를 지킬 수 없게 됐던 것이다. 하지만 도메네크 감독은 '휴대폰 문자 메시지와 텔레파시로 경기를 지휘하겠다.'고 밝히며 개의치 않아했고, 텔레파시의 결과였는지 2차전도 0-0 무승부로 마치면서 계속해서 선두 자리를 유지할 수 있었다. 그러나 도메네크 감독이 다시금 벤치에 앉자 프랑스는 되레 흔들렸고 결국 스코틀랜드에게 패하면서 뒤로 물러앉았다. 이에 스코틀랜드가 이탈리아와의 예선 최종전을 이긴다면 알프스 산맥으로 갈 수 있었지만 후반 추가시간에 치명적인 실점을 내주고 패하면서 본선 티켓을 놓쳤고, 덕분에 지단의 박치기 이후 극도로 사이가 나빠진 이탈리아와 프랑스가 사이좋게 알프스 등정에 나섰다.

B조 못지않게 축구팬들의 관심을 끈 곳은 축구 종가 잉글랜드가 있던 E조였다. E조에서는 잉글랜드가 유력한 1위 후보로 꼽힌 가운데 크로아티아와 러시아가 남은 1장의 티켓을 놓고 경합을 벌일 것으로 전망됐다. 하지만 E조의 1위 자리는 일찌감치 크로아티아의 차지가 되었고, 이에 당초 1위가 유력시됐던 잉글랜드는 러시아와 치열한 2위 다툼을 벌여야 했지만 이조차도 쉽지 않았다. 웸블리에서는 러시아를 3-0으로 쉽게 이겼지만, 인조 잔디가 깔려 있는 모스크바의 루즈니키 스타디움에서는 1-2로 패하면서 러시아에 재차 2위 자리를 내줘야 했다.

그러나 러시아와 잉글랜드의 처지는 곧 뒤바뀌었다. 이스라엘을 방문한 러시아가 인저리 타임에 결승골을 허용하며 무릎을 꿇은 탓에, 본선 진출이 어려워 보였던 잉글랜드가 최종전에서 비기기만 하더라도 알프스 산맥에 오를 수 있게 된 반면 러시아는 크로아티아가 잉글랜드를 반드시 이겨야만 본선에 나갈 수 있는 상황에 몰렸던 것이다. 그때 구세주가 등장했다. 스파르타크 모스크바Spartak Moscow의 구단주이자 러시아의 갑부인 레오니드 페둔Leonid Fedun이 크로아티아가 잉글랜드를 꺾어 준다면 골키퍼와 필드 플레이어 중 수훈 선수 3명에게 벤츠를 선물하겠다고 나선 것이다. 그리고 반전이 일어났다. 이미 본선 진출이 확정된 크로아티아는 잉글랜드를 끝까지 물고 늘어지며 3-2로 꺾었고 덕분에 러시아의 거스 히딩크Guus Hiddink 감독은 각기 다른 두 팀을 유로 본선으로 이끈 최초의 감독이 되었다.

A조의 아르메니아와 아제르바이잔은 축구 외적인 이유로 전 유럽의 시선을 사로잡았다. 나고르노카라바흐[57]의 영토 문제를 두고 분쟁을 벌이고 있던 두 나라는 서로 상대의 땅에서는 절대 경기를 벌일 수 없다며 대립했는데, 이에 UEFA가 다각도로 노력을 기울였으나 끝내 합의가 이루어지지 않자 결국 두 팀의 홈&어웨이 경기를 모두 취소하며 승점 0점을 주는 조치를 취했다. 이후 UEFA는 분쟁 국가들을 같은 조에 편성하지 않기로 하는 '분쟁국 분리 배정 정책'을 세웠고 2014 브라질 월드컵 유럽 예선 조 추첨을 앞두고는 FIFA에 아르메니아와 아제르바이잔 그리고 전쟁을 치렀던 러시아와 그루지야를 각기 다른 조에 배정해 줄 것을 요청했다. 한편 D조의 독일은 예선 2라운드에서 산마리노를 13-0으로 대파하며, 1983년 12월 스페인이 몰타를 상대로 기록[58]한 유로 한 경기 최다 득점 기록과 최다 점수 차 승리 기록을 23년 만에 새로 썼다.

---

[57] 아제르바이잔 영토내의 한 주. 이곳은 원래 1923년까지는 기독교를 믿는 아르메니아인들이 거주하던 곳이었으나 구소련에 의해 이슬람교를 믿는 아제르바이잔의 영토로 편입되었다. 그러던 1988년, 구소련의 체제가 느슨해지자 나고르노카라바흐는 아르메니아와의 통합을 요구하기 시작했고 결국 이를 수용하고자 하는 아르메니아와 이를 막으려는 아제르바이잔 사이의 감정의 골이 깊어지면서 두 나라는 사실상 전쟁 상태에 돌입했다. 이들의 전쟁은 1994년 5월, 러시아의 중재로 휴전 협정을 체결하며 일단락되는 듯 했으나 이후로도 사소한 분쟁이 계속해서 이어지며 지금까지도 분쟁 지역으로 남아 있다.
[58] 스페인 12-1 몰타.

유로 2008 오스트리아-스위스

유로 2008은 애초 '죽음의 조'의 탄생이 불가피한 구도였다. 공동 개최국인 오스트리아와 스위스 그리고 지난 대회 우승팀인 그리스가 변변찮은 실력에도 불구하고 시드를 배정 받음에 따라 참가국 모두가 강팀이라 인정할만한 나라 중에서는 - 2006 독일 월드컵 예선과 유로 2008 예선 성적을 토대로 점수를 산정한 결과 1위를 차지한 - 네덜란드만이 1번 포트에 들어갔다. 월드컵 챔피언 이탈리아는 2번 포트, 우승 1, 2 순위로 꼽히는 독일과 스페인은 3번 포트에 담겼고, 월드컵 준우승팀인 프랑스는 4번 포트에 배정됐는데, 이에 '죽음의 조'의 탄생은 불가피한 일이라 여겨졌고 곧 현실이 되었다. 2007년 12월 2일, 스위스 루체른의 컬쳐 컨벤션 센터에서 펼쳐진 유로 2008의 조 추첨 결과는 다음과 같았다.

A조 : 스위스, 체코, 포르투갈, 터키
B조 : 오스트리아, 크로아티아, 독일, 폴란드
C조 : 네덜란드, 이탈리아, 루마니아, 프랑스
D조 : 그리스, 스웨덴, 스페인, 러시아

한편 UEFA는 이번 대회를 앞두고 지난 1960년부터 사용한 기존의 앙리 들로네컵보다 18cm 더 커지고 2kg더 무거워진 높이 60cm, 무게 8kg의 앙리 들로네컵을 새롭게 제작해 선보였고, 이에 유로 2008 우승팀은 새 우승컵을 들어 올리는 첫 번째 나라가 될 터였다.

A조

조별리그에서 승부차기를?

개최국 스위스가 속한 A조에서는 포르투갈과 체코의 8강 진출이 유력해 보였다. 스위스가 개최국이라는 유리한 입지를 점하고 있는 만큼 다크호스가 될 것이라는 의견도 없지는 않았지만 그 가능성을 높게 보는 편은 아니었고 대신 새로운 앙숙으로 떠오른 터키에 앞서 3위 자리를 차지할 것으로 전망됐다.

A조의 1라운드 경기 결과는 그 같은 예측이 크게 어긋나지 않았음을 보여줬다. 체코는 개최국 스위스의 뜻밖의 공세에 고전을 면치 못했지만 수문장 페트르 체흐Petr Čech와 크로스바의 선방 덕에 1-0으로 이기면서 스위스에 개최국 개막전 패배의 불명예를 안겼고, 포르투갈 역시 터키를 어렵지 않게 2-0으로 제압하며 조 선두로 나섰다. 이 같은 분위기는 2라운드에도 고스란히 이어졌는데 크리스티아누 호날두Cristiano Ronaldo가 맹활약을 펼친 포르투갈이 체코를 3-1로 완파하며 16개 팀 중 가장 먼저 8강 진출을 확정짓자, 개막전에서 선전을 펼쳤던 스위스가 첫 경기에서 별 다른 모습을 보여주지 못한 터키를 상대로 승점 3점을 챙길 것이라는 관측이 설득력 있게 다가왔다.

개최국 스위스와 터키의 대결은 여러모로 큰 관심을 모았다. 두 팀의 가장 최근 대결은 2006 독일 월드컵 유럽 예선 플레이오프로 홈경기를 2-0 승리로 이끈 스위스가 원정에서의 2-4 패배에도 불구하고 원정 경기 다득점 우선 원칙에 따라 터키를 제치고 월드컵 진출권을 획득했다. 하지만 두 팀의 플레이오프가 기억되고 있는 데는 다른 이유가 있었다. 경기가 끝나고 퇴장하는 과정에서 양 팀 선수들이 충돌하는 폭력 사태가 발생했고 이에 두 팀의 앙금은 아직 가시지 않은 상태였다. 아울러 두 팀 모두 첫 경기에서 패배의 쓴 맛을 본 터였기에 이번에 패한다면 그것으로 탈락이었던 터라 양 팀 선수들은 쏟아지는 비에도 아랑곳 하지 않고 맹렬히 부딪혔다.

두 팀의 경기는 격렬하고 팽팽했다. 스위스가 터키 이민 2세들인 에렌 데르디요크Eren Derdiyok의 도움과 하칸 야킨Hakan Yakin의 골로 먼저 앞서 나가자 터키 역시 세미흐 셴튀르크Semih Şentürk의 헤딩골로 동점을 만들며 승부를 원점으로 돌렸다. 이후 두 팀은 피치의 끝에서 끝을 빠르게 오가며 상대의 골문을 노렸지만 그 어느 팀도 추가골을 얻지 못했고 이번에는 그 어느 쪽도 승리를 챙기지 못한 채 경기를 끝내는 듯 했다. 하지만 무승부로 끝이 나는 듯 했던 후반 추가 시간에 기어코 승부가 결정됐다. 터키의 아르다 투란Arda Turan이 날린 회심의 중거리 슛이 스위스의 골문을 재차 흔들었던 것이다. 이로써 스위스가 경기 종료를 눈앞에 두고 통한의 결승골을 허용하며 개최국 조별리그 탈락의 수모를 겪어야 했던 반면 2006 독일 월드컵 예선에서 뼈아픈 패배를 당했던 터키는 극적인 2-1 역전승으로 이를 설욕하며 8강 토너먼트 진출의 불씨를 되살릴 수 있었다.

A조에서는 포르투갈이 조 1위로 8강 토너먼트 진출을 확정지은 가운데 나머지 한 장의 티켓을 놓고 체코와 터키가 경합을 벌였다. 공교로운 것은 두 팀 모두 1승 1패에 2득점 3실점을 기록 중인 상황으로 승점, 골득실, 다득점까지 같았기에 만약 전후반 90분 동안 승부를 가리지 못한다면 상대 전적 또한 동률이 됨에 따라 조별리그에서 승부차기를 통해 8강 진출팀을 가려야 하는

사상 초유의 일이 벌어질 수도 있었다. 물론 두 팀이 승부차기까지 갈 것이라 생각한 이들은 그리 많지 않았다. 체코는 터키와의 역대 전적에서 10승 3무 1패의 압도적인 우위를 점하고 있었는데 그 1패마저도 1958년의 일이었다. 여기에 선수 개개인 면면을 살펴봤을 때도 체코의 스쿼드가 터키에 비해 한층 더 무게감이 있었기에 그 같은 일은 일어나지 않을 것으로 여겨졌다.

6월 15일 저녁 제네바에서 열린 이들의 경기 역시 모두의 예상대로 흘러갔다. 전반 34분 얀 콜레르Jan Koller의 헤딩 골로 기선을 잡은 체코가 후반 17분 한 골을 더 달아나며 2-0을 만들자 모두들 승부는 이미 결정 났다고 생각했다. 이후 터키가 후반 30분 만회골을 터뜨리며 1-2로 따라 붙었지만 그것이 전부일 뿐 승부가 뒤집힐 것이라 생각하는 이들은 많지 않았다. 하지만 후반 42분 뜻밖의 일이 발생하면서 대반전의 서막이 열렸다. 체흐 골키퍼가 하밋 알틴톱Hamit Altintop의 크로스를 잡았다 놓치는 어처구니없는 실수를 범하면서 터키의 니하트 카베지Nihat Kahveci에게 2-2가 되는 동점골을 허용했고, 이에 A조 2위는 사상 초유의 조별리그 승부차기를 통해서 가려져야 할 상황에 놓였다.

승부차기에서도 두 팀의 우위는 뚜렷하게 갈렸다. 승부차기라고 하면 으레 독일을 떠올리지만 그런 독일도 무릎을 꿇은 상대가 바로 체코였다. 체코는 메이저 대회 승부차기에서 3전 전승을 기록 중인 고수였는데, 3승 모두 유로에서 거둔 성과였다. 반면 터키는 메이저 대회에서 이제껏 승부차기를 펼쳐본 적이 없었다. 상황이 이렇다 보니 결국 승부차기까지 가더라도 체코가 유리할 것이라는 분위기가 지배적이었다.

그러나 터키는 승부차기까지 갈 생각이 없었다. 동점골의 여운이 가시지 않은 후반 44분 니하트가 오른발로 감아 찬 슛은 체코의 골 그물을 재차 흔들었고, 이로써 터키가 0-2의 스코어를 3-2로 뒤집는 또 한 번의 극적인 역전 드라마를 쓰며 조 2위로 8강에 진출했다.

B조

사상 초유의 사태 발생, 양 팀 감독의 동시 퇴장

B조에서는 독일이 무난히 조 수위를 차지할 것으로 전망된 가운데 크로아티아가 그 뒤를 이을 것으로 보였다. 폴란드도 가망이 없는 것이 아니었지만 천적이라 할 수 있는 독일과 다크호스로 꼽히는 크로아티아에는 못 미친다는 것이 의견이 지배적이었고, 우승 확률 1/100의 개최국 오스트리아는 유로 2008에 참가한 16개국 중 꼴찌로 여겨진 터였기에 승점 1점이라도 얻으면 그것만으로도 다행이라는 분위기였다. 하지만 오스트리아는 조별리그 내내 기대 이상의 선전을 펼쳤고 이에 낙승을 기대하고 경기장에 들어섰던 상대 팀들은 예상외로 고전을 면치 못했다.

B조의 시작은 6월 8일 빈의 에른스트 하펠 슈타디온에서 열린 개최국 오스트리아와 크로아티아의 대결로 그 막을 올렸다. 처음 시작은 모두의 예상대로였다. 경기 시작과 동시에 공세를 퍼부은 크로아티아는 전반 4분 만에 터진 루카 모드리치Luka Modrić 페널티킥 골로 일찌감치 리드를 잡자 내심 다득점을 생각했다. 그러나 전반 중반 이후 주도권을 가져온 오스트리아의 공세는 뜻밖에도 매서웠고, 크로아티아는 골키퍼의 눈부신 선방 덕에 승점 3점을 챙길 수 있었다.

같은 날 저녁 클라겐푸르트의 뵈르테르제 슈타디온에서는 B조에서 가장 흥미로운 대결로 꼽힌 독일과 폴란드의 일전이 벌어졌다. 두 팀의 대결은 항상 긴장감을 불러 일으켰다. 과거사의 앙금이 남아 있던 폴란드와 독일의 대결은 늘 위험한 분위기가 연출됐는데 이는 이번에도 마찬가지였다. 시합이 있기도 전에 양 팀 팬들이 클라겐푸르트 도심에서 충돌하는 사건이 발생했고, 결국 UEFA와 조직위는 인구 10만이 채 안 되는 도시에 4천여 명이 넘는 경찰과 경호 업체 직원을 추가로 투입해야 했다.

하지만 라이벌전의 분위기와는 달리 축구 실력에서는 상당한 차이가 났다. 폴란드는 1933년 독일과 첫 대결을 벌인 후 지난 2006 월드컵에 이르기까지 15번의 대결에서 4무 11패를 기록하며 단 한 번도 독일을 꺾어 보지 못한 것은 물론 1980년 이후로는 단 한 골도 넣지 못했다. 정신적으로는 맞수라 할 수 있을지 몰라도 축구 실력에서 있어서는 차이가 극명했던 것이다. 그리고 그 같은 분위기는 이번에도 계속됐고, 결국 경기는 2개의 도움을 기록한 미로슬라프 클로제Miroslav Klose와 2골을 넣은 루카스 포돌스키Lukas Podolski라는 두 폴란드계 독일 선수의 활약에 힘입은 독일의 2-0 승리로 끝이 났다.

6월 12일 클라겐푸르트에서 벌어진 B조의 최고 빅 매치인 크로아티아와 독일의 대결은 의외의 결말을 안겨줬다. 당초 전문가들은 독일의 승리를 예상했다. 잉글랜드를 제치고 예선 리그를 1위로 통과한 크로아티아의 경기력도 무시 못할 수준이었지만, 독일이 예선 리그에서 보여준 질주에 가까운 플레이는 이를 능가하고도 남았고, 오스트리아와의 경기에서 보여준 크로아티아의 모습을 본다면 독일의 승리가 확실한 듯 보였다. 하지만 막상 뚜껑을 열자 경기는 예상 밖의 방향으로 흘러갔고, 크로아티아가 먼저 2골을 뽑아내며 앞서 갔다. 독일은 후반 34분 포돌스키의 만회골로 1-2로 따라 붙었지만 후반 추가 시간에 나온 바스티안 슈바인슈타이거Bastian Schweinsteiger의 퇴장과 함께 추격의 의지를 상실했고 경기도 그대로 내줬다. 이로써 크로아티아가 2연승을 기록하며 남은 경기에 상관없이 8강 진출을 확정 지은 반면 예상치 못한 패배를 당한 우승 후보 독일은 조별리그 최종전에서 토너먼트 진출을 확정지어야 하는 처지로 내몰렸다.

리그 최종전을 앞두고는 긴장감이 감돌기 마련이다. 그러나 B조의 최종전을 앞두고는 그런 긴장감이 전혀 없었다. 크로아티아가 2연승으로 조 1위를 확정 지은 가운데 나머지 3팀이 남은 한 장의 티켓을 놓고 일전을 벌어야 했는데 이 또한 독일의 차지가 될 것이 뻔했기 때문이다. 1승 1패 승점 3점의 독일이 2위에 올라 있는 가운데 1-1 무승부를 기록하며 나란히 승점 1점씩을 나눠 가진 오스트리아와 폴란드가 그 뒤를 잇고 있었지만 이들의 토너먼트 진출 가능성은 너무도 희박했다. 독일이 무승부만 거둬도 8강 토너먼트 진출이 가능했던 것에 반해 오스트리아는 독일을 3골 차 이상으로 이겨야만 조별리그를 통과할 수 있었다. 폴란드도 산술적으로는 8강에 오를 가능성이 없던 것이 아니었다. 하지만 오스트리아에게는 비록 실낱같은 희망일지라도 자력으로 8강에 오를 수 있는 여지가 있던 반면 폴란드는 크로아티아에 이기더라도 동시에 오스트리아가 독일에 승리를 거둬야만 조 2위 자리를 확정 지을 수 있었는데 이는 사실상 불가능한 임무와도 마찬가지였다. 상황이 그러했기에 B조의 마지막 일전은 맥 빠진 경기가 될 것으로 여겨졌지만 앞서 경기를 가진 크로아티아, 폴란드와 마찬가지로 독일 역시 개최국 오스트리아를 상대로 힘든 경기를 치러야 했다.

경기는 뜻밖에도 팽팽했다. 하지만 그에 못지않게 답답했고 하이라이트 역시 골 장면이 아니었다. 이날 경기 최고의 볼거리는 전반 40분에 나왔다. 독일의 요아힘 뢰브Joachim Löw 감독과 오스트리아의 요제프 히커스베르거Josef Hickersberger 감독이 삿대질을 해가며 말싸움을 벌이다 동시에 퇴장을 당한 것이었다. 두 감독의 언쟁이 처음부터 소란스러웠던 것은 아니었다. 하지만 작게 시작된 이들은 언쟁은 이후 관중들이 피치가 아닌 벤치를 주시하는 지경에 이르렀고 이에 대기심이 말려봤지만 소용이 없었다. 결국 주심이 직접 나서서 양 팀 감독을 동시에 퇴장시키는 초유의 사태가 벌어졌는데, 더욱 진풍경이었던 것은 벤치를 벗어나 본부석을 향하던 두 감독이 언제 그랬냐는 듯 악수를 나누고는 서로를 위로하며 함께 걸어 나가는 모습이었다. 답답했던 경기는 후반 4분 미하엘 발락Michael Ballack의 대포알 같은 프리킥이 결승골로 이어지며 독일의 1-0 승리로 막을 내렸고, 이로써 독일이 폴란드를 꺾고 3연승을 기록한 크로아티아에 이어 조 2위로 8강 토너먼트에 진출했다.

C조

"친구 반 바스텐을 믿는다."

죽음의 조라 할지라도 예상되는 생존 확률은 분명 다 달랐다. 월드컵 챔피언 이탈리아는 비록 죽음의 조에 속했다 했을지라도 무난히 8강 고지를 밟을 것으로 전망됐고, 월드컵 준우승팀 프랑스 역시 2년 전 만은 못하지만 넘버 2의 위치를 다시 한 번 고수할 것으로 여겨졌다. 반면 시드국 네덜란드에 대해서는 조 3위 정도를 꼽는 이들이 많았고, 다른 조에 속했더라면 능히 2위 정도는 노려봤음직한 루마니아는 꼴찌를 벗어나지 못할 것이라는 절망적인 의견만을 들어야 했다. 하지만 이 같은 예측들은 모두 섣부른 판단에 불과했다.

유로 2008의 죽음의 조는 6월 9일 취리히에서 열린 프랑스와 루마니아의 대결을 시작으로 그 문을 열었다. 죽음의 레이스의 출발선인 만큼 많은 이들이 관심을 기울였지만 기대는 곧 실망으로 바뀌었다. 경기는 0-0 스코어로 끝났는데 양 팀 통틀어 유효 슈팅이 단 1개에 불과했다는 점을 고려한다면 당연한 결과였다. 취리히에서의 일전이 지루함 속에 막을 내린 반면 베른의 슈타드 드 스위스에서 펼쳐진 네덜란드와 이탈리아의 대결은 예상치 못한 결과와 함께 끝을 맺으며 놀라움을 안겨줬다. 엇비슷한 전력을 가진 팀들의 대결이었기에 한쪽이 일방적인 승리를 거둘 것이라고는 누구도 생각하지 못했지만 그래도 이탈리아가 조금 더 우위에 서 있다는 것이 일반적인 평가였다.

이 같은 전망에는 이탈리아가 월드컵 챔피언이라는 것도 이유가 됐지만 그보다는 네덜란드가 이탈리아에게 약세를 보이고 있던 것이 주요 원인이었다. 네덜란드는 1920년 이탈리아와 첫 대결을 벌인 이후 2승 6무 7패의 열세를 면치 못하고 있었다. 최근 30년간의 상대 전적은 더욱 참담했다. 네덜란드가 이탈리아를 상대로 마지막 승리를 거둔 것은 1978 아르헨티나 월드컵 8강 리그에서 2-1로 이긴 것이 마지막으로 그 후로는 3무 5패만을 기록 중이었다. 굳이 먼 과거의 얘기를 들출 필요도 없었다. 네덜란드는 자국에서 개최된 유로 2000 준결승전에서 전후반 및 연장전에 이르기까지 이탈리아를 120분 내내 몰아붙였고, 이에 두 번이나 페널티킥을 얻어 냈음에도 단 한 번도 그들의 골라인을 넘어서지 못하며 승부차기에서 무릎을 꿇었다. 이렇듯 네덜란드가 '아주리 징크스'라 해도 무방할 정도로 이탈리아에게는 약세를 보였던 터였기에 이날 역시도 이탈리아가 최소한 지지는 않을 것이라는 조심스러운 전망이 흘러나오기도 했지만 이는 크나큰 오판이었다.

네덜란드의 창은 이탈리아가 그토록 자랑하던 견고한 빗장을 너무도 쉽게 열어 젖혔고 모두의 예상을 뛰어넘는 충격적인 결과를 안겨 주었다. 전반 초반부터 공세를 퍼부은 네덜란드는 전반 26분 루드 판 니스텔로이Ruud van Nistelrooy가 공의 방향을 살짝 바꾸는 재치 있는 슛으로 이탈리아의 골 그물을 흔든 데 이어 불과 5분 후에는 베슬러이 스네이더르Wesley Sneijder의 감각적인 오른발 슛으로 점수 차를 벌렸다. 그리고 후반 34분 네덜란드는 디르크 카윗Dirk Kuyt의 크로스에 이은 히오바니 판 브롱크호르스트Giovanni van Bronckhorst의 헤딩골로 3-0을 만들었고 이것으로 승부는 결정되었다. 이로써 네덜란드는 30년 만에 이탈리아를 격파하며 지옥의 조를 탈출할 수 있는 유리한 고지에 올라선 반면 이탈리아는 1983년 10월 15일에 가진 스웨덴과의 유로 84 예선에서 0-3의 패배를 당한 이후 최다 골차 패배를 당하며 월드컵 챔피언으로서의 자존심에 상처를 입었다.

죽음의 조의 1라운드에는 뜻밖의 성적표를 받아든 월드컵 우승팀과 준우승팀은 절치부심한 가운데 다음 경기에 나섰지만, 2라운드의 결과 역시 충격적이기는 마찬가지였다. 이탈리아는 조 최약체로 꼽히는 루마니아를 상대로 자존심 회복에 나섰지만 이 날 무수히 많은 선방을 펼쳤던 지안루이지 부폰Gianluigi Buffon이 페널티킥마저 막아낸 덕분에 간신히 1-1로 경기를 마칠 수 있었고, 네덜란드에 난타를 당한 프랑스는 1-4의 참담한 패배를 당하면서 이탈리아를 대신해 조 최하위로 내몰렸다.

당초 전문가들이 전망한 죽음의 조에 대한 예측은 크게 엇나갔다. 3순위였던 네덜란드가 단 두 경기 만에 죽음의 조를 벗어나며 8강 진출을 확정 지은 것이야 이들 역시 결코 만만찮은 팀이었기에 그렇다 치더라도 우승 후보로 꼽히던 이탈리아와 프랑스가 나란히 탈락의 위기에 놓이며 벼랑 끝으로 내몰린 것은 예상을 뛰어 넘는 결과였다. 더구나 이들이 최종전에서 승리를 거둔다 한들 8강 진출을 장담할 수 없었다. 루마니아가 2무, 이탈리아와 프랑스가 1무 1패를 기록하고 있었기에 루마니아가 최종전에서 승리를 거둔다면 2위 자리는 볼 것도 없이 루마니아의 차지였고, 설령 승점 1점만을 추가하는데 그친다 하더라도 이탈리아와 프랑스의 경기 역시 무승부로 끝난다면 루마니아가 8강에 오르기 때문이었다.

상황이 이렇다 보니 죽음의 조를 탈출할 수 있는 마지막 한 장의 티켓 역시 네덜란드가 쥐고 있는 셈이었고, 이에 이탈리아의 도나도니 감독은 '친구[59] 마르코 반 바스텐Marco van Basten 감독을 믿는다.'는 메시지와 함께 네덜란드의 승리를 기원했다. 하지만 이탈리아는 네덜란드의 승리를 바라기에 앞서 스스로가 프랑스의 벽을 넘어야 했다. 이탈리아는 네덜란드가 자신들에게 그랬

---

[59] 반 바스텐과 도나도니는 1987~95년까지 AC 밀란에서 함께 뛰며 팀의 황금기를 이끌었다.

던 것처럼 프랑스에는 약세를 보이고 있었는데 공교롭게도 1978 아르헨티나 월드컵 1차 조별리그에서 프랑스에 2-1로 이긴 이래로 90분 또는 120분간의 경기에서는 지난 30년간 프랑스를 단 한 번도 이겨본 적이 없었다.

당초 유로 2008 조별리그 최고의 빅 매치로 꼽혔던 두 팀의 벼랑 끝 승부는 6월 17일 비가 오는 취리히의 레치그룬트 슈타디온에서 펼쳐졌다. 네덜란드에게 4골을 내주며 참패를 당했던 프랑스의 도메네크 감독은 레프트 백 파트리스 에브라Patrice Evra만을 그대로 놔둔 채 새로운 포백 라인을 들고 나왔는데 결과적으로 그 같은 선택은 되레 재앙을 불러 왔다. 도메네크 감독은 레프트 백을 주로 맡던 에리크 아비달Éric Abidal을 센터 백으로 배치해 이탈리아전에 나섰지만, 무승부만으로도 탈락이 되는 최종전에 평소와는 다른 포지션으로 나선 아비달은 맞지 않은 옷을 입은 듯 불안한 모습만을 연출했다. 그리고 우려는 현실이 됐다.

전반 24분 아비달은 무리한 파울을 범하다 페널티킥을 내주면서 퇴장을 당했고, 이로 인해 0-1로 끌려가는 상황에서 10명의 선수만으로 경기를 맞게 되자 프랑스의 진영에는 이내 어두운 그림자가 드리웠다. 프랑스는 파비오 그로소Fabio Grosso의 프리킥은 골포스트의 도움으로 막아낼 수 있었지만 후반 17분 티에리 앙리Thierry Henry의 발에 맞고 굴절이 된 다니엘레 데 로시Daniele De Rossi의 프리킥은 어찌하지 못했고 그와 함께 어렴풋한 희망 또한 사라졌다. 결국 이탈리아가 실수와 불운이 겹쳐진 프랑스를 2-0으로 제압하며 조 2위로 8강 토너먼트에 오를 수 있었던 반면 30년 만에 이탈리아에게 패배를 당한 프랑스는 단 1승도 거두지 못한 채 조 최하위로 귀국길에 오르는 치욕을 맛봐야 했다. 한편 같은 시각 베른에서 경기를 가진 네덜란드는 루마니아를 2-0으로 제압하며 죽음의 조를 3전 전승으로 탈출했다.

D조

두 경기만에 탈락한 디펜딩 챔피언

포르투갈 대신 스웨덴이 들어온 것을 제외하고 유로 2004의 A조와 거의 동일한 구성이었던 D조에서는 스페인이 무난히 조 1위를 차지할 것으로 예측됐다. 시드국이자 디펜딩 챔피언인 그리스는 스웨덴, 러시아와 남은 한 장의 8강 티켓을 놓고 다툴 것으로 전망됐는데, 이 역시도 스웨덴의 몫이 될 가능성이 높은 것으로 점쳐졌다.

그리고 예상대로 진행됐다. D조의 첫 번째 경기에서 스페인이 다비드 비야David Villa의 해트트릭 등으로 러시아를 4-1로 꺾고, 스웨덴 역시 즐라탄 이브라히모비치Zlatan Ibrahimović의 결승골로 그리스를 2-0으로 제압하자 D조에 있어서만큼은 이변은 없어 보였다. 이 같은 흐름은 두 번째 경기에서도 고스란히 이어졌다. 스페인은 예선 리그에서 1승 1패를 주고받았던 스웨덴과의 쉽지 않은 대결에서 후반 추가 시간에 나온 비야의 극적인 결승골 덕에 2-1의 승리를 거두며 두 경기만에 8강 토너먼트 진출을 확정지었고, 러시아는 그리스의 실수를 놓치지 않고 골로 연결시키면서 1-0으로 승리 8강 진출의 불씨를 되살렸다.

D조의 리그 최종전은 다른 조에 비해서는 크게 복잡할 것이 없는 단순한 구도처럼 보였다. 스페인은 8강 진출을, 그리스는 집으로 가는 길을 확정 지었던 터라 이제 남은 한 장의 티켓을

놓고 스웨덴과 러시아가 다투는 양상이었는데, 골 득실에서 앞서고 있는 스웨덴이 전력에서도 앞선다는 평이 주류를 이루고 있었기에 D조의 8강 진출국은 이미 확정된 듯한 분위기였다.

그렇지만 인스부르크의 슈타디온 티볼리 노이에서 열린 이들의 경기는 예상 밖의 양상으로 진행됐다. 스웨덴은 무승부만 거둬도 되는 느긋한 입장이었던 반면 러시아는 반드시 이겨야만 8강에 갈 수 있었는데 이 때문인지 경기 초반 주도권을 확보한 쪽은 적극적으로 공세에 나선 러시아였다. 러시아는 피치에 복귀한 - 예선 리그 최종전에서의 퇴장으로 본선 2경기 출전 정지를 당했던 - 안드레이 아르샤빈Andrei Arshavin이 경기 초반부터 활발하게 움직인 덕에 경기를 지배했고, 전반 24분에는 로만 파블류첸코Roman Pavlyuchenko의 골로, 후반 5분에는 아르샤빈의 슬라이딩 슛으로 스웨덴의 골 망을 연이어 출렁이며 2-0으로 이겼다.

사실 아르샤빈의 발탁에 대해 러시아 현지에서는 회의적인 시선이 많았다. 두 경기나 출전하지 못하는 데다 최근에는 경기 감각이 많이 떨어졌다는 평가를 들은 터였기에 그를 스쿼드에 포함시키는 것에 대해서 러시아 내에서는 비판적인 의견이 많았고, 히딩크 감독도 정작 스웨덴전을 앞두고는 그를 출전시켜야 할지 고민을 했다고 한다. 하지만 히딩크는 그를 선택했고 이것이 승부를 가른 결정적인 요인이 됐다. 아르샤빈은 첫 번째 골의 마중물 역할을 한 데 이어 승부의 쐐기를 박는 두 번째 골을 직접 꽂아 넣으며 러시아를 8강 토너먼트로 견인했고, 이로써 러시아는 구소련 해체 이후 처음으로 스웨덴을 이기면서 유로 조별리그를 통과했다. 한편 잘츠부르크에서는 스페인이 그리스를 2-1로 꺾고 3연승을 올리며 D조 1위로 8강 토너먼트에 진출했다.

8강 토너먼트

경기 종료 7초전에 기사회생하다

 독일이 포르투갈을 3-2로 꺾고 준결승 고지에 선착한 그 이튿날 오스트리아의 빈에서는 누구도 생각지 못했던 놀라운 반전이 펼쳐지면서 축구사에 길이 남을 또 하나의 드라마가 연출됐다. 크로아티아와 터키의 대결은 승자가 뻔해 보였다. 터키가 조별리그 최종전에서 기적의 역전 드라마를 쓰고 올라온 것에는 경의를 표할 만했지만 독일을 꺾고 강력한 우승 후보로 급부상한 크로아티아를 상대하기에는 역부족이라는 평이 다수였다.

 이는 단지 선수 면면의 이름값 때문이 아니었다. 크로아티아가 조별리그 마지막 경기에서 1.5군을 투입하며 여유 있게 경기를 치른 반면 터키는 체코를 상대로 극적인 드라마를 써내느라 체력이 바닥이 난 상태였다. 여기에 퇴장과 경고 누적, 부상 등으로 터키가 실제 가용할 수 있는 선수는 15명에 불과한 상황이었기에 이들의 경기는 누가 봐도 승패가 명확한 듯 보였다. 그리고 전후반 90분과 연장 전반을 잘 버텨낸 터키가 경기 종료 1분여를 남기고 골을 허용하자 모두들 경기는 당초 예상대로 크로아티아의 승리로 끝을 맺을 것이라 생각했다.

 그러나 경기는 그것으로 끝이 아니었다. 연장 후반 인저리 타임, 경기 종료 7초가량을 남겨둔 그 순간 세미흐 센튀르크Semih Şentürk의 슛은 크로아티아의 골문에 꽂히며 극적인 동점골로 이어졌고, 패배를 목전에 두었던 터키는 승부를 승부차기로 끌고 갈 수 있었다. 극적인 경기와는 달리 승부차기는 매우 시시하게 끝이 났다. 다 이겼던 경기를 무승부로 끝낸 허탈함 때문이었는지 크로아티아는 승부차기에서 4명의 키커 중 3명이 실축을 하며 스스로 무너졌고, 이에 3명의 키커가 모두 성공을 시킨 터키가 승부차기에서 3-1로 이기며 사상 처음으로 유로 4강에 올라서는 금자탑을 이루어 냈다.

'히딩크가 러시아 혁명을 지휘했다'

바젤에서 벌어진 네덜란드와 러시아의 격돌은 한편으로는 큰 관심을 불러 모았지만 다른 한편에서는 별다른 흥미를 자아내지 못했다. 네덜란드 출신 히딩크 감독이 러시아 대표팀을 이끌고 조국 네덜란드에 맞선다는 관점에서 본다면 분명 흥미진진한 구도였지만, 조별리그에서 대회에 참가한 16개국 중 최고의 플레이를 보였다는 평가를 받으며 단번에 우승 1순위로 급부상한 네덜란드와 러시아의 대결은 그 결과가 너무도 분명해 보였기 때문이다.

히딩크 감독이 러시아에 제 아무리 마법을 쏟아 붓는다 한들 이탈리아와 프랑스를 대파한 네덜란드를 상대하기에는 역부족으로 보였고, 이에 '기꺼이 네덜란드의 반역자가 되겠다.[60]'는 히딩크 감독의 포부는 희망 사항에 불과한 듯 했다. 하지만 경기는 예상 밖의 양상으로 전개됐다. 경기 초반 양 팀 모두 미드필드에서 치열한 쟁탈전을 벌였지만 유리 지르코프Yuri Zhirkov가 중원을 이끄는 러시아가 네덜란드보다는 조금 더 나은 모습을 보였고 이에 에르빈 판 데르 사르Edwin van der Sar 골키퍼는 당초 예상과

---

60) 이 표현은 히딩크 감독이 직접 한 말이 아니라 기자가 그런 식으로 질문을 유도한 것으로 히딩크 감독은 이를 심한 표현이라고 하며 그 같은 질문에 답한 것을 후회한다고 했다.

달리 바삐 움직여야 했다. 후반 11분 파블류첸코에게 골을 허용하며 0-1이 되자 다급해진 네덜란드는 이후 공격의 숫자를 늘려가며 동점을 노렸지만 러시아에 되레 수차례의 기회를 내주며 경기를 더욱 어렵게 끌고 갔다.

그러나 네덜란드 팬들이 침울한 표정으로 지켜보던 후반 41분 판 니스텔로이가 극적인 동점골을 터뜨리며 1-1을 만들었고 이에 네덜란드는 벼랑 끝에서 기사회생할 수 있었다. 그렇게 네덜란드가 극적인 동점골로 승부를 연장전으로 몰고 갔지만 연장전

▲ 러시아의 히딩크 감독이 네덜란드전 결승골의 주인공 토르빈스키와 얼싸안으며 기쁨을 나누고 있다.

에서 기다리고 있는 것은 더욱 처참한 결과였다. 연장 후반 7분 아르샤빈의 크로스가 드미트리 토르빈스키Dmitri Torbinski의 골로 이어지며 2-1이 됐을 때까지만 해도 네덜란드에게 반격의 여지가 있어 보였다. 하지만 4분 후 두 번째 골을 어시스트한 아르샤빈이 이번에는 직접 골을 넣으며 승부의 쐐기를 박자, 네덜란드의 반 바스텐 감독은 그저 주저앉을 수밖에 없었다. 이로써 러시아가 우승 후보 네덜란드를 3-1로 격파하는 파란을 일으키며 유로 2008 4강에 진출하는 기염을 토했는데 이는 구소련 해체 이후 러시아 축구 역사상 최고의 성적이었다.

경기가 끝난 뒤 모스크바에서는 수 천 명의 인파가 거리로 쏟아져 나와 '거스'와 '러시아'를 연호했고, 전 세계의 미디어는 히딩크 감독이 2002 월드컵에서 한국을 4강으로 끌어 올린 데 이어 러시아를 유로 2008 4강으로 견인하자 그의 리더십에 놀라움을 감추지 못하며 연일 찬사를 쏟아냈다. 로이터 통신은 아르샤빈의 말을 인용해 '1명의 네덜란드 감독이 11명의 뛰어난 네덜란드 선수들을 꺾었다'는 내용을 전 세계에 타전했으며, 영국의 가디언은 '히딩크가 러시아 혁명을 지휘했다'고 보도했다.

88년 만에 아주리의 벽을 넘다

가장 많은 뉴스거리는 대회 최대의 이변으로 꼽힌 러시아와 네덜란드의 경기가 양산해 냈지만, 8강 토너먼트의 최고 빅 매치로 꼽힌 경기는 단연 스페인과 이탈리아의 일전이었다. 두 팀 모두 라틴 유럽을 대표하는 축구 강국이지만 그들이 지나온 행보는 너무도 달랐다. 이탈리아가 월드컵에서 4차례, 유로에서 1차례 정상에 서며 명실상부 축구 강국으로서의 입지를 다져온 것과 달리 스페인은 자국에서 열린 유로 64에서 우승컵을 들어 올린 것 말고는 이렇다 할 업적이 없었고, 월드컵에서도 다수의 유럽 국가들이 불참했던 1950 브라질 월드컵에서 4강에 오른 것이 고작이었다.

상대 전적에서도 스페인은 이탈리아에 열세를 면치 못하고 있었다. 1920년 앤트워프 올림픽에서 첫 대결을 가진 이래 지난 3월에 가진 친선 경기에 이르기까지 스페인은 이탈리아를 상대로 8승 10무 9패를 기록하고 있었다. 통산 전적만을 놓고 본다면 크게 나쁘지 않은 결과라 할 수도 있겠지만 메이저 대회에서의 성적만 놓고 본다면 또 달랐다. 스페인은 이탈리아와 월드컵이나 유로 무대에서 모두 5번 싸웠지만 단 한 번도 이겨보지 못한 채 2무 3패만을 기록하고 있었다. 여기에 여타 유럽 국가들과 달리 이들이 중요하게 생각하는 올림픽에서의 성적을 더하면 그 격차가 더욱 벌어졌다. 스페인은 이탈리아와 월드컵, 유로, 올림픽에서 모두 9번을 만나 1승 3무 5패를 기록 중이었는데 그나마 그 1승도 1920년 올림픽에서 첫 대결을 벌였을 때 얻은 성적으로 이는 다시 말해 스페인이 지난 88년간의 공식 대회에서는 단 한 번도 이탈리아의 벽을 넘어본 적이 없다는 얘기였다.

상황이 이렇다 보니 스페인 팬들은 대부분의 전문가들이 그들의 승리를 점쳤음에도 쉽게 안심하지 못했다. 그리고 우려대로였다. 예상외로 접전의 양상을 띤 경기에서 스페인이 다소 앞서 나간 것은 사실이었지만 빗장 수비로 유명한 이탈리아의 골문을 여는 것은 결코 쉬운 일이 아니었다. 경기 시작 당시 0-0이었던 스코어는 120분이 지나서도 여전히 그대로였고 결국 스페인은 승부차기로 월드컵 우승을 쟁취한 이탈리아를 상대로 승부차기에 돌입해야 했다. 하지만 결국 최후에 웃은 팀은 스페인이었고 그 중심에는 이케르 카시야스Iker Casillas가 있었다. 이탈리아 키커들의 슛 방향을 모조리 읽어내며 따라간 카시야스는 이탈리아의 키커 4명 중 2명을 돌려 세웠고 덕분에 스페인이 승부차기에서 4-2로 이기면서 유로 84 이후 24년 만에 유로 4강 고지에 올라섰다.

준결승 토너먼트

히딩크 감독의 4강 징크스?

독일과 터키의 준결승전은 독일의 압승이 예상됐다. 선수 개개인의 면모 등 객관적인 전력도 그렇거니와 터키가 연이어 극적인 드라마를 쓰는 통에 9명이나 경기에 나설 수 없던 것이 결정적인 문제였다. 터키는 매 경기마다 피 말리는 승부를 펼쳐야 했던 터라 부상과 경고가 쏟아져 나왔고 그 결과 크로아티아와의 8강전은 15명의 선수만으로 경기를 치러야 했다. 그런 터키에게 또다시 악재가 터졌으니 이번엔 팀의 에이스 니하트가 오른쪽 대퇴부 부상으로 이탈한 것이었다. 상황이 이렇다 보니 터키는 UEFA에 부상자로 인한 추가 선수 선발을 요청했지만 받아들여지지 않았고 결국 독일과의 준결승전은 14명의 선수만으로 경기를 치러야 했다.

이에 독일의 확실한 우세가 점쳐졌지만 경기를 주도한 쪽은 오히려 터키로 전반 22분에 먼저 골을 넣으며 1-0으로 앞서 나갔다. 그러나 터키는 선제골의 기쁨을 오래 만끽하지 못했다. 첫 골이 나온 지 불과 4분 만에 1-1 동점을 허용했던 것이다. 이후 터키는 점유율의 우위를 바탕으로 재차 앞서 나가고자 안간힘을 썼지만 후반 34분 클로제에게 헤딩골을 허용함에 따라 1-2 역전을 허용했고 경기도 그대로 끝나는 듯 했다. 그러나 기적의 드라마를 써온 '투르크 전사'들은 포기하지 않았다. 터키는 후반 41분 사브리 사리오글루Sabri Sarıoğlu가 필립 람Philipp Lahm을 완벽히 제치고 돌파한 뒤 올려준 크로스를 센튀르크가 절묘하게 골로 연결시키며 경기를 다시 원점으로 돌렸고, 또 한 번의 드라마를 연출하는 듯 했다. 하지만 이날 펼쳐진 드라마의 주인공은 터키가 아닌 독일이었다. 연장전으로 넘어갈 것 같았던 후반 45분 동점골의 빌미를 제공했던 람이 터키의 수비 라인을 돌파한 뒤 오른발로 감아 찬 슛은 터키의 골문 왼쪽 구석에 꽂히며 골 그물을 흔들었고, 이로써 독일이 3-2로 이기면서 결승에 선착, 유로 96 이후 12년 만에 4번째 우승에 도전하게 됐다.

이튿날 장대비가 내리는 빈에서는 조별리그에서 한차례 격돌을 벌였던 스페인과 러시아가 결승 진출을 놓고 또 한 번의 일전을 치렀다. 비가 내리자 당초에는 패싱 플레이를 펼치는 스페인에게 불리할 것으로 보였다. 그러나 이는 되레 체력과 스피드를 주무기로 하는 러시아에게 악재가 되면서 네덜란드와의 경기에서의 그 놀라웠던 러시아를 지워버렸다. 결국 스페인이 3-0으로 이기면서 자국에서 열린 유로 64 이후 44년 만에 정상 탈환을 노릴 수 있게 된 반면 러시아를 구소련 해체 이후 처음으로 유로 준결승으로 이끈 히딩크 감독은 1998 프랑스 월드컵과 2002 한일 월드컵에 이어 이번에도 4강에서 질주를 멈추며 꼬리표처럼 따라붙는 '4강 징크스'를 떨쳐내지 못했다.

결승전

무적함대의 44년만의 정상 복귀

2008년 6월 29일 빈의 에른스트 하펠 슈타디온에서 펼쳐진 유로 2008의 피날레는 당초 예상대로 독일과 스페인이 장식했다. 본선 참가국이 4개국에 불과하던 유로 72를 제외하고는 대회 개막 전 우승 1, 2 순위로 꼽힌 팀들끼리 결승전을 벌이는 경우는 이번이 처음이었는데 바뀐 점이 있다면 대회 개막전에는 독일이 1순위였던 반면 결승전을 앞두고는 스페인에게 좀 더 후한 점수가 매겨졌다는 점이다. 공교로운 것은 독일과 스페인 모두 유로 2004에서는 조별리그에서 탈락하며 일찌감치 귀국길에 올랐던 팀들이라는 점인데 대회 참가국이 16개국으로 늘어난 유로 96 이후 전 대회 조별리그 탈락 팀들끼리 결승전에서 맞붙은 사례도 이번이 처음이었다.

결승전의 초반 흐름은 독일이 가져갔다. 독일은 경기 전날까지 출전 여부가 불투명했던 주장 발락이 오른쪽 장딴지 부상에도 불구하고 팀을 이끌었고 전반 초반에는 기세 좋게 스페인을 몰아붙였다. 그러나 전반 10분을 넘어서며 스페인의 플레이가 살아나기 시작하자 독일은 수세에 몰리기 시작했다. 독일은 안드레스 이니에스타Andrés Iniesta의 크로스가 크리스토프 메첼더Christoph Metzelder의 발에 맞고 굴절이 되며 자칫 자책골로 이어질 뻔한 상황은 골키퍼의 선방으로, 페르난도 토레스Fernando Torres의 위협적인 헤딩슛은 골포스트의 도움으로 벗어날 수 있었지만 운은 거기까지였다. 전반 33분 독일의 수비를 단번에 꿰뚫는 사비Xavi의 킬 패스를 토레스가 마무리 하며 1-0을 만들자 이후 스페인의 우위는 더욱 확고해졌고 경기는 더욱 일방적인 흐름으로 진행됐다. 독일은 오른쪽 눈가가 찢어지는 부상을 입은 발락이 투혼을 발휘하며 경기를 지휘했지만 스페인 쪽으로 기운 분위기는 쉽게 뒤집지 못했다. 스페인은 이니에스타의 오른발 강슛이 토르스텐 프링스Torsten Frings의 다리에 맞고 나오는 등 추가 득점에는 실패했지만 골은 그것으로 충분했다. 얼마지 않아 경기 종료를 알리는 휘슬이 울려 퍼졌고 결국 스페인이 독일을 1-0으로 꺾으며 44년 만에 앙리 들로네컵을 다시 한 번 품에 안게 됐다.

이로써 무관의 제왕으로 군림하던 스페인은 처음으로 '무적함대'라는 닉네임에 걸맞은 활약을 펼쳐 보였는데, 2년 후에는 2010 남아공 월드컵에서도 우승을 차지하며 독일, 프랑스에 이어 메이저 대회를 연이어 석권한 3번째 나라가 되었다.

▲ 44년 만에 유럽 정상에 복귀한 스페인

EURO 2012
POLAND-UKRINE

UEFA European Football Championship

EURO 2012 Qualifying

Group A
GERMANY	10	10	0	0	34	7	30
Turkey	10	5	2	3	13	11	17
Belgium	10	4	3	3	21	15	15
Austria	10	3	3	4	16	17	12
Azerbaijan	10	2	1	7	10	26	7
Kazakhstan	10	1	1	8	6	24	4

Group B
RUSSIA	10	7	2	1	17	4	23
Ireland	10	6	3	1	15	7	21
Armenia	10	5	2	3	22	10	17
Slovakia	10	4	3	3	7	10	15
Macedonia	10	2	2	6	8	14	8
Andorra	10	0	0	10	1	25	0

Group C
ITALY	10	8	2	0	20	2	26
Estonia	10	5	1	4	15	14	16
Serbia	10	4	3	3	13	12	15
Slovenia	10	4	2	4	11	7	14
Northern Ireland	10	2	3	5	9	13	9
Faroe Islands	10	1	1	8	6	26	4

Group D
FRANCE	10	6	3	1	15	4	21
Bosnia-Herzegovina	10	6	2	2	17	8	20
Romania	10	3	5	2	13	9	14
Belarus	10	3	4	3	8	7	13
Albania	10	2	3	5	7	14	9
Luxembourg	10	1	1	8	3	21	4

Group E
NETHERLANDS	10	9	0	1	37	8	27
SWEDEN	10	8	0	2	31	11	24
Hungary	10	6	1	3	22	14	19
Finland	10	3	1	6	16	16	10
Moldova	10	3	0	7	12	16	9
San Marino	10	0	0	10	0	53	0

Group F
GREECE	10	7	3	0	14	5	24
Croatia	10	7	1	2	18	7	22
Israel	10	5	1	4	13	11	16
Latvia	10	3	2	5	9	12	11
Georgia	10	2	4	4	7	9	10
Malta	10	0	1	9	4	21	1

Group G
ENGLAND	8	5	3	0	17	5	18
Montenegro	8	3	3	2	7	7	12
Swiss	8	3	2	3	12	10	11
Wales	8	3	0	5	6	10	9
Bulgaria	8	1	2	5	3	13	5

Group H
DENMARK	8	6	1	1	15	6	19
Portugal	8	5	1	2	21	12	16
Norway	8	5	1	2	10	7	16
Iceland	8	1	1	6	6	14	4
Cyprus	8	0	2	6	7	20	2

Group I
SPAIN	8	8	0	0	26	6	24
Czech	8	4	1	3	12	8	13
Scotland	8	3	2	3	9	10	11
Lithuania	8	1	2	5	4	13	5
Liechtenstein	8	1	1	6	3	17	4

Playoff
Bosnia-Herzegovina	0 : 0	Portugal
Turkey	0 : 3	Croatia
Czech	2 : 0	Montenegro
Estonia	0 : 4	Ireland
Portugal	6 : 2	Bosnia-Herzegovina
Croatia	0 : 0	Turkey
Montenegro	0 : 1	Czech
Ireland	1 : 1	Estonia

제14장 유로 2012 (2012 유럽축구선수권대회)

폴란드-우크라이나가 이탈리아를 제치고 차기 유로 개최지로 낙점이 됨에 따라 유로 2012는 유로 76 이후 26년만이자 냉전 종식후로는 처음으로 동유럽에서 개최된 대회가 됐다.

몬테네그로가 세르비아에서 분리 독립하며 53번째 UEFA 가맹국이 됨에 따라 유로 2012의 예선에는 공동 개최국인 폴란드와 우크라이나를 제외한 51개국이 9개조로 나뉘어 경합을 벌였다. 각 조 1위 팀과 2위 팀들 중 - 그들이 속했던 조의 1위~5위 팀들과의 경기 결과만을 계산해 - 가장 높은 승점을 기록한 1개 팀이 본선에 직행할 수 있도록 했으며, 나머지 8개 2위 팀은 홈 & 어웨이 방식으로 플레이오프를 벌여 여기서 이긴 4개 팀이 추가로 본선에 합류토록 했다. 아울러 나고르노카라바흐를 놓고 영토 분쟁을 벌이고 있는 아르메니아와 아제르바이잔, 남오세티야 전쟁을 치른 조지아[61]와 러시아는 같은 조에 편성되지 않도록 했다.

---

61) 조지아는 정식 국호로 줄곧 러시아식 국명인 그루지야를 사용해왔으나 2008년에 발생한 러시아와의 전쟁 이후 영어식 국명인 조지아로 바꿨다.

예선 리그

폭발적인 에스토니아, 폭발물의 세르비아

유로 2012 예선 리그에서는 대체로 당초 1위를 차지할 것이라 예상했던 팀들이 무난히 으뜸지를 차지했다. A조의 독일은 10전 전승에 득점 34, 실점 7이라는 압도적인 성적으로 예선 리그를 마감했고, I조의 디펜딩 챔피언 스페인 역시 6번째 경기 만에 본선 진출을 확정 짓는 등 8연승으로 예선 리그를 마감하면서 독일과 함께 유일하게 예선 리그에서 전승을 거둔 팀이 됐다.

월드컵 준우승팀인 E조의 네덜란드 역시 손쉽게 예선 리그를 통과했다. 네덜란드는 2011년 9월 아인트호벤을 방문한 산마리노를 11-0으로 대파하며 역대 A매치 최다 득점 기록을 경신[62] 하는 등 예선 리그 9연승을 달리면서 37골을 넣는 동안 8실점만을 허용하며 +29의 골득실을 기록했는데, 이는 유로 2012 예선 리그 최다 득점 기록이기도 했다.

2010 남아공 월드컵에서 참담한 실패를 경험하고 온 이탈리아와 프랑스도 조 1위로 예선 리그를 통과하면서 실추된 자존심을 어느 정도 회복했고, G조의 잉글랜드도 당초 예상대로 손쉽게 본선 직행 티켓을 가져갔다. 하지만 잉글랜드는 마냥 웃을 수 없었다. UEFA 상벌 위원회가 몬테네그로와의 경기에서 상대 수비수를 고의로 걷어 찬 웨인 루니Wayne Rooney에게 3경기 출전 정지 처분을 내렸고, 이에 잉글랜드는 유로 2012 본선 티켓을 얻은 대신 조별리그 3경기를 루니 없이 치러야만 하는 값비싼 통행료를 물게 됐다.

---

[62] 종전 기록은 유로 72 예선에서 룩셈부르크를 상대로 기록한 8-0 승리.

순위와는 별개로 정작 예선 리그에서 화제의 중심에 선 팀은 C조의 에스토니아와 세르비아였다. 에스토니아가 예선 리그 막바지에 예상을 뛰어 넘는 폭발적인 경기력으로 모두를 놀라게 하며 플레이오프 티켓을 획득했던 반면 세르비아는 진짜 폭발물로 온 유럽의 질타를 받았다. 2010년 10월 12일 이탈리아의 제노아에서 펼쳐진 이탈리아와 세르비아의 경기는 예정보다 무려 35분이나 지나서야 겨우 시작할 수 있었다. 세르비아의 원정 팬들이 경기 시작 전부터 난동을 부린 탓이었다. 이탈리아 당국이 즉각 경찰 병력을 투입하자 난동은 곧 가라앉는 듯 했지만 이는 잠시 뿐이었다. 경기 예정 시간을 한참 넘긴 후에야 간신히 킥오프를 알리는 휘슬이 울려 퍼졌지만 경기는 얼마지 않아 또다시 중단됐다. 세르비아의 과격 팬들이 불이 붙은 폭죽을 이탈리아 응원석과 경기장에 투척하며 재차 난동을 부렸고, 결국 주심은 0-0인 상황에서 경기 시작 6분 만에 경기를 중단하기에 이르렀다. UEFA는 이후 세르비아에 관중 난동의 책임을 물었고 이에 0-0이었던 경기가 0-3 몰수패가 되면서 당초 2위가 유력시 되던 세르비아의 예선 탈락에 결정적인 역할을 했다.

유로 2012 폴란드-우크라이나

UEFA는 유로 2012 본선 조 추첨에 앞서 유로 2008 예선과 본선, 2010 남아공 월드컵 예선과 본선, 유로 2012 예선 리그 성적을 종합해서 산정한 UEFA 계수를 발표했다.

그 결과 디펜딩 챔피언이자 월드컵 우승팀인 스페인이 1위, 월드컵 준우승팀 네덜란드가 2위에 오르며 무난히 시드국에 해당하는 1번 포트에 들어갔지만 문제는 공동 개최국인 우크라이나와 폴란드였다. 우크라이나는 15위, 폴란드는 28위에 불과했는데, 이에 따라 3위인 독일과 4위 이탈리아는 2번 포트에 들어가야 했고, UEFA 계수만을 놓고 보면 3번 포트에 턱걸이 할 수 있었던 12위 프랑스도 4번 포트에 포함되면서 결국 유로 2012에서도 죽음의 조는 필수불가결한 구성이 될 것으로 여겨졌다.

2011년 12월 3일, 우크라이나의 키예프 국립 예술 궁전에서 펼쳐진 유로 2012의 본선 조 추첨 결과는 다음과 같았다.

A조 : 폴란드, 그리스, 러시아, 체코
B조 : 네덜란드, 덴마크, 독일, 포르투갈
C조 : 스페인, 이탈리아, 아일랜드, 크로아티아
D조 : 우크라이나, 스웨덴, 프랑스, 잉글랜드

유로 2012의 우승 1순위 후보는 지난 대회와 마찬가지로 스페인과 독일이 꼽혔다. 영국의 스포츠 베팅 업체 윌리엄 힐은 월드컵 챔피언이자 디펜딩 챔피언인 스페인에 4/11, 독일에 1/3의 우승 확률을 제시했고, 월드컵 준우승팀 네덜란드가 1/6의 확률로 그 뒤를 따랐다.

A조

'모두가 모두를 꺾을 수 있는 조'

러시아의 딕 아드보카트Dick Advocaat 감독은 조 추첨 직후 '모두가 모두를 꺾을 수 있는 조'라는 말로 A조를 표현했는데 그의 말처럼 A조는 작지만 나름 치열한 죽음의 조였다.

2012년 6월 8일, 바르샤바에서 열린 폴란드와 그리스의 개막전은 종잡을 수 없는 도깨비 같은 A조의 특징을 어김없이 보여줬다. 전반 17분 로베르트 레반도프스키Robert Lewandowski가 골을 넣고, 전반 44분 그리스의 중앙 수비수 소크라티스 파파스타토폴로스Sokratis Papastathopoulos가 경고 누적으로 퇴장을 당했을 때까지만 해도 폴란드가 대회 첫 승과 유로 첫 승을 올리는 듯 했다. 그러나 후반 5분에 동점골을 넣은 그리스의 디미트리오스 살핀기디스Dimitrios Salpigidis가 후반 23분 페널티킥을 얻어냄과 동시에 폴란드의 골키퍼 보이시에크 스체스니Wojciech Szczęsny마저 퇴장을 시키자 이번에는 그리스가 승리를 눈앞에 둔 것 같았다. 그러나 요르고스 카라구니스Giorgos Karagounis의 페널티킥은 긴급 투입된 프르제미슬라프 티톤Przemysław Tytoń의 선방에 막히며 무산됐고, 결국 양 팀 모두 이길 수 있었던 개막전은 그 어느 쪽도 이기지 못한 채 끝이 났다.

바르샤바에서의 경기가 승자 없이 끝난 데 반해 브로츠와프에서는 경기 결과가 극명하게 갈렸다. 체코전에서 보여준 러시아의 전력은 예상을 뛰어 넘었다. UEFA 계수(6위)와 FIFA 랭킹(13위)을 따지지 않더라도 A조에서 가장 두드러진 전력을 가진 팀은 역시 러시아였다. 러시아는 대회 개막 불과 1주전에 벌어진 이탈리아와의 평가전에서 3-0의 완승을 거두며 결코 무시할 수 없는 전력임을 과시했는데, 그 같은 모습이 본선 첫 경기에서도 유감없이 발휘되자 페트르 체흐Petr Čech가 지키고 있던 체코의 골문은 너무도 쉽게 열렸다. 러시아는 막강 화력을 자랑하며 체코와의 첫 경기를 4-1의 승리로 장식했는데, 아이러니하게도 이 완벽에 가까운 승리가 오히려 러시아에 악재로 작용했다.

경기 후 기자회견장에 나온 러시아의 아드보카트 감독은 체코전은 잊고 차분한 마음으로 남은 조별리그를 준비하겠다고 했지만, 러시아 팬들은 그렇지 못했다. 이미 경기장 안에서 폭죽을 투척하고 경기 진행 요원들을 폭행하는 등 한바탕 난리를 피웠던 러시아 팬들의 난동은 첫 번째 경기에서 예상을 뛰어 넘는 압승을 거두며 일약 다크호스로 부상하자 더욱 심해졌고, 이 같은 행동은 결국 얼마지 않아 그에 상응하는 대가를 치르게 된다.

여기는 러시아? 몰지각한 러시아

나흘 뒤인 6월 12일, 러시아에 마구 짓밟혔던 체코가 경기 시작 6분 만에 2골을 넣고 그리스를 2-1로 제압하며 도무지 종잡을 수 없는 경기력을 보여준 그때 폴란드의 수도 바르샤바로 이

동한 러시아 팬들은 기어이 폴란드 팬들과 집단 난투극을 벌여 이로 인해 20여 명이 부상을 당하는 불상사가 일어났다.

러시아 팬들은 체코와의 경기에서도 경기장 시설물을 훼손하고 경기 진행 요원을 폭행한 것은 물론 체코의 흑인 선수인 테오도르 게브레 셀라지Theodor Gebre Selassie를 향해 원숭이 울음소리를 내는 등의 인종 차별 행위까지 벌이며 이미 큰 물의를 일으킨 바 있었다. 그 같은 과오가 있는 상황에서도 러시아 팬들은 러시아를 가장 - 그것도 끔찍이 - 싫어하는 폴란드의 수도 한복판을 횡단해 경기장에 가겠다며 고집을 부렸고 이 와중에 난동까지 일으켰으니 몰상식도 이런 몰상식은 없었다. 하지만 그 같은 행동은 약과였다. 경기 시작 전 국가 연주 때 러시아 팬들이 모여 있던 관중석에서 'THIS IS RUSSIA(여기는 러시아)'라는 대형 현수막을 내건 것이었다.

폴란드는 러시아로부터 무려 123년간이나 지배를 받았던 아픈 과거가 있었다. 또 2차 세계대전 때는 러시아 서부 카틴 숲에서 폴란드인 2만여 명을 사살한 후 암매장한 '카틴 숲 대학살'을 벌인 원흉이었기에 폴란드는 러시아를 진저리 치게 싫어했다. 아니 증오했다. 그런데 그런 폴란드 땅에서 몰지각한 일을 벌였으니 이는 도발이나 다름없었다. 그렇지만 러시아의 분별없는 행동은 되레 폴란드 선수들의 이를 악물게 하는 자극제가 되었고 전력상 열세라는 평가에도 불구하고 잘 싸워 나갔다. 폴란드는 전반 37분에 먼저 실점을 내줬지만 후반 12분 기어이 1-1 동점을 만들었고, 암울한 피의 역사를 지닌 두 팀의 대결은 결국 무승부로 마감됐다.

패배라는 치명상은 피했지만 무승부는 두 팀 모두에게 썩 만족스럽지 못한 결과였다. 개최국 폴란드는 2무에 그치며 조 3위에 머무는 바람에 최종전에서 반드시 이겨야만 토너먼트에 올라갈 수 있었고, 내심 3연승으로 조별리그를 통과하길 기대했던 러시아의 아드보카트 감독도 8강 진출 확정을 다음 기회로 미루어야 했다. 러시아에게 있어서 나쁜 소식은 이것뿐만이 아니었다. 이튿날인 6월 13일, UEFA는 러시아와 체코의 경기에서 발생했던 러시아 팬들의 과격한 행동에 대한 팬 관리 부실 책임을 물어 러시아 축구협회에 12만 유로의 벌금과 함께 유로 2016 예선에서 승점 6점을 삭감[63]한다는 방안을 공식 발표했다.

그럼에도 A조에서 8강 토너먼트에 가장 근접해 있는 팀을 꼽으라면 단연 러시아였고 또 그들의 조별리그 통과는 기정사실인 것처럼 여겨졌다. 러시아는 폴란드와 체코의 경기 결과에 상관없이 최종전에서 무승부만 거두어도 자력으로 8강 진출이 가능했는데, 지난 두 경기만을 놓고 봤을 때 러시아가 그리스에 지는 일은 없을 것이라는 것이 대체적인 의견이었다. 이에 최종전의 주된 관심사는 개최국 폴란드가 체코를 꺾고 극적으로 8강에 합류할 수 있느냐의 여부였고 러시아와 그리스의 최종전에 관심을 기울이는 이는 두 나라의 국민 외에는 그다지 많지 않았다.

6월 16일, 브로츠와프와 바르샤바에서 동시에 킥오프된 경기의 진행 상황도 예측과 크게 다르지 않았다. 브로츠와프에서는 폴란드가 체코에 공세를 퍼붓고 있었고, 바르샤바에서는 러시아가 그리스를 일방적으로 몰아 세웠다. 폴란드는 여전히 불안한 상황이

---

63) 승점 삭감 징계는 유로 2016 예선 플레이오프가 끝날 때까지 유예됐다. 이는 유로 2016 예선 기간 동안 또 다른 문제가 발생하지 않으면 삭감하지 않겠다는 뜻으로 징계라기보다는 경고에 가깝다.

었지만, 러시아는 편안했다. 저쪽이 어찌되든 이쪽이 질 것 같지는 않았다. 하지만 러시아의 편안함은 전반전 인저리 타임에 여지없이 깨졌다. 세르게이 이그나셰비치Sergei Ignashevich의 어설픈 헤딩 처리는 폴란드전 페널티킥 실축으로 절치부심하던 그리스의 카라구니스를 회생시키는 득점으로 이어졌고, 전반전 슈팅수에서 10대 2로 앞서던 러시아는 그리스에 되레 0-1로 끌려가며 후반을 시작해야 했다. 이때까지만 해도 크게 나쁘지 않았다. 브로츠와프의 경기는 여전히 0-0이었고 이대로 끝이 난다면 그리스와 러시아가 8강에 동반 진출할 수 있었다. 상대 전적에서 그리스에게는 밀리지만 체코에는 우위에 서 있었기 때문이다. 그러나 후반 27분 체코가 기어이 폴란드의 골문을 가르며 개최국의 파티에 찬물을 끼얹자 모든 것이 바뀌었다. 순식간에 체코가 조 1위로 튀어 올랐고, 1위 자리를 지키고 있었던 러시아는 졸지에 3위로 떨어졌다.

발 등에 불이 떨어진 러시아는 한층 더 공격에 박차를 가했지만 그리스의 골문은 도통 열리지 않았다. 브로츠와프에서 새로운 소식이 전해지기를 기대했지만 개최국 폴란드는 개막전에서 그랬듯 후반전에는 전반전과는 너무도 다른 경기력으로 허우적거리고 있었기에 도저히 기대할 수 없었다. 결국 러시아 스스로 해결해야만 했지만 소나기처럼 퍼부은 25차례의 슈팅에도 불구하고 그리스의 골문을 여는데 끝내 실패했고, 결국 A조에서는 5골로 최다 득점을 올린 러시아와 개최국 폴란드가 탈락한 반면 5실점하며 최다 실점을 기록한 체코와 3경기에서 3골만을 뽑아낸 그리스가 8강에 진출하는 이변을 연출했다.

B조

행운의 여신이 외면한 조

네덜란드, 독일, 포르투갈, 덴마크의 B조는 유로 96의 C조에 버금가는 죽음의 조였다. 네덜란드의 베르트 판 마르비크Bert van Marwijk 감독은 조 추첨식 이후에 가진 인터뷰에서 '모든 감독을 만나봤지만 어떤 감독도 표정이 좋지 않았다'고 했는데 그런 상황에서 표정이 좋았다면 오히려 이상한 일이었을 것이다.

이들 네 팀 모두 역대 유럽축구선수권대회 결승전에 오른 바 있었는데 이중 독일, 네덜란드, 덴마크는 유로 챔피언이었다. 3차례나 유로 정상에 올랐던 독일은 예선 리그를 10전 전승으로 통과한 팀이었고, 유로 88 챔피언인 시드국 네덜란드는 예선 리그 최다 득점 팀이었다. 유로 2004 준우승팀 포르투갈은 당대 유럽 최고의 선수로 꼽히는 크리스티아누 호날두Cristiano Ronaldo가 있는 팀이었고, 유로 92 우승팀 덴마크는 그런 포르투갈을 플레이오프로 보내버린 팀이었다. 여기에 대회 개막 이틀 전인 6월 6일에 발표된 FIFA 랭킹에 따르면 독일 3위, 네덜란드 4위, 덴마크 9위, 포르투갈 10위에 랭크되며 B조에 속한 모든 팀들이 10위권 안에 들어 있는 진풍경을 연출했는데, 이것만으로도 행운의 여신이 외면한 조임을 증명한 셈이었다.

유로 2012 죽음의 조의 문은 네덜란드와 덴마크가 열었다. 2년 만에 조우한 두 팀의 대결을 바라보는 시선은 2010 남아공 월드컵의 재연이 될 것으로 보는 의견으로 팽배했다. 두 팀은 2010 남아공 월드컵에서도 같은 조에 속했었다. 네덜란드는 덴마크를 밟고 올라선 뒤 결승 무대에 진출했지만, 덴마크는 처참한 실패만을 맛 본채 돌아와야 했다. 예선 리그의 성적도 네덜란드의 확연한 우세였다. 네덜란드는 경기당 3.7골이라는 무서운 화력으로 일찌감치 9연승을 기록하고 본선 티켓을 거머쥔 반면 덴마크는 최종전에서 가서야 본선 진출을 확정지었다. 여기에 덴마크는 지난 45년 동안 네덜란드에게 이겨 본적이 없었다. 역대 전적에서는 9승 10무 12패로 근소하게 뒤지고 있었지만 네덜란드를 이겨본 것은 1967년 10월 4일이 마지막이었다. 과거에도 그랬듯 이번에도 승리는 네덜란드로 귀결되는 듯 했다.

그렇지만 경기는 예상과 달리 진행됐다. 네덜란드는 예선 리그 10경기에서 12골을 넣은 분데스리가 득점왕 클라스 얀 훈텔라르Klaas Jan Huntelaar를 벤치에 앉혀두고 프리미어리그 득점왕 로빈 판 페르시Robin van Persie를 원톱으로 내세워 초반부터 덴마크를 몰아붙였지만 먼저 골을 터트리며 리드를 잡은 쪽은 뜻밖에도 덴마크였다. 선취점을 허용한 네덜란드는 공세를 강화했지만 덴마크의 수비는 탄탄했고 여기에 운도 따르지 않았다. 덴마크 수비진의 핸드볼 파울은 인정받지 못했고, 아르연 로벤Arjen Robben의 슛은 크로스바를 맞고 나왔다.

네덜란드는 후반 16분 라파엘 판 데르 파르트Rafael van der Vaart와 훈텔라르를 투입하며 반전을 노렸지만 프리미어리그 득점왕과 분데스리가 득점왕이 함께 뛰었어도 결과는 매한가지였다. 선수들의 몸놀림은 무거웠고 후반 44분 당연히 페널티킥이 선언됐어야 할 덴마크의 핸드볼 파울은 이번에도 심판들만 보지 못한 채 넘어갔다. 행운의 여신이 외면한 쪽은 B조가 아니라 네덜란드 같았다. 네덜란드는 이날 모두 28개의 슈팅을 기록했지만 그 어떤 슛도 덴마크의 골라인을 넘지 못했다. 결국 경기는 1-0

으로 끝이 나면서 덴마크가 45년 만에 역사적인 승리를 기록한 반면 네덜란드는 죽음의 조의 첫 관문에서 주저앉으며 이변의 희생양이 되고 말았다.

우승 후보 네덜란드의 덴마크전 패배는 단지 1패에 그치지 않았다. 예상치 못한 패배에 선수단의 분위기는 엉망이 되었고, 특히 선발 출전을 하지 못한 스타플레이어들의 반발이 거셌다. 판 데 파르트는 벤치에 앉아 있는 이유를 모르겠다고 말하면서, 예전의 기량을 보여주지 못하고 있다는 비판에도 '사위' 마르크 판 봄멜Mark van Bommel을 지속적으로 기용하고 있는 '장인' 판 마르바이크 감독을 향해 노골적인 불만을 표시했다. 판 페르시에게 밀리며 덴마크와의 첫 경기에 선발 출전을 하지 못한 훈텔라르 역시 경기가 끝난 뒤 벌어진 기자 회견에 유일하게 불참하며 불쾌한 감정을 숨기지 않았다. 이 같은 분란은 단 1패만으로 네덜란드를 회복 불능의 상태로 만들었고 이는 포르투갈을 1-0으로 제압하며 서전을 승리로 장식한 독일과의 경기에서 고스란히 드러났다.

B조 최고의 빅 매치인 네덜란드와 독일의 대결은 당초 '미리 보는 결승전'으로 꼽혔다. 그러나 이날 네덜란드에게 볼 수 있던 것은 또 다른 실망감뿐이었다. 네덜란드는 경기 초반에는 잠시 동안이나마 조직적인 팀플레이를 펼치며 독일의 수비 라인을 공략했고 몇 차례 위협적인 모습을 연출하기도 했다. 그러나 공격에만 몰두하는 사이에 미드필드에서의 압박이 느슨해지자 마리오 고메즈Mario Gómez에게 연속골을 허용했고 그 뒤로는 시베리아의 겨울 찬바람을 마주한 듯 주춤했다.

네덜란드의 판 마르바이크 감독은 후반 시작과 동시에 '사위'

를 빼고 판 데르 파르트와 훈텔라르를 투입하며 공격적으로 나섰지만, 경기를 뒤집기에는 역부족이었다. 네덜란드의 공세는 후반 28분 판 페르시의 중거리 포로 1-2을 만들자 잠시 활기를 띠었지만 그것이 전부였다. 결국 경기는 독일의 승리로 끝이 났고, 숙적으로부터 쓰디쓴 패배를 당한 네덜란드는 벼랑 끝에 몰리게 됐다. 한편 같은 날 리비프에서 치러진 B조의 또 다른 경기에서는 포르투갈이 덴마크를 3-2로 꺾고 조 2위로 올라섰다.

2연승도 탈락? 2연패도 8강?

죽음의 조는 마지막까지 혼전이었다. 독일이 2연승을 올리고, 네덜란드가 2연패를 당하면서 어느 정도 정리가 된 듯 했지만 사실은 그 어느 팀도 안심할 수 없는 처지였다. 2연패 팀도 올라갈 수 있고, 2연승 팀도 떨어질 수 있는 상황이었기 때문이다. 비록 벼랑 끝에 내몰렸지만 두 가지 조건을 충족한다면 네덜란드의 8강 진출도 실현 불가능한 꿈이 아니었다. 골득실에서 -2를 기록하고 있던 네덜란드가 포르투갈과의 마지막 경기에서 2골차 이상의 승리를 거두고 독일이 덴마크를 잡아준다면 네덜란드가 8강에 오를 수 있었다. 반면 2연승을 거두고 8강 고지에 가장 근접한 것으로 여겨진 독일 역시 마냥 안심할 수는 없었다. 포르투갈이 네덜란드를 꺾은 상황에서 독일이 덴마크에 2골차 이상으로 패하면 2승 1패를 기록하고도 탈락하는 비운의 팀이 될 수도 있었다.

물론 이는 어디까지나 산술적인 수치였다. 1, 2차전의 모습만을 놓고 봤을 때 이 같은 조건이 충족될 가능성은 희박해 보였다. 그러나 네덜란드는 실낱같은 희망의 끈이라도 놓치지 않으려 했고, 그 동안 교체 선수로만 투입했던 훈텔라르와 판 데르 파르트를 선발 출전시키며 경기 초반부터 포르투갈을 강하게 압박했다. 네덜란드는 이전 두 경기에서는 좀처럼 보기 힘들었던 이타적인 플레이를 펼치며 포르투갈 수비진을 공략해 들어왔고 얼마지 않아 그에 대한 결실을 봤다. 전반 11분 포르투갈 수비수들을 달고 측면에서 중앙 쪽으로 파고들던 로번이 마크 맨 없이 여유롭게 있던 판 데르 파르트에게 공을 내주자, 판 데르 파르트는 이를 골로 연결시키며 1-0을 만든 것이다. 그리고 얼마지 않아 리비우에서도 낭보가 날아들었다. 독일이 1-0으로 앞서고 있던 것이다. 이제 필요조건 중 하나는 충족했고 남은 것은 추가골을 넣어서 2-0을 만들면 됐다.

그러나 덴마크가 1-1이 되는 동점골을 넣자 상황은 급변했다. 네덜란드는 물론 이제는 포르투갈도 급해졌다. 경기가 이대로 끝나면 8강에는 올라가는 것은 독일과 덴마크였다. 하지만 전반 28분 호날두가 1-1이 되는 동점골을 넣자 이제 8강에 오를 팀은 독일과 포르투갈이었고, '한 골만 더'에서 다시 '두 골'이 되어 버린 탓에 암울해진 네덜란드는 다시금 1, 2차전의 모습으로 되돌아갔다. 결국 경기는 포르투갈의 지배 아래에 놓였고 네덜란드는 무의미한 저항만을 할 뿐이었다. 후반 29분에 터진 호날두의 두 번째 골이 터지면서 스코어가 1-2로 바뀜에 따라 이제 네덜란드는 3골을 더 넣어야 했지만 그럴 가능성은 거의 없어 보였다. 독일이 후반 35분 다시 2-1을 만들며 두 가지 조건 중 하나를 충족시켜줬지만 네덜란드 스스로가 경기를 뒤집기에는 불가능해 보였다. 결국 경기는 포르투갈의 2-1 승리로 끝이 나며, 포르투갈이 3전 전승을 기록한 독일에 이어 B조 2위로 8강에 올라가게 된 반면 월드컵 준우승팀 네덜란드는 단 1점의 승점도 얻지 못한 채 유로 2012를 마감해야 했다.

C조

제로톱 vs 스리백

C조에서는 디펜딩 챔피언이자 월드컵 우승팀인 스페인이 조 1위를 차지하리라는 전망이 우세했다. 물론 스페인에게도 고민거리가 없지는 않았다. 지난 대회 득점왕이자 대표팀 최고의 골잡이인 다비드 비야David Villa가 부상으로 이번 대회에 참가하지 못하게 된 것이다. 그러나 은하계의 별들을 한 움큼은 옮겨다 놓은 듯한 스페인의 미드필더 진은 그러한 약점을 덮고도 남을 만큼 충분했기에 이들의 성공을 의심하는 이들은 많지 않았다.

반면 당초 스페인의 대항마로 꼽혔던 이탈리아는 안팎으로 복잡한 상황이었다. 이탈리아는 챔피언 스페인에게 있어서도 결코 쉽게 넘어 설 수 없는 거대한 산맥과도 같았다. 스페인은 유로와 월드컵에서 이탈리아를 단 한 번도 이겨본 적 없었다. 가장 최근의 대결에서도 웃은 쪽은 이탈리아로 2011년 8월에 가진 평가전에서 스페인을 2-1로 제압하며 건재를 과시했다. 하지만 이탈리아는 또 다시 불거진 승부 조작 스캔들로 인해 나라 전체가 뒤숭숭했다. 이탈리아 축구협회는 대회 개막을 한 달 여 앞둔 2012년 5월 9일, 22개 클럽의 선수와 구단 관계자 등 61명이 승부조작 혐의로 조사를 받고 있다는 발표를 했고, 이탈리아 경찰은 2011~12 시즌 세리에 A가 종료되자마자 19명의 선수를 체포했다.

이 같은 파문은 이탈리아 대표팀에게도 직격탄이 되어 날아왔다. 유로 2012 최종 엔트리에 포함되었던 도메니코 크리스치토Domenico Criscito는 대표팀 훈련 캠프에서 경찰에게 조사를 받았고, 대표팀과 유벤투스의 주전 수비수인 레오나르도 보누치Leonardo Bonucci의 이름도 승부 조작과 관련해서 언론에 오르내리고 있었다. 지안루이지 부폰Gianluigi Buffon도 불법 베팅에 가담했다는 의혹[64]을 받았다. 상황이 여기까지 이르자 이탈리아는 온 나라가 벌집을 쑤신 듯 들썩였고 이에 체사레 프란델리Cesare Prandelli 감독은 승부 조작에 관련 있는 선수는 대표팀에 선발하지 않을 것임을 언급하며 승부 조작 파문으로 인해 불거진 어수선한 분위기를 수습하고자 안간힘을 썼다.

물론 크리스치토의 혐의[65]는 입증되지 않은 상태였다. 하지만 프란델리 감독은 조사에 적극 협조하고 있다는 모습을 보여줘야 했고, 이탈리아 축구 협회 역시 만에 하나라도 그가 사건에 연루되었을 가능성에 대비하지 않을 수 없었기에 크리스치토를 엔트리에서 제외하기로 결정했다. 결국 이탈리아는 왼쪽 주전 풀백을 잃은 채로 출항해야 했고 이때만 해도 이탈리아는 무적함대의 포화를 맞고 그단스크 앞바다에 침몰할 것처럼 여겨졌다.

하지만 이탈리아는 위기에 몰렸을 때 강했고 전술과 수비에 있어서만큼은 세계 최고라는 것을 다시 한 번 입증해 보였다. 스페인의 비센테 델 보스케Vicente del Bosque 감독이 진짜 9번 페르난

---

[64] 부폰은 지난 2006년에도 불법 베팅과 관련해 조사를 받았지만 무혐의 판결을 받은 바 있다.
[65] 2012년 9월에 발표된 최종 조사 결과 혐의 없음으로 결론이 났다.

도 토레스Fernando Torres를 대신해 가짜 9번 세스크 파브레가스Cesc Fàbregas를 앞세운 4-6-0 포메이션을 들고 나오자, 이탈리아의 프란델리 감독은 3-5-2 포메이션으로 중원을 두텁게 하며 여기에 맞섰다. 이에 일방적인 공성전이 예측되던 피치에서는 뜻밖에도 창과 방패가 어우러진 멋진 앙상블이 펼쳐졌고 유로 2012 최고의 명승부는 1-1 무승부로 막을 내렸다.

첫 경기에서 기대 이상의 선전을 펼친 이탈리아의 다음 상대는 아일랜드를 3-1로 격파하고 조 선두에 나선 크로아티아였다. 이탈리아는 크로아티아 앞에만 서면 작아지는 존재로 역대 전적에서 1승 2무 3패의 열세를 보이고 있었다. 그나마 그 1승조차도 1942년에 가진 친선전에서 거둔 승리였는데, 당시의 크로아티아는 나치가 세운 괴뢰 정부로 정식 국가로 보기에는 부족한 부분이 많았기에 1승을 거뒀던 그 경기조차도 정식 A매치로 보기에는 민망한 구석이 있었다.

어찌됐건 그 기록을 포함한다 하더라도 이탈리아가 크로아티아에 이겨본 기억은 70년 전이 처음이자 마지막이었다. 그런 만큼 이번에는 꼭 이기고자 했고 경기 초반부터 맹공을 가했다. 성과도 있었다. 전반 39분 안드레아 피를로Andrea Pirlo의 프리킥이 크로아티아의 골 그물을 때리며 1-0을 만들었다. 하지만 크로아티아라는 악령은 생각했던 것 이상으로 질기고 끈덕졌다. 크로아티아는 후반 27분 기어이 1-1 동점을 만들어냈고, 이로 인해 이탈리아의 크로아티아전 무승 기록은 6경기로 늘어나면서 이날 아일랜드를 4-0으로 완파한 스페인과 크로아티아에 이어 조 3위로 처지게 됐다.

평화의 전도사 이탈리아

 이탈리아 축구는 언제나 앞서 나갔다. 문제는 비단 전술에만 국한된 것이 아니라는 점이다. 승부 조작, 불법 도박, 관중 소요 등 축구 외적인 면에서도 이탈리아는 항상 앞서 있었다. 그런 이탈리아가 잘 하는 것이 또 하나 있었으니 바로 음모론 설파다. 2002 한일 월드컵 16강전에서 한국에 패하자 즉각 음모론을 제기했고, 유로 2004에서도 스웨덴과 덴마크가 라틴계인 이탈리아를 의도적으로 탈락시키려 한다며 '바이킹 음모론'을 들고 나왔다. 심지어 자신들이 FIFA 트로피를 들어 올렸던 2006 독일 월드컵에서도 조 추첨을 놓고 음모론을 제기한 바 있다.

 이탈리아가 있던 E조에는 가나와 체코가 이미 한 조로 편성된 상황이었다. 남은 것은 북중미와 아시아 팀들로 이루어진 4번 포트였는데 여기서는 단연코 FIFA 랭킹 8위였던 미국이 가장 껄끄러운 상대였다. 그런데 조 추첨자로 나선 로타 마테우스Lothar Matthäus가 E조에 들어갈 팀을 고르는 과정에서 공을 하나 집었다가 급히 다른 공으로 바꾸자 미국을 의도적으로 이탈리아가 있던 E조로 보냈다고 주장한 것이다. 시나리오도 훌륭했다. 유리 포트 안에는 뜨거운 공과 차가운 공이 들어 있는데, 팀을 뽑을 때 그 온도차를 이용해 선택했다는 것이다.

 물론 이 같은 창의적인 발상은 다른 나라들의 비웃음을 사기에 충분했고 이탈리아 내에서도 근거 없는 주장을 무작정 펼친 것에 대한 자성의 소리가 없지는 않았다. 하지만 C조 조별리그 최종전을 앞두고 다시 한 번 위기에 봉착하자 이탈리아 언론은 어김없이 음모론을 끄집어냈다. 스페인과 크로아티아가 나란히

8강 토너먼트로 가기 위해 마지막 경기에서 대충 뛸 것이라는 내용이었다. 바로 복잡한 경우의 수 앞에서 자칫 나락으로 떨어질 수도 있다는 위기의식이 작용했기 때문이다.

이탈리아가 우려하는 그리고 복잡한 문제는 스페인과 크로아티아가 비겼을 경우에 나온다. 두 팀이 0-0으로 경기를 마친다면 승점이 동률인 팀 간 다득점에서 2득점을 기록 중인 이탈리아가 조 1위가 되기에 이탈리아의 입장에서는 별 문제가 없다. 스페인과 크로아티아가 1-1로 비긴다면 세 팀 모두 같은 조건이 됨에 따라 문제가 복잡해진다. 골득실 0인 이탈리아가 +2의 크로아티아를 넘어서기 위해서는 아일랜드를 2골차 이상으로 이겨야 한다. 하지만 2-0으로 이기면 전체 다득점에서 밀리며 탈락하기에 최소한 3-1로 이겨야 조 2위로 8강에 갈 수 있다. 그러나 스페인과 크로아티아가 2-2 무승부로 끝내면 이탈리아가 제 아무리 많은 골을 넣고 이겨도 탈락이다. 동률 팀 간 다득점에서 스페인과 크로아티아가 3득점이 되는 반면 이탈리아는 2득점에 불과하기 때문이다. 스페인과 크로아티아의 전력을 감안한다면 이 같은 스코어가 날 확률이 그리 높지는 않지만 어찌됐건 불가능한 것 또한 아니기에 이탈리아는 조바심을 느꼈고 이에 모두가 달가워하지 않는 음모론을 또다시 들고 나왔다.

하지만 이 과대망상증 환자의 음모론 설파는 되레 스페인과 크로아티아 팬들을 하나로 묶는 예상치 못한 상황으로 발전했다. 스페인과의 일전이 부담스러웠던 크로아티아 팬들은 작은 희망의 끈이라도 잡고 싶은 상황이었고, 이탈리아가 늘 껄끄러웠던 스페인 팬들 역시 이참에 보기 싫은 이탈리아를 집으로 보내고 싶어 했다. 결국 이해타산이 맞아 떨어진 두 팀의 팬들은 마주칠

때마다 '굿바이 이탈리아'를 합창이라도 하듯 연호했고, '2-2'라는 플랫카드를 내 걸기도 했다. 심지어 페이스 페인팅을 하면서 두 나라의 국기를 함께 그려 넣는 이들도 적지 않았다. 스페인과 크로아티아의 사이가 이보다 더 좋았던 적은 없었다. 전쟁의 불씨가 되기도 하는 축구가 평화를 가져올 수도 있다는 불가능한 이상이 이탈리아를 통해서 실현된 것이다.

C조의 최종전은 6월 18일, 저녁 8시 45분에 동시에 킥 오프 됐다. 그단스크에서는 크로아티아와 스페인이, 포즈난에서는 이탈리아와 아일랜드가 경기를 펼쳤다. 전반전 한동안은 C조의 순위표에 아무런 변화가 없었다. 그단스크에서는 스페인이, 포즈난에서는 이탈리아가 공세를 퍼부었지만 그 어느 곳에서도 골이 터져 나오지 않았기 때문이다. 하지만 전반 35분 안토니오 카사노Antonio Cassano의 헤딩슛이 아일랜드의 골라인을 넘어가자 상황이 바뀌었다. 이제 이탈리아가 조 1위로 올라섰고 스페인과 크로아티아는 각각 2, 3위로 내려앉았다. 이후 한동안 아무런 변화가 없던 스코어보드는 후반 막바지에 다시 한 번 움직였다. 스페인이 후반 43분 기어이 1-0을 만들며 다시금 조 1위로 올라선 것이다. 이렇게 되자 크로아티아는 벼랑 끝으로 한걸음 더 뒷걸음질 치게 됐고, 이탈리아도 안심할 수 없는 처지에 놓였다. 그단스크에서의 경기가 그대로 1-0으로 끝이 나면 이탈리아가 조 2위로 올라가지만, 크로아티아가 동점골을 넣어 1-1을 만든다면 2-2까지 갈 필요도 없이 이탈리아는 탈락이었다.

후반 45분 문제아 마리오 발로텔리Mario Balotelli가 환상적인 시저스킥으로 2-0을 만들었지만 이탈리아는 마냥 기뻐할 수 없었다. 보누치는 무슨 말을 하고자 했던 발로텔리의 입을 틀어막기에 바빴고 유로 2004에서 그랬던 것처럼 그단스크에서 무슨 일이 벌어질지 모르기 때문이었다. 이탈리아가 마음을 놓기 위해서는 한 골이 더 필요했지만 경기는 그대로 2-0으로 끝이 났고 이탈리아가 할 수 있는 최선은 초조한 마음으로 추가 시간이 4분 더 적용된 그단스크에서의 경기 결과를 기다리는 일뿐이었다. 하지만 다행스럽게도 이번에는 이탈리아의 시나리오대로 되지 않았다. 경기는 그대로 스페인의 1-0으로 끝이 났고, 작별 인사를 받는 쪽은 크로아티아가 되었다.

D조

'세브첸코, 넌 오늘 두 골을 넣을 거야'

잉글랜드가 신통방통하게도 단 1개의 유효 슈팅으로 15개의 유효 슈팅을 기록한 프랑스와 1-1 무승부로 경기를 마친 6월 11일 밤, 키예프의 올림픽 스타디움에서 개최국 우크라이나가 유로 데뷔전에 나섰다.

최근 우크라이나의 국제 대회 성적은 좋지 않았다. 2006 독일 월드컵에서는 8강까지 올라갔지만 그 이후로는 내리막이었다. 유로 2012 공동 개최국으로서 승리가 절실했지만 최근의 모습으로는 이길 수 있을 것 같지 않았다. 결국 유로 2012를 1년여 앞둔 2011년 4월, 우크라이나 축구협회는 독일 월드컵에서 지휘봉을 잡았던 우크라이나의 축구 영웅 올레흐 블로힌Oleh Blokhin 감독을 긴급히 다시 호출했고, 블로힌 감독은 조국의 부름에 망설임 없이 제안을 승낙했다.

그러나 무너진 팀을 다시 일으켜 세우는 일은 쉽지 않았다. 여기에 주변의 우려에도 불구하고 엔트리에 넣었던 36살의 노장 안드리 세브첸코Andriy Shevchenko의 몸 상태가 영 좋지 않았다. 6개월 전에는 허리 부상을 당한 터였고 최근에는 무릎도 좋지 않았다. 3개월 전만해도 대회 출전 자체를 장담할 수 없었다. 당연히 컨디션도 떨어진 상태였다. 하지만 블로힌 감독은 '넌 오늘 두 골을 넣을 거야'라는 말과 함께 세브첸코를 조별리그 1차전에 선발로 투입했다. 세브첸코조차도 예상치 못한 파격 기용이었다.

우크라이나가 조별리그 통과를 위해 넘어야 할 첫 번째 장애물은 10개월 전 패배를 안겼던 스웨덴이었다. 우승 후보는 아니지만 우승 후보들도 무시할 수 없는 상대였고 대다수의 전문가들은 스웨덴의 승리를 예상했다. 그리고 그들의 예상처럼 스웨덴은 후반 7분에 나온 즐라탄 이브라히모비치Zlatan Ibrahimović의 골로 앞서 나갔다. 하지만 경기장을 가득 메운 홈 팬들의 초조함은 오래지 않아 사라졌다. 세브첸코의 드라마가 펼쳐졌기 때문이다.

세브첸코는 골을 허용한지 불과 3분 뒤인 후반 10분, 안드리 야르몰렌코Andriy Yarmolenko의 크로스를 동점 헤딩골로 연결시킨 데 이어 후반 16분에는 예브헨 코노플리얀카Yevhen Konoplyanka의 코너킥을 머리로 돌려 넣으며 2-1이 되는 역전골을 만들었다. 전성기가 한참 지난 세브첸코였지만 이날만큼은 전성기 못지않은 투혼을 보여줬고 결국 블로힌 감독의 말처럼 두 골을 넣으며 우크라이나 전역을 열광케 했다. 그리고 후반 36분, 세브첸코가 교체되어 나오자 올림픽 스타디움을 가득 메운 6만 5천여 관중들은 그의 애칭인 '셰바'를 연호하며 기립 박수로 맞았다. 이후 경기 종료를 알리는 휘슬이 울리자 세브첸코는 블로힌 감독과 뜨겁게 포옹을 했고, 거리로 쏟아져 나온 키예프 시민들은 밤새도록 승리의 기쁨을 누렸다.

하지만 우크라이나가 승리의 달콤함을 누리는 시간은 그리 길지 않았다. 나흘 뒤 도네츠크에서 열린 우크라이나와 프랑스 D조 조별리그 2차전 경기는 벼락을 동반한 폭우로 인해 경기가 시작된 지 4분 21초 만에 중단됐다가 55분 후에야 재개됐는데, 홈 팀 우크라이나가 누렸던 유로 첫 승의 기쁨도 이때 내린 폭우와 함께 쓸려 내려갔다. 우크라이나는 경기 내내 쉴 새 없이 두들긴 프랑스에 이렇다 할 반격을 하지 못한 채 0-2로 무릎을 꿇었고, 이에 같은 날 메이저 대회 역사상 처음으로 스웨덴을 상대로 승리를 일궈낸 잉글랜드에게 밀리면서 조 3위로 물러앉았다.

D조의 조별리그 3차전은 6월 19일 키예프와 도네츠크에서 동시에 치러졌다. 프랑스가 1승 1무 승점 4점 골 득실 +2로 1위에 올라서 있는 가운데 잉글랜드가 골득실에서 1점차로 뒤지며 2위 자리에 있었다. 개최국 우크라이나는 1승 1패 승점 3점으로 3위로 내려앉았지만 기회가 아예 없는 것은 아니었다. 최종전에서 승리를 거둔다면 8강에 오를 수 있었다.

우크라이나의 상대는 벼르고 벼렸던 잉글랜드였다. 영국의 BBC는 대회 개막 직전 '우크라이나의 축구 경기장에서 벌어진 일들'이라는 영상을 방영해 우크라이나를 인종 차별이 난무하는 광기 어린 미개한 국가로 그렸다. 사실 여부를 떠나 자국을 위험천만한 나라로 매도하는 이 같은 행태는 우크라이나 국민들의 공분을 사기에 충분했다. 이에 축구장에서 본때를 보여주고자 했지만 사실 우크라이나의 라커룸 사정은 썩 좋지 않았다. 셰브첸코가 프랑스와의 경기에서 무릎 부상을 당한 탓에 조별리그 최종전 출전이 어려웠던 것이다. 홈 팬들의 뜨거운 성원을 등에

업고 초반부터 매섭게 몰아붙였지만 애석하게도 골을 먼저 넣은 쪽도 잉글랜드였다. 출전 정지 징계가 2경기로 완화되면서 피치에 복귀하게 된 루니가 후반 3분에 선제골을 뽑아내며 1-0을 만든 것이다. 몇 분 뒤 키예프에서 이브라히모비치가 환상적인 발리슛으로 골을 터뜨렸다는 소식이 들려왔지만 어차피 바뀌는 것은 없었다. 스웨덴이 프랑스를 잡아 준들 승자승에서 밀리는 우크라이나에게 무승부는 무의미했다.

반드시 이겨야만 8강에 갈 수 있었고 그러기 위해서는 이제 두 골이 필요했다. 이에 우크라이나는 공격의 고삐를 더욱 거세게 당겼고 얼마지 않아 그 결실을 보는 듯 했지만 운이 따르지 않았다. 마르코 데비치Marko Dević의 슛이 조 하트Joe Hart 골키퍼의 몸에 맞고 굴절이 된 후 잉글랜드의 골라인을 넘었음에도 골로 인정받지 못한 것이다. 잉글랜드의 존 테리John Terry가 공을 걷어내기 전에 분명 공은 골라인을 완전히 넘어섰지만 골문 바로 옆에 있던 부심만은 이를 보지 못했고 주심도 득점으로 인정하지 않았다. 명백한 오심이었지만 어쩔 도리가 없었다. 우크라이나는 부상 중인 셰브첸코마저 투입해 가며 반전을 노렸지만 그가 할 수 있는 일은 없었다. 결국 경기는 잉글랜드의 1-0 승리로 끝이 났고, 우크라이나는 공동 개최국 폴란드와 함께 동반 탈락하는 비운을 맛봤다.

이 경기가 있기 전날 UEFA의 미셸 플라티니Michel Platini 회장은 '6심제로 인해 유로 2012에서 심판들이 모든 상황을 지켜볼 수 있게 됐다'고 말했지만, 우크라이나의 블로힌 감독은 심판이 있어도 소용이 없다며 분통을 터뜨렸다. 한편, 키예프에서는 스웨덴이 경기 종료 직전에 또 한 골을 터뜨리며 탈락하는 와중에도 자존심을 세웠고, 0-2로 패한 프랑스는 조 2위로 밀려나면서 이탈리아가 아닌 스페인과 8강 토너먼트에서 마주해야 했다.

8강 토너먼트

구제금융 매치

포르투갈이 호날두의 헤딩 결승골로 체코를 1-0으로 꺾고 4강 토너먼트 진출을 확정 지은 다음날 전 세계의 시선은 폴란드의 항구 도시 그단스크로 몰렸다. 유로화로 인해 파생된 뜻밖의 더비 매치가 예정되어 있었기 때문이다.

2012년 유럽의 화두는 단연 '유로'였다. 하나는 유럽축구선수권대회의 약칭 '유로'였고, 또 다른 하나는 '유로화'였다. 영국의 일간지 가디언이 유로 2012 개막일에 맞춰 내보낸 특집 기사 중 하나가 대회 참가국들의 경제력과 실제 조 편성을 바탕으로 한 가상 경제 대결의 결과였을 정도로 2012년 여름 유럽의 관심은 오로지 두 유로에 몰려 있었다. 재미있는 것은 가디언의 가상 경제 대항전에서 우승을 차지한 유로존[66] 최대 채권 국가 독일과 유로존 위기의 진원지로 꼽히며 최하위에 머문 그리스가 8강 토너먼트에서 맞대결을 벌이게 됐다는 점이었다. 채권국과 채무국 간의 대결은 '구제금융 매치', '부채 더비' 등의 이름으로 불렸는데 아이러니하게도 축구가 아닌 경제적인 이유로 8강 토너먼트의 대결 중에서 가장 큰 관심을 불러 모았다.

그리스는 지난 2010년 국가 부도 위기에서 모두 2천400억 유로의 구제금융을 받았다. 하지만 그 대가로 가혹한 긴축 재정을

---

[66] 유로화를 사용하는 유럽의 18개 국가

요구 받았고, 그 결과 정부 지출이 대폭 삭감되면서 연금과 임금이 줄고 청년층의 절반은 직업이 없는 상태가 되었다. 그러나 1차 구제금융만으로는 경제 위기를 타개할 수 없었다. 결국 그리스는 추가 구제금융을 받아야 할 처지에 놓였는데 구제금융 트로이카[67]는 이번에도 혹독한 긴축 재정을 요구하고 나섰다. 그리스는 그 같은 배경의 중심에는 독일이 있다고 생각했고, 이에 그리스에는 반독일 정서가 팽배했다. 축구에서만큼은 꼭 이겨서 빚을 갚아 주고 싶었다.

독일 역시 그리스에 좋지 않은 감정을 품고 있었다. 두 번에 걸쳐 구제금융을 해줬건만 구제금융 조건으로 내건 긴축과 재정 적자 축소 등의 개혁은 이행하지 않으려고 했고 그 와중에 또 추가 지원을 바라는 모습에 어처구니가 없었다. 이에 독일에서도 반 그리스 정서가 비등했다. 돈까지 꿔 준 마당에 승리까지 내줄 수 없다는 것이 독일 국민들의 일반적인 감정이었다.

물론 독일의 요아힘 뢰브Joachim Löw 감독은 그리스전도 보통의 경기와 다를 바 없다며 정치적인 해석을 경계했지만 그의 의사와 상관없이 분위기는 이미 축구 경기 그 이상이 됐다. 하지만 두 팀의 축구 실력은 경제력만큼이나 컸다. 이번 대회에서 유일하게 조별 리그를 3전 전승으로 통과한 독일은 그리스를 상대로 한 역대 전적에서 5승 3무 무패의 압도적인 우위를 보이고 있었다. 이번 대결 역시 그렇게 끝날 공산이 클 것으로 여겨졌는데 예상보다도 쉽게 경기 결과가 갈렸다.

독일은 경기 초반부터 그리스를 사정없이 유린했다. 전반 4분

---

[67] 국제통화기금·유럽중앙은행·유럽연합

미로슬라프 클로제Miroslav Klose의 골은 오프사이드로 선언이 됐지만 전반 39분 필립 람Philipp Lahm의 중거리 슛으로 봉인되어 있던 그리스의 골문을 해제하는데 성공했다. 그리스는 후반 10분 사마라스의 골로 1-1 동점을 만들었지만 기쁨은 잠시뿐이었다. 후반 16분 독일은 자미 케디라Sami Khedira의 골로 2-1을 만들며 다시 앞서 나갔는데 이는 종말을 알리는 서곡과도 마찬가지였다. 독일의 슛은 쏟아지는 운석처럼 쉴 새 없이 이어졌고 곧 추가골이 터졌다. 후반 23분에는 클로제의 헤딩슛이, 후반 29분에는 마르코 로이스Marco Reus의 오른발 슛이 잇따라 그리스의 골문에 꽂혔다. 그리스의 코스타스 카추라니스Kostas Katsouranis는 경기 전 기자 회견에서 '승리를 위해 사력을 다할 것'이라고 했지만 축구는 의지만으로는 할 수 없는 것이었다. 그리스는 후반 44분 페널티킥으로 한 골을 더 만회했지만 그것이 전부였고, 결국 세계의 이목을 모았던 '구제금융 매치'는 채권국 독일의 4-2 승리로 끝이 났다.

승부차기 못하는 나라들의 승부차기 대결

8강 토너먼트 나머지 두 게임의 결과는 극명하게 갈렸다. 스페인이 사비 알론소Xabi Alonso의 2골로 그간 1무 5패만을 기록하며 메이저 대회에서는 단 한 번도 이겨보지 못했던 프랑스를 2-0으로 여유 있게 누르고 4강 진출을 확정 지은 것과 달리 잉글랜드와 이탈리아는 연장전에 이르기까지 그 어느 쪽도 골을 넣지 못하면서 결코 반갑지 않은 승부차기와 마주해야 했다.

두 팀 모두 승부차기와의 악연에는 일가견이 있었다. 이탈리아는 메이저 대회에서 모두 7번의 승부차기를 해서 2승 5패를 기록했다. 유로 80 체코와의 3위 결정전에서 9번째 키커까지 가는 숨 막힌 대결 끝에 8-9로 무릎을 꿇었는데 그때의 허탈한 패배 탓이었는지 이후 1990 월드컵과 1994 월드컵에 이어 1998 월드컵에 이르기까지 3번의 월드컵에서 연속으로 승부차기에서 패하는 진기록을 남겼다. 하지만 이탈리아는 유로 2000 준결승에서 개최국 네덜란드를 승부차기에서 3-1로 꺾고 승부차기 4연패를 마감한 데 이어 2006 독일 월드컵 결승전에서는 프랑스에 5-3의 승리를 거두며 가장 중요한 순간에 승부차기로 결정적인 승리를 거둬냈다. 이탈리아는 이로써 승부차기 징크스를 완전히 떨쳐낸 줄 알았다. 그렇지만 승부차기의 악령은 여전히 이탈리아를 사랑했다. 이탈리아는 유로 2008 8강전 스페인과의 승부차기에서 또다시 패했고 떼어낸 듯 했던 승부차기의 악몽은 아직까지 사라지지 않았음을 증명했다. 그러나 그런 이탈리아조차도 잉글랜드에 비하면 행복한 편에 속했다.

승부차기에서 정말 우울한 팀은 잉글랜드다. 1990 이탈리아 월드컵 준결승에서 서독에 패하며 결승 진출권을 내줬던 잉글랜드는 이후 홈에서 열린 유로 96 8강전에서 스페인을 승부차기로 물리쳤지만, 준결승전에서는 다시금 독일에게 승부차기 끝에 패하며 안방 잔치의 티켓을 숙적에게 넘겨줘야 했다. 그 뒤로는 승부차기의 악몽뿐이었다. 1998 프랑스 월드컵, 유로 2004, 2006 독일 월드컵에서 연이어 패하면서 승부차기에서만 내리 4연패를 기록 중이었다. 역대 잉글랜드 키커들의 승부차기 성공률 또한 엄청나다. 14번 시도를 해서 7번만을 성공했을 뿐이다. 잉글랜드가 승부차기에서 연전연패를 하는 것은 어찌 보면 당연한 결과였다. 그리고 이는 이번에도 마찬가지였다.

이탈리아의 두 번째 키커 리카르도 몬톨리보Riccardo Montolivo의 실축으로 2-1로 앞섰을 때까지만 해도 이번만큼은 잉글랜드에게도 승부차기의 여신이 미소를 짓는 듯 했다. 그러나 이탈리아의 세 번째 키커로 나선 피를로가 뒤지고 있는 상황에서도 일명 '파넨카 킥'으로 알려진 대담한 칩 슛으로 2-2를 만들자 분위기는 다시 바뀌었다. 물론 잉글랜드의 나머지 키커들이 남은 3번의 기회를 살린다면 승리는 잉글랜드의 것이었다. 하지만 잉글랜드의 역대 승부차기 성공률은 50%였고 이는 이번에도 어김없이 실현됐다. 그리고 그 중심에는 두 애슐리가 있었다. 잔뜩 긴장한 표정으로 나온 세 번째 키커 애슐리 영Ashley Young의 킥은 크로스바에 맞고 나왔고, 네 번째 키커 애슐리 콜Ashley Cole이 침착하게 찬 공은 부폰의 품에 가서 안겼다. 그렇게 3-2로 역전이 된 상황에서 이탈리아의 다섯 번째 키커 알레산드로 디아만티Alessandro Diamanti의 슛이 골 그물을 출렁였고 길고 긴 승부도 그것으로 끝이 났다. 이로써 이탈리아는 승부차기에서 세 번째 승리를 거두며 유로 2000 이후 12년 만에 준결승 토너먼트에 진출하게 된 반면 잉글랜드는 승부차기의 악몽에 또다시 발목이 잡히며 메이저 대회 승부차기에서 6패째를 기록하게 됐다.

준결승 토너먼트

독일은 이탈리아를 못 이긴다

유로 2012 준결승 토너먼트의 대진이 완성되자 미디어들은 스페인과 독일이 결승전 리턴 매치를 벌일 것으로 전망했다. 포르투갈과 이탈리아의 경기력도 그리 나쁘지는 않았지만 스페인과 독일을 상대하기에는 역부족으로 보였다. 디펜딩 챔피언 스페인은 이번 대회에서 8골을 넣는 동안 단 1실점만 기록하고 있었고, 독일은 유로 2012 참가국 중 유일하게 4연승을 기록한 팀이자 9골을 넣으며 최다 득점을 한 팀이었다. 그러나 막상 뚜껑을 열자 경기는 예상과 전혀 딴판으로 흘렀다. 스페인은 포르투갈을 상대로 진땀 꽤나 흘렸지만 어찌됐든 승부차기에서 4-2로 이기면서 이베리아 더비를 기분 좋게 끝냈지만 독일은 그러지 못했다.

독일에게 있어 이탈리아는 난적 중에 난적이었다. 독일은 이탈리아를 상대로 한 역대 전적에서 7승 9무 14패의 열세를 보이고 있었다. 메이저 대회 성적은 더 끔찍했다. 4무 3패로 단 한 번도 이겨본 적이 없다. 마지막 승리도 1995년의 일이었다. 21세기에 들어서는 승리의 기억도 없었다. 2006 독일 월드컵 준결승전에서는 1935년 이후 71년간 져본 적 없다던 도르트문트에서 연장 막판에 두 골을 내주며 0-2로 패했다.

그러나 이번만큼은 다르다고 생각했다. 독일은 유로 2012 참가국 중 공격, 수비 모든 면에서 가장 짜임새가 좋고 안정적이라는 평을 듣고 있던 터였다. 또 유럽축구선수권대회에서는 적어도 이탈리아에게 진 적이 없었다. 유로 88과 유로 96 조별리그에서 두 차례 만나 모두 비겼다. 이기지는 못했지만 적어도 지지는 않았다. 여기에 이탈리아보다 이틀을 더 쉬었다. 이번에는 이길 수 있을 것 같았다.

베팅 업체들의 예상도 비슷했다. 한결같이 독일의 압도적인 우세를 점쳤다. 2010 남아공 월드컵 3위 결정전 이후 계속된 독일의 공식 경기 15연승 기록이 16연승으로 늘어나는 것을 당연시 여기는 분위기였다. 경기 초반의 흐름도 예상대로 진행됐다. 코너킥 상황에서 나온 마츠 후멜스Mats Hummels의 슛은 골문을 지키고 있던 피를로가 걷어 내지 않았더라면 골로 이어졌을 터였고, 부폰 골키퍼가 쳐냈던 공도 각도가 조금만 달랐거나 안드레아 바르찰리Andrea Barzagli의 다리에 맞고 아웃 되지만 않았다면 경기는 다수의 예상대로 흘러갔을 터였다. 하지만 독일은 기회를 놓쳤고, 떠난 기회는 돌아오지 않았다.

초반 위기를 넘기자 이탈리아는 점차 위로 밀고 오기 시작했고, 전반 20분 카사노가 수비수 두 명 사이에서 돌아선 뒤 올려준 크로스를 발로텔리가 헤딩으로 꽂아 넣으며 선제골을 만들었다. 이후 독일은 반격에 나섰지만 이탈리아의 수비진이 견고하게 버티고 있었기에 좀처럼 슈팅 기회를 잡지 못했다. 독일은 전반 34분 케디라의 중거리 슛으로 모처럼만에 공격다운 공격을 펼치며 코너킥을 얻어냈지만 이는 되레 재앙의 지름길이 되었다.

부폰 골키퍼가 펀칭한 공을 이어 받은 몬톨리보는 세트 피스 상황에 가담하기 위해 올라왔던 독일의 중앙 수비진이 채 제자리로 돌아가기 전에 앞으로 길게 연결했고 이는 무인지경에 있던 발로텔리에게 이어지면서 2-0이 되었다. 누구도 예상치 못한 상황이었다. 승리를 기대하며 경기장을 찾았던 독일 팬들은 충격에 빠졌다. 눈물을 흘리는 이들도 있었다. 헤어날 수 없는 끔찍한 악몽 같았다. 독일은 후반 추가 시간에 페널티킥으로 한 골을 만회하며 1-2로 따라 붙었지만 때는 너무 늦었고, 거칠 것이 없을 것 같던 독일 전차의 시동도 그렇게 꺼졌다.

결승전

스페인의 메이저 대회 3연패 달성

이탈리아는 위기 때마다 경이로울 정도로 잘 헤쳐 나갔다. 특히 승부 조작 파문이 불거진 후에는 어김없이 우승했다. 1980년에는 이탈리아 축구 사상 최대 규모의 승부 조작과 뇌물 스캔들이었던 '토토네로' 사건이 터졌지만 2년 후 1982 스페인 월드컵에서 우승을 했고, 2006년에는 '토토네로'의 규모를 뛰어 넘는 '칼초폴리'가 이탈리아를 강타했지만 2006 독일 월드컵에서 정상의 자리를 차지했다. 그때마다 이탈리아의 몰락을 예상했지만, 이탈리아는 예상을 뒤엎고 정상에 올랐다. 이탈리아는 위기에 몰릴수록 하나가 됐고, 이탈리아를 막을 팀은 없었다.

2012년에는 '칼초스코멘세' 스캔들이 또 다시 이탈리아를 뒤흔들었다. 이번에는 가망이 없어 보였다. 하지만 이탈리아는 유로 2012에서 예상외의 선전을 펼쳤다. 준결승전에서는 천하무적 같았던 독일을 상대로 압승을 거뒀다. 이에 이탈리아 팬들은 스페인의 우세라는 도박사들의 예측에도 아랑곳 하지 않고 우승을 믿어 의심치 않았다. 승부 조작은 곧 우승이었기 때문이다. 스페인보다 하루를 덜 쉬었고, 바르샤바에서 키예프까지 700km를 이동해 왔지만 문제될 것은 없어 보였다. 그러나 이번만큼은 운이 따라주지 않았다. 44년만의 정상 탈환이라는 영광을 노리고 들어간 길은 학살의 현장에 제 발로 걸어 들어가는 길이었다.

승부는 일찌감치 갈렸다. 스페인은 전반 14분 만에 다비드 실바David Silva의 선제골로 이탈리아의 빗장을 예상보다 빨리 열었다. 이탈리아가 선취골을 허용한 것은 이번 대회에서 처음이었다. 하지만 더 큰 문제는 그 다음에 터졌다. 전반 21분 이탈리아의 왼쪽 측면 수비를 담당하고 있던 지오르지오 키엘리니Giorgio Chiellini가 예기치 못한 부상을 당하며 교체 사인을 보냈던 것이다. 프란델리 감독은 예정에 없던 교체 카드 한 장을 이른 시간에 사용할 수밖에 없었는데 이는 곧 재앙을 가져오는 결과로 이어지게 된다. 이탈리아는 이후 동점골을 뽑기 위해 더욱 공격적으로 나섰고 스페인을 상대로 볼 점유율에서 우위를 점하기도 했다.

그렇지만 동점골에 매진하는 사이 촘촘했던 수비 라인이 헐거워지면서 전반 41분에 추가골을 허용했다. 스코어가 두 골 차로 벌어지자 이탈리아는 후반 시작과 동시에 조별리그에서 스페인을 상대로 골을 넣었던 안토니오 디 나탈레Antonio Di Natale를 교체 투입해 추격골을 노렸다. 하지만 이마저도 여의치 않자, 후반 12분에는 마지막 교체 카드로 티아고 모타Thiago Motta를 투입하며 반전을 노렸다. 그러나 모타는 교체 투입된 지 5분 만에 부상을 입고 쓰러졌고 이탈리아는 0-2로 뒤진 상황에서 챔피언 스페인을 상대로 10명의 선수로 맞서야 했다. 그리고 이 같은 상황이 어떤 결과를 가져올지는 낮이 밤이 되듯 확실해 보였다. 스페인은 후반 39분과 43분에 두 골을 더해 4-0을 만들면서 이탈리아를 나락으로 떨어뜨렸고, 경기도 그것으로 끝이 났다.

이로써 스페인이 역대 유로 결승전 최다 득점과 최다 점수 차 승리 기록을 갈아 치우며 전무후무한 유로 2연패 및 메이저 대회 3연패를 달성하는 신기원을 이룩한 반면 이탈리아는 월드컵에 이어 유로에서도 결승전 최다 실점의 희생양이 되어야 했다.

EURO 2016
FRANCE

UEFA European Football Championship

EURO 2016 Qualifying

Group A
CZECH	10	7	1	2	19	14	22
ICELAND	10	6	2	2	17	5	20
TURKEY	10	5	3	2	14	9	18
Netherlands	10	4	1	5	17	14	13
Kazakhstan	10	1	2	7	7	18	5
Latvia	10	0	5	5	6	19	5

Group B
BELGIUM	10	7	2	1	24	5	23
WALES	10	6	3	1	11	4	21
Bosnia-Herzegovina	10	5	2	3	17	12	17
Israel	10	4	1	5	16	14	13
Cyprus	10	4	0	6	16	17	12
Andorra	10	0	0	10	4	36	0

Group C
SPAIN	10	9	0	1	23	3	27
SLOVAKIA	10	7	1	2	17	8	22
Ukraine	10	6	1	3	14	4	19
Belarus	10	3	2	5	8	14	11
Luxembourg	10	1	1	8	6	27	4
Macedonia	10	1	1	8	6	18	4

Group D
GERMANY	10	7	1	2	24	9	22
POLAND	10	6	3	1	33	10	21
Ireland	10	5	3	2	19	7	18
Scotland	10	4	3	3	22	12	15
Georgia	10	3	0	7	10	16	9
Gibraltar	10	0	0	10	2	56	0

Group E
ENGLAND	10	10	0	0	31	3	30
SWISS	10	7	0	3	24	8	21
Slovenia	10	5	1	4	18	11	16
Estonia	10	3	1	6	4	9	10
Lithuania	10	3	1	6	7	18	10
San Marino	10	0	1	9	1	36	1

Group F
NORTHERN IRELAND	10	6	3	1	16	8	21
ROMANIA	10	5	5	0	11	2	20
Hungary	10	4	4	2	11	9	16
Finland	10	3	3	4	9	10	12
Faroe Islands	10	2	0	8	6	17	6
Greece	10	1	3	6	7	14	6

Group G
AUSTRIA	10	9	1	0	22	5	28
RUSSIA	10	6	2	2	21	5	20
Sweden	10	5	3	2	15	9	18
Montenegro	10	3	2	5	10	13	11
Liechtenstein	10	1	2	7	2	26	5
Moldova	10	0	2	8	4	16	2

Group H
ITALY	10	7	3	0	16	7	24
CROATIA	10	6	3	1	20	5	20
Norway	10	6	1	3	13	10	19
Bulgaria	10	3	2	5	9	12	11
Azerbaijan	10	1	3	6	7	18	6
Malta	10	0	2	8	3	16	2

Group I
PORTUGAL	8	7	0	1	11	5	21
ALBANIA	8	4	2	2	10	5	14
Denmark	8	3	3	2	8	5	12
Serbia	8	2	1	5	8	13	4
Armenia	8	0	2	6	5	14	2

Playoff
Norway	0 : 1	Hungary	Hungary	2 : 1	Norway
Bosnia-Herzegovina	1 : 1	Ireland	Ireland	2 : 0	Bosnia-Herzegovina
Ukraine	2 : 0	Slovenia	Slovenia	1 : 1	Ukraine
Sweden	2 : 1	Denmark	Denmark	2 : 2	Sweden

제15장 유로 2016 (2016 유럽축구선수권대회)

첫 대회인 유로 1960 당시 4개국에 불과했던 유로 본선 출전국 수는 유로 1980에 8개국으로, 유로 1996에 이르러서는 16개국으로 늘어나며 확장을 계속했다. 하지만 53개국[68]으로 증가한 UEFA 가맹국 수를 감안하면 이 역시도 충분하다고 할 수 없었다. 실제로 본선 티켓의 대부분은 거의 매번 유로 본선에 오르는 주요 국가들의 차지가 될 뿐 다수의 유럽 국가들에게 있어 유로의 피치를 밟아보는 것은 여전히 요원한 일이었다. 이에 스코틀랜드와 아일랜드 축구협회가 2007년 1월 독일 뒤셀도르프에서 열린 UEFA 집행위원회에서 유로 본선 출전국 수를 24개국으로 늘리는 안을 공식 제안, 2008년 9월 프랑스 보르도 UEFA 집행위원회에서 이를 통과시킴에 따라 유로 2016부터는 24개국이 유로 본선에 초청 받을 수 있게 됐다.

유로 2016 예선 리그에는 유로 1960과 유로 1984에 이어 사상 처음으로 3번의 유로 개최에 성공한 프랑스를 제외한 53개국

---

[68] 이후 2013년에 지브롤터, 2016년에 코소보가 추가로 UEFA에 가입함에 따라 2016년 현재 UEFA의 가맹국 수는 모두 55개국에 달한다.

이 6개국으로 구성된 8개조와 5개국으로 구성된 1개조 등 모두 9개조로 나뉘어 23장의 본선 진출권을 놓고 각축을 벌였다. 각 조 1, 2위 팀은 물론 이전에는 플레이오프 진출 가능성조차도 없었던 조 3위에게도 본선 무대에 진출할 수 있는 기회가 열렸는데, 3위 팀 중 - 그들이 속했던 조의 1, 2, 4, 5위 국가들과의 경기 결과만을 놓고 새롭게 승점을 산출해 - 가장 높은 승점을 얻은 1개 팀은 본선에 직행하고, 나머지 8개 팀은 홈&어웨이 플레이오프를 치러 본선 무대에 합류할 수 있도록 했다.

예선 리그

땅에는 하켄크로이츠, 하늘에는 드론

유로 2016 예선 리그에서도 사건 사고는 끊임없이 일어났다. 몬테네그로는 러시아와의 홈경기에서 상대팀 골키퍼에게 폭죽을 던졌고, 크로아티아는 경기장 난동과 인종차별적 발언으로 무관중 경기의 징계를 받은 것만으로는 부족했는지 홈구장의 피치 한곳에 나치 독일을 상징하는 하켄크로이츠 문양을 새겨 놓아 전 유럽의 지탄을 받았다. 알바니아는 심지어 적국이라 할 수 있는 세르비아의 축구장 상공에 드론을 띄워 축구장이 쉽게 아수라장이 될 수 있음을 보여주면서 미디어들의 주목을 받았다. 하지만 그 많은 사건 사고들도 도저히 생각지 못한 오렌지 군단의 몰락에는 비견할 수 없었다.

유로 2016 예선 리그에서는 유독 많은 이변이 일어났다. 월드컵 챔피언 독일은 그간 천적으로 군림했던 폴란드에 역사상 첫 패배를 당하는 등 예선에서만 무려 2패를 기록했고, 디펜딩 챔피언 스페인도 여유 있게 나섰던 슬로바키아 원정에서 뜻밖의 일격을 당하며 휘청거렸다. 시드를 배정받은 포르투갈도 홈에서 가진 예선 첫 경기에서 조 최약체로 꼽히던 5번 포트의 알바니아에게 패하면서 오보가 아닌가하는 의심을 들게 했다. 그래도 이들은 결국에는 조 1위에 오르면서 유로 본선 티켓을 손에 넣었지만 불과 몇 개월 전에 치러진 2014 브라질 월드컵에서 무패의 기록으로 3위 자리를 꿰찼던 네덜란드는 그렇지 못했다.

유로 2016 예선 리그 조 편성이 확정되자 그동안 지긋지긋하게 따라 다녔던 월드컵 3위 팀의 유로 징크스도 드디어 끝이 나는 듯 했다. 네덜란드가 월드컵에서 보여줬던 막강했던 위용도 그렇거니와 조 2위는 물론 조 3위에게도 본선 무대에 오를 기회가 열려 있었기에 23장에 달하는 본선 티켓 중 1장 정도는 당연히 네덜란드의 몫이 될 것이라 생각하는 이들이 많았다. 하지만 네덜란드의 유로 2016 레이스는 첫 걸음부터 꼬였다. 팀의 에이스 아르연 로벤Arjen Robben의 부상으로 그 없이 프라하를 방문했던 네덜란드는 1-1로 맞서던 후반 추가 시간, 수비수 다릴 얀마트Daryl Janmaat의 어처구니없는 헤딩 백패스로 인해 체코에게 승리를 헌납하며 첫 경기를 내줬던 것이다. 이후 홈으로 돌아온 네덜란드는 조 최약체 카자흐스탄을 상대로 예선 첫 승을 챙겼지만 뒤이어 가진 아이슬란드 원정에서 또다시 패배를 당하면서 휘청거렸다.

아이슬란드는 사실 그리 녹록한 상대가 아니었다. 이제껏 메이저 대회에 단 한 번도 진출해 본적이 없는 변방의 약소국이었지만 지난 브라질 월드컵 유럽 예선에서는 플레이오프에 오르는 저력을 과시하기도 했다. 강팀은 아니지만 쉽게 상대할 팀도 아니었다. 하지만 그 같은 점을 감안하더라도 무기력한 0-2 패배는 충격 그 이상이었고, 이에 네덜란드의 거스 히딩크Guus Hiddink 감독은 다음 경기에서 이기지 못한다면 물러나겠다는 뜻을 밝혔다. 그리고 이어진 라트비아와의 홈경기에서 6-0의 대승을 거두며 아이슬란드전 패배의 충격에서 벗어나는 듯하자 이후로는 몇 개월 전 월드컵에서 그랬던 것처럼 찬탄할만한 모습만을 볼 수 있으리라 기대했다.

그러나 네덜란드는 터키와의 홈경기에서 또다시 상상 그 이하의 모습만을 보여줬고 이는 결과적으로 치명상이 됐다. 최종 스코어만 놓고 본다면 최악의 결과는 모면한 듯 했다. 0-1로 끌려가며 패배를 목전에 뒀던 경기를 후반 47분에 터진 극적인 동점골에 힘입어 1-1 무승부로 마무리했고, 덕분에 승점 1점이라도 챙기면서 조 3위 자리를 유지할 수 있었기 때문이다. 하지만 당시의 터키가 유로 2016 예선 리그에서 극도로 부진한 모습만을 연출하고 있던 엉망진창인 상황에 놓여 있었다는 점을 감안한다면 이는 실로 충격적인 결과였다. 터키는 카자흐스탄과의 홈경기에서만 승리를 거뒀을 뿐 그 밖의 경기에서는 1무 2패만을 기록하고 있었는데 그 같은 팀을 상대로 홈에서 무승부에 그쳤다는 것은 사실 패배와도 마찬가지인 재앙이었다. 네덜란드는 이후 라트비아 원정에서 다시금 승리를 추가했지만 부진한 모습은 여전했고, 히딩크 감독은 결국 예선 리그를 마무리하지 못한 채 사임해야 했다.

네덜란드는 수석 코치 대니 블린트Danny Blind를 후임 감독으로, 유로 2008 당시 대표팀을 이끌었던 마르코 반 바스텐Marco van Basten을 코치로 임명하며 분위기 반전을 노렸지만 상황은 더욱 꼬여만 갔다. 아이슬란드와의 홈경기에서 또다시 0-1로 지면서 본선 직행이 사실상 불가능하게 됐던 것이다. 물론 그럼에도 네덜란드에게는 여전히 유로 2016에 참가할 기회가 열려 있었다. 네덜란드의 뒤를 쫓고 있던 터키 역시 라트비아와의 홈경기를 1-1로 그르친 탓에 플레이오프 티켓 확보 경쟁에서는 여전히 우위를 보이고 있었던 것이다. 하지만 네덜란드는 무승부로 끝냈어도 나쁘지 않았을 터키 원정에서 지나치게 공격적인 플레이로만 일관하다 0-3의 충격패를 당했고, 1975년에 폴란드에게 1-4로 패한 이후 유로 예선에서 40년 만에 당한 3골차 이상의 이 패배로 인해 두 팀의 순위는 뒤바뀌게 됐다.

물론 이때까지만 해도 네덜란드에게는 일말의 희망이 남아 있었다. 터키의 잔여 경기 상대가 체코, 아이슬란드였던 반면 네덜란드는 카자흐스탄, 체코와의 경기를 남겨 놓고 있었기 때문이다. 체코나 아이슬란드가 터키를 잡아주고 네덜란드가 연승을 기록한다면 두 팀의 순위는 다시금 바뀌게 될 터였고 그렇다면 플레이오프를 통해서 본선 진출 가능성을 타진해 볼 수 있었다. 그러나 네덜란드전 승리로 기세등등해진 터키는 이미 본선 진출을 확정 지은 탓인지 다소 느슨하게 경기에 나섰던 체코와 아이슬란드를 연파하며 조 3위 자리를 꿰찼고 결국 유로 2016에서는 유로 1984 이후 처음으로 네덜란드를 볼 수 없게 됐다.

2014 브라질 월드컵 진출국 중 하나였던 그리스 역시 유럽의 최약체 중 하나로 꼽히는 페로 제도에 연패를 당하는 등 좀처럼 보기 힘든 최악의 플레이만을 보여주며 유로 예선 역사상 처음으로 시드국이 꼴찌로 대회를 마감하는 진기록을 세웠지만, 네덜란드의 참담한 몰락 덕분에 뉴스거리로 취급받지도 못했다.

유로 2016 프랑스

2015년 11월 13일, 프랑스는 악몽 같은 밤을 보냈다. 프랑스와 독일의 친선 경기가 벌어지고 있던 스타드 드 프랑스를 비롯한 파리 곳곳에서 발생한 동시 다발 테러로 130여명이 숨지는 끔찍한 참사를 겪었던 것이다. 하지만 이것이 끝이 아니었다. 테러의 충격이 채 가시지 않은 2016년 3월 22일, 이웃한 벨기에 브뤼셀에서 30여명의 목숨을 앗아간 테러가 또다시 자행됐고, 한 달여 만에 체포된 브뤼셀 테러범이 당초 목표는 유로 2016이었지만 공격 장소를 바꿔 브뤼셀에서 테러를 벌였다고 밝히면서 프랑스와 UEFA를 화들짝 놀라게 했던 것이다.

프랑스는 결국 파리 테러가 벌어진 이튿날 선포해 이미 두 차례나 연장했던 국가비상사태를 유로 2016 폐막 때까지 추가로 연장하면서까지 테러 대응 단계를 높였고, 보안 수준 또한 그에 맞게 강화했지만 테러의 공포는 여전했다. 미국, 영국, 독일 등이 유로 2016에 대한 테러 위협을 경고하는 한편 자국민에 대한 여행 주의보를 발령했고, 유로폴 역시 극도로 우려를 표명했다.

하지만 프랑스와 UEFA는 단호했다. 유로 2016 조직위원회는 유로 2016의 취소 논의는 테러리스트의 의도에 휘둘리는 것이라는 뜻을 밝혔고, UEFA 역시 무관중 경기를 치를 수도 있지만 대회를 연기하거나 취소할 수 없다는 입장을 피력한 바 있었는데 이 같은 의지는 계속되는 테러의 위협 속에서도 굳건했다. 결국 축구는 계속됐고, 역사상 가장 위험한 대회는 프랑스 전역의 경기장 10곳과 팬 존 주변에 배치된 10만 여명의 프랑스 경찰과 UEFA에서 별도로 고용한 1만여 비밀 보안 요원의 삼엄한 경비 속에 막을 올리게 됐다.

유로 2016은 본선 진출국 수가 이전 대회에 비해 8팀이나 증가함에 따라 대회 진행 방식에도 다소의 변화를 줬다. 24개 팀이 4개 팀씩 6개 조로 나뉘어 조별리그를 치르는 것까지는 지난 대회와 크게 다를 바 없었으나 각 조 1, 2위 팀은 물론 조 3위 팀 중 상위 4개 팀도 와일드카드로 16강 토너먼트에 진출, 앙리 들로네컵을 노려볼 수 있게 됐다.

영국의 베팅 업체 윌리엄 힐에 따르면 개최국 프랑스의 우승 확률이 1/3로 가장 높았고, 월드컵 우승팀 독일이 1/4, 대회 3연패를 노리는 디펜딩 챔피언 스페인이 1/5의 배당률을 받으며 역시 우승에 근접한 팀으로 꼽혔다. 프랑스의 우승 확률을 가장 높게 점치는 곳은 도박회사뿐만이 아니었다. 글로벌 투자은행 골드만삭스 역시 대회 개막을 앞두고 '유로 2016 각국 성적 예측 보고서'를 발표했는데, 프랑스의 우승 확률이 23.1%로 가장 높았고 독일이 19.9%, 스페인이 13.6%, 잉글랜드가 10.5%로 그 뒤를 이었다. 프랑스, 잉글랜드, 독일, 스페인, 벨기에, 포르투갈 등이 시드 배정을 받은 가운데 추첨을 통해 이루어진 본선 조 추첨 결과는 다음과 같았다.

A조 : 프랑스, 루마니아, 알바니아, 스위스
B조 : 잉글랜드, 러시아, 웨일즈, 슬로바키아
C조 : 독일, 우크라이나, 폴란드, 북아일랜드
D조 : 스페인, 체코, 터키, 크로아티아
E조 : 벨기에, 이탈리아, 아일랜드, 스웨덴
F조 : 포르투갈, 아이슬란드, 오스트리아, 헝가리

A조

유로 최초의 형제의 대결

유로 2016의 A조는 사실 큰 흥미를 자아내지 못한 조였다. 조 1위는 우승 1순위로 꼽히는 개최국 프랑스, 조 4위는 우승 확률 1/300로 유로 2016에 참가한 24개국 중 최약체로 평가받는 알바니아의 차지가 될 것이 뻔해 보였기 때문이다. 이렇듯 절대 강자와 절대 약자가 한 바구니에 공존하고 있다 보니 A조에서는 되레 조 2위 싸움과 각기 다른 유니폼을 입고 경기를 치러야 하는 형제의 대결에 더욱 촉각을 기울이는 분위기였다.

프랑스가 후반 44분에 터진 디미트리 파예Dimitri Payet의 환상적인 중거리 슛으로 루마니아를 2-1로 꺾고 극적인 개막전 승리를 낚아챈 이튿날 전 유럽의 시선은 온통 스위스와 알바니아의 경기가 예정되어 있는 랑스에 쏠렸다. 유로 역사상 처음으로 형제간의 맞대결이 펼쳐졌던 것이다. 이날의 주인공은 알바니아의 타울란트 자카Taulant Xhaka와 스위스의 그라니트 자카Granit Xhaka였다. 두 형제 모두 스위스 바젤 태생이었지만 부모는 알바니아계였는데 이것이 한 살 터울 형제의 운명을 갈랐다. 형은 혈통을 택하면서 알바니아 유니폼을 입었지만 동생은 나고 자란 스위스의 유니폼을 선택했던 것이다. 이들의 대결은 뜨거웠지만 승부는 일찌감치 갈렸다. 알바니아는 예상외의 선전을 펼쳤지만 경기 시작 5분 만에 내준 골은 끝내 극복하지 못하며 0-1로 패했고, 결국 - 알바니아 유니폼을 입은 형이 후반 16분에 교체 아웃되면서 - 61분 동안 치러진 형제간의 대결은 동생의 승리로 막을 내렸다.

승리 팀들이 뜻밖에도 고전을 면치 못했지만 어찌됐건 A조의 1라운드 경기 결과 모두 예측에서 크게 벗어나지 않았고, 이는 2라운드도 마찬가지였다. 프랑스는 1년여 전 망신스러운 패배를 안겨줬던 알바니아를 상대로 이번에도 역시 힘든 경기를 펼쳤지만 어찌됐든 후반 45분과 후반 추가 시간 6분에 터진 연속골 덕에 2-0 승리를 거두면서 일찌감치 16강 토너먼트 진출을 확정 지었고, 스위스와 루마니아는 1-1로 경기를 마치면서 승점 1점씩을 나눠 가졌다. 그렇게 2라운드까지의 경기 결과가 대회 개막 전 미디어들의 예상과 크게 다름없이 흘러가자 이제 A조에서 눈여겨 볼 점이라고는 스위스와 루마니아의 2위 다툼뿐인 듯 했다.

하지만 별 드라마 없이 끝날 것 같던 A조의 최종전에서 뜻밖의 일이 일어났다. 조 최하위가 당연시되던 알바니아가 루마니아를 꺾는 파란을 일으켰던 것이다. 전반 43분 루마니아의 골문을 출렁이게 한 아르만도 사디쿠Armando Sadiku의 헤딩슛은 알바니아의 메이저 대회 첫 승리로 이어졌고, 이로써 24개국 중 24위가 될 것으로 평가받은 알바니아가 조 3위로 첫 유로 무대를 마감하는 기염을 토했다. 한편 릴에서 만난 프랑스와 스위스는 0-0으로 승부를 가리지 못했고, 이에 프랑스가 2승 1무로 조 1위, 스위스가 1승 2무로 조 2위에 오르면서 16강 토너먼트 진출을 확정 지었다.

B조

그레이트 브리튼 대격돌

B조는 기대와 우려를 함께 자아낸 조였다. 잉글랜드와 웨일즈

의 메이저 대회 본선 첫 격돌이 펼쳐질 예정이라는 점에서는 많은 관심이 모았지만, 훌리건의 원조 잉글랜드와 훌리건 신흥 명가로 악명을 떨치고 있는 러시아라는 언제 터질지 모를 폭탄 두 개가 한데 얽혀있다는 점은 그 자체로 걱정거리였다. 그리고 우려는 현실이 됐다. 잉글랜드와 러시아 양국의 훌리건은 이번에도 어김없이 문제를 일으켰고, 프랑스 남부의 항구 도시이자 유로 2016 개최 도시 중 한 곳인 마르세유는 이 때문에 대회 개막 전부터 골머리를 앓아야 했다.

폭탄은 생각보다 일찍 터졌다. 잉글랜드와 러시아의 조별리그 첫 번째 경기는 대회 개막 이튿날인 6월 11일 마르세유에서 예정되어 있었다. 하지만 잉글랜드와 러시아 훌리건들은 경기 이틀 전부터 활개를 쳤고 이에 테러 공포로 인해 그렇지 않아도 가뜩이나 예민해져 있던 프랑스를 흠칫하게 했다. 먼저 불을 댕긴 쪽은 잉글랜드였다. 대회 개막 하루 전인 9일 마르세유 현지인들과 싸움을 벌이더니, 개막 당일인 10일에는 경기장 근처에서 음주상태로 소란을 피우다 프랑스 경찰과 충돌했다. 첫 경기 상대인 러시아의 훌리건들과의 마찰은 당연한 일이었다. 양국의 훌리건들은 사흘 연속으로 충돌했는데 특히 경기 당일 경기장 앞에서 벌어진 대규모 소요 사태는 최루가스는 물론 물대포까지 동원해 해산시켜야 했을 정도였다. 그래도 잉글랜드 훌리건들은 경기장 밖에서만 사고를 쳤다. 하지만 극우 성향의 러시아 훌리건들의 난동은 때와 장소를 가리지 않았고, 마르세유의 벨로드롬 경기장은 결국 끔찍한 폭력 사태의 장이 됐다.

웨일즈가 슬로바키아를 2-1로 꺾고 유로 본선 첫 경기에 첫 승을 업적을 이룬 지 한 시간여가 흐른 후에 치러진 잉글랜드와 러시아의 경기는 예상 밖의 결말과 함께 끝이 났다. 예선 리그를 10전 전승으로 통과하며 강력한 우승 후보 중 하나로 꼽혔던 잉글랜드가 다 잡았던 경기를 놓쳤던 것이다. 이날 잉글랜드는 90분 동안 거의 완벽한 경기를 치렀다. 하지만 1-0으로 앞서던 후반 추가 시간 2분에 동점골을 허용했고, 잉글랜드의 승리가 확실해 보였던 경기는 결국 1-1 무승부로 끝을 맺었다. 그렇게 잉글랜드 팬들은 한숨을, 러시아 팬들은 환호를 지르던 그 순간 일이 터졌다. 경기 종료 휘슬이 울림과 동시에 러시아 훌리건들이 경기장 안전 요원의 저지를 뚫고 잉글랜드 팬들이 있던 관중석을 향해 돌진해 들어가 폭력을 행사했고, 이로 인해 30여명의 부상자가 발생하는 끔찍한 사태가 발생했다.

물론 러시아의 난동에는 대가가 따랐다. UEFA는 러시아 팬들이 경기장에서 벌인 폭력 사태에 대해 엄중한 경고를 내렸다. 러시아 축구협회에 15만 유로의 벌금을 부과함은 물론 실격 유예 조치도 내려 러시아 팬들이 경기장에서 또다시 폭력 사태를 일으키면 러시아를 유로 2016에서 탈락토록 했다. 프랑스 당국 역시 칼을 빼들었다. 폭력 사태의 배후로 지목된 러시아인 43명을 체포한 후 이 중 3명에게 징역형을 선고했고 20명은 추방했다. 이뿐만이 아니었다. 러시아의 입장에서는 안타깝게도 유로 2012와 비슷한 상황이 똑같이 되풀이 됐다. 러시아는 4년 전 유로 2012에서도 체코를 대파하면서 일약 다크호스로 부상했었다. 하지만 승리감에 도취된 자국 팬들의 몰상식한 행동과 난동으로 인해 UEFA로부터 중징계를 받은 후에는 극도로 부진한 플레이만을 펼치다 뜻밖에도 조별리그에서 탈락하고 말았는데, 그 같은 상황이 이번에도 고스란히 재연됐다. 러시아는 당초 슬로바키아를 상대로 승리를 챙길 계획이었다. 러시아의 전력이 슬로바키아를 압도할 수준은 아니었지만 그래도 B조의 나머지 팀들에 비해서는 손쉬운 상대였고 조 최강으로 꼽히던 잉글랜드를 상대로 승점을 따내자 이 같은 믿음은 더욱 굳어졌다. 그러나 마렉 함식Marek Hamsik이 버티고 있던 슬로바키아는 그리 호락호락한 상대가 아니었고 되레 1-2로 패하면서 조 최하위로 쳐졌다.

반면 붉은 군대의 기습 공격에 수많은 사상자를 냈던 잉글랜드는 웨일즈와의 그레이트 브리튼 섬의 대격돌에서 승리를 챙기면서 모처럼만에 이름값을 했다. 0-1로 끌려가던 후반 초반 1-1 동점을 만든 데 이어 후반 47분에 또다시 웨일즈의 골 그물을 출렁이며 관중석을 들썩이게 했던 것이다. 결국 러시아와의 경기에서 인저리 타임에 동점골을 내주며 무승부를 기록했던 잉글랜드가 웨일즈를 상대로 인저리 타임에 역전골을 터뜨리며 2-1로 승리, 조 1위에 오르면서 최종전을 맞게 됐다.

실망스러운 1라운드를 뒤로 하고 가장 까다로운 상대와의 일전에서 극적인 역전승을 거두자 잉글랜드는 겨울 뒤에 봄을 맞은 듯 했다. 잉글랜드의 최종전 상대는 슬로바키아였는데 당초 조 최약체로 꼽혔던 상대였기에 잉글랜드의 무난한 승리가 점쳐졌고 조 1위로 16강 토너먼트에 오르는 것은 기정사실인 듯 했다. 하지만 잉글랜드는 무려 28개의 슈팅을 퍼부었음에도 0-0 무승부로 경기를 끝냈고, 결국 가레스 베일Gareth Bale의 3경기 연속골 등으로 러시아를 3-0으로 대파한 웨일즈에 조 1위 자리를 내주게 됐다. 이에 따라 잉글랜드는 A, C, D조의 3위가 아닌 F조 2위와 16강 토너먼트를 치르게 됐는데, 이때까지만 해도 이것이 또 다른 참사를 부른 결과였음을 그 누구도 알지 못했다.

▲ 조별리그 3경기 연속골을 터뜨리며 웨일즈를 조 1위로 이끈 가레스 베일.

C조

냄새 중독자 뢰브

월드컵 우승팀 독일이 속해있는 C조의 판도는 불 보듯 뻔해 보였다. 독일, 폴란드, 우크라이나, 북아일랜드 순으로 순위가 결정될 것이라는 견해가 지배적이었기에 순위 다툼보다는 독일이 과연 어떤 과정을 거쳐 토너먼트에 안착할 것인가에 더 많은 관심을 기울이는 분위기였다. 그리고 예상대로였다. 독일은 우크라이나를 2-0으로 제압하며 어렵지 않게 서전을 장식했고, 미디어들의 포커스는 자연스레 월드컵 챔피언 독일을 향해 모아졌다. 특히 독일의 요아힘 뢰브Joachim Löw 감독을 향한 스포트라이트는 몹시 뜨거웠다. 하지만 계속된 부상으로 부진의 늪에서 허우적대고 있던 바스티안 슈바인슈타이거Bastian Schweinsteiger를 고집스레 대표팀에 선발해 후반 막판 교체 투입 2분 만에 쐐기골을 뽑아내게 한 용병술 등 전략, 전술 때문이 아니었다. 그의 냄새 중독증 때문이었다.

뢰브 감독의 기행은 유명했다. 땀에 젖은 겨드랑이 냄새를 맡는 장면이나 코를 후벼 파는 장면은 이미 수차례 목격된 바 있으며, 코를 파던 손으로 선수들과 하이파이브를 해 애꿎은 피해자를 양산함은 물론 손으로 코를 집중 수색한 후 그 과정에서 얻어낸 증거물을 섭취하는 모습 또한 보이기까지 했다. 하지만 이번에 보인 기행은 차원이 달랐다. 임팩트가 매우 컸다. 우크라이나와의 경기가 한창 치러지고 있던 후반 초반, 바지 속에 손을 넣었다가 꺼낸 후 이내 그 손을 코에 갖다 대며 냄새를 맡았던 것이다. 문제는 이 장면이 고스란히 포착됐다는 것이었고, 결국 뢰브 감독은 경기 후 기자회견에서 경기에 집중하다 보니 무의식적으로 그렇게 됐다며 사과를 해야 했다.

C조 1라운드의 주인공이 뢰브 감독이었다면 2라운드의 주인공 단연 북아일랜드였다. C조의 꼴찌는 의심할 여지없이 북아일랜드의 차지가 될 것처럼 보였고, 폴란드와의 조별리그 첫 경기에서 0-1로 패하면서 폴란드에 유로 역사상 첫 승을 선사하자 그 같은 전망은 더욱 확고해졌다. 하지만 그 언더독이 반란을 일으켰다. 한수 위로 평가받던 우크라이나를 상대로 2-0의 승리를 거두면서 첫 유로 본선에서 첫 승을 일구어 냈던 것인데, 이 예상치 못했던 승리에 북아일랜드의 한 60대 축구팬은 심장마비를 일으키며 쓰러진 후 애석하게도 다시 일어나지 못했다. 한편, 당초 C조 최고의 빅 매치로 꼽혔던 독일과 폴란드의 일전은 유

로 2016 조별리그 경기 중 처음으로 0-0으로 끝이 나면서 내심 화끈한 골 대결을 기대하고 경기를 지켜봤던 축구팬들에게 실망감만을 안겼다.

조별리그 최종전을 앞둔 C조의 순위표 맨 꼭대기에 올라 있는 팀은 예상대로 독일이었다. 하지만 폴란드에 다득점에서 1골 앞선 상황에서 맞이한 선두 자리였기에 폴란드가 우크라이나를 상대로 대량 득점에 성공하면 C조의 1위 자리는 뒤바뀔 공산이 컸고, 이에 독일은 경기 시작을 알리는 휘슬이 울린 그 순간부터 북아일랜드 골문을 향해 맹렬히 진격했다. 하지만 북아일랜드의 골문은 여간해서는 열리지 않았다. 북아일랜드 역시 조 3위에 배정된 와일드카드로 사상 첫 유로 본선 토너먼트 진출을 노리고 있었기에 11명의 선수 전원이 혼연일체가 되어 수비에만 전념했기 때문이다.

C조 3위가 16강 토너먼트에 오를 수 있는 길은 두 가지였다. D, E조 3위와 경합을 벌여 A조 1위의 상대가 되는 것과 A, D조 3위 팀들을 제치고 B조 1위와 맞붙는 대진이 그것이었다. A조 3위는 알바니아로 1승 2패 승점 3점에 골득실 –2였기에 독일에게 패하더라도 1골 차로 진다면 북아일랜드가 우위에 설 수 있었다. 아직 최종전을 치르지 않은 D조의 3위 체코와 E조 3위 스웨덴이 나란히 1무 1패를 기록 중인 상황에서 체코는 터키를, 스웨덴은 벨기에를 상대로 각각 최종전을 치를 예정이기에 결과를 장담할 수 없지만 지더라도 실점을 최소화한다면 기회를 엿볼 수 있었다.

그 같은 상황이었기에 북아일랜드는 오로지 수비만을 염두에 두고 플레이를 했고, 이에 독일은 파상공세를 펼쳤음에도 좀처럼 북아일랜드의 골 그물을 흔들지 못했다. 전반 30분 마리오 고메즈Mario Gómez의 골로 1-0을 만들자 이후로는 모두들 골이 봇물처럼 터질 것이라 기대했다. 그러나 북아일랜드는 한계 상황에 다다르자 더욱 움츠러들었고 여기에 북아일랜드의 골키퍼 마이클 맥거번Michael McGovern의 선방이 계속되자 1-0이라는 스코어는 좀처럼 변하지 않았다. 독일은 결국 무려 26개의 슈팅을 퍼부었음에도 불구하고 북아일랜드의 10백를 효과적으로 공략하지 못하면서 1-0의 스코어로 경기를 끝내야 했지만, 폴란드 역시 우크라이나를 1-0으로 겨우 이김에 따라 골득실에서 앞서면서 조 1위로 16강 토너먼트에 진출했다.

북아일랜드 역시 원하던 바를 얻어냈다. 마지막 경기에서 놀라운 결과를 이끌어낸 E조 3위 아일랜드에게는 승점에서 밀렸지만 체코를 꺾고 D조 3위로 올라선 터키보다는 골득실에서 앞섰기에, C조 3위 북아일랜드가 A조 3위 알바니아와 D조 3위 터키를 제치고 B조 1위 자리를 꿰찬 웨일즈의 파트너로 선택됐다.

D조

팬이야? 테러리스트야??

D조는 유로 2016 조별리그에서 플레이오프를 거치지 않은 팀들이 모인 유일한 조였다. 스페인이 예선 C조 1위, 체코가 예선 A조 1위, 크로아티아가 예선 H조 2위로 본선에 올라왔고 예선 A조 3위 터키 역시 3위 팀 중 1위를 차지하며 플레이오프를 치르지 않고 본선에 합류했다. 그런 만큼 D조는 참가국이 대폭 늘어나면서 죽음의 조는 도통 찾아볼 수 없는 유로 2016에서 그나

마 죽음의 조에 근접한 조로 여겨졌다.

하지만 그 같은 생각은 조별리그 첫 경기가 끝나자마자 쑥 들어가 버렸다. 디펜딩 챔피언 스페인은 체코를, 크로아티아는 터키를 각각 1-0으로 제압했는데, 팽팽한 균형을 이뤘을 것 같은 스코어와 달리 경기 내용은 더 일방적이었다. 그래도 체코는 간간히 위협적인 장면을 연출하기도 했다. 하지만 터키는 경기 내내 일방적으로 두드려 맞았고, 두 차례에 걸친 크로스바의 선방이 없었다면 더 큰 점수 차로 패했을 터였다.

그렇다보니 당초 2위 결정전이 될 것으로 여겨졌던 크로아티아와 체코의 2라운드 경기는 크로아티아의 우세가 점쳐졌고 경기 역시 그렇게 진행됐다. 크로아티아는 경기 내내 체코를 밀어 붙였고 전반 37분과 후반 14분에 득점에 성공하며 2-0으로 여유 있게 앞서 나갔다. 후반 31분 체코에게 만회골을 내주며 2-1로 쫓기는 상황에 몰렸지만 그럼에도 여전히 피치를 지배하고 있었고 그 같은 상황에서 후반 40분에 다다르자 승리는 곧 크로아티아의 차지가 될 것처럼 보였다. 그러나 그 즈음 크로아티아의 팬들이 던진 홍염과 폭죽들이 경기장 안으로 날아들기 시작했고 그로 인해 경기가 중단됐다. 이후 5분여 뒤에 경기가 재개됐지만 크로아티아의 우세한 흐름 역시 끊어졌고, 결국 후반 44분 체코에게 페널티킥을 내주면서 다 이겼던 경기를 2-2 무승부로 끝내야했다.

물론 투척 행위는 크로아티아만의 전유물이 아니었다. 터키의 극성팬들 역시 스페인에 난타를 당하다 0-3으로 완패하자 경기장 안으로 폭죽을 던졌다. 차이점이 있다면 터키의 극성팬들은 패해서 그랬다는 것이었고, 크로아티아의 극성팬들은 이기고 있는 상황에서 그 같은 짓을 저질렀다는 것이다. 결국 크로아티아는 자국의 사고뭉치들로 인해 UEFA로부터 10만 유로의 벌금이라는 징계를 또 받았고, 안테 카치치Ante Cacic 감독은 '그들은 팬이 아닌 테러리스트'라며 분개했다.

D조의 최종전은 이변이 속출하면서 다소 뜻밖의 결말과 함께 막을 내렸다. 지난 두 경기에서 끔찍한 모습만을 보여줬던 터키가 예상을 깨고 체코를 2-0으로 완파하면서 마지막에 방긋 웃었던 것이다. 하지만 진정 놀라운 일은 따로 있었다. 크로아티아가 디펜딩 챔피언 스페인을 2-1로 꺾은 것이다.

스페인과 크로아티아의 대결은 조별리그 최고의 빅 매치 중 하나로 꼽혔지만, 전력상 스페인의 우위가 점쳐진 것도 사실이었고 경기 역시 그렇게 진행됐다. 스페인은 전반 7분 만에 선제골을 뽑아내며 일찌감치 리드를 잡았고 한동안은 계속해서 피치를 지배했다. 하지만 크로아티아의 반격 또한 만만치 않았고 전반 45분 니콜라 칼리니치Nikola Kalinić의 환상적인 백힐링 슛으로 1-1 동점을 만든 후에는 접전을 이어갔다. 두 팀의 팽팽한 흐름은 후반 25분 스페인에 페널티킥이 주어지면서 깨지는 듯 했다. 그러나 세르히오 라모스Sergio Ramos의 킥은 크로아티아의 골키퍼 다니엘 수바시치Danijel Subašić의 선방에 막혔고, 그 같은 상황에서 후반 막판까지 1-1이라는 스코어를 유지하자 두 팀의 경기는 무승부로 끝날 것 같았다. 하지만 후반 42분 크로아티아는 번개처럼 빠른 역습에 이른 이반 페리시치Ivan Perišić의 깔끔한 마무리 슛으로 2-1을 만들면서 스페인에 유로 2004 이후 유럽축구선수권대회 첫 패배를 안겼고, 이에 스페인은 조 2위로 밀려나면서 3대회 연속으로 이탈리아와 격돌하게 됐다.

E조

황금 세대? 도금도 안됐네

E조는 D조와 함께 유로 2016 조별리그의 죽음의 조 중 하나로 꼽힌 조였다. 시드국 벨기에는 FIFA 랭킹 2위로 24개국의 출전국 가운데 FIFA 랭킹이 가장 높은 나라였고, 2번 포트의 이탈리아는 사실상 1번 포트와도 다름없는 존재였다. 스웨덴은 플레이오프를 거친 후에야 간신히 본선에 합류했지만 즐라탄 이브라히모비치Zlatan Ibrahimovic라는 거목이 버티고 있었고, 아일랜드는 예선 리그에서 월드컵 챔피언 독일을 격침시킨 바 있는 결코 얕볼 수 없는 상대였다. 플레이오프를 통해 올라온 팀이 2개국이나 됐지만 그 면면을 살펴본다면 오히려 D조보다 더 예측하기 힘든 조가 E조였다.

이중 벨기에와 이탈리아의 격돌은 유로 2016 조별리그 최고의 빅 매치로 꼽혔다. B조의 잉글랜드와 웨일즈, C조의 독일과 폴란드, D조의 스페인과 크로아티아의 경기 역시 많은 이들의 관심을 모았지만 E조의 첫 라운드에서 대결을 펼칠 벨기에와 이탈리아의 대결만큼 이목을 끄는 경기는 없었다. 이들의 격돌은 당초 예상대로 흥미진진하게 전개됐다. 벨기에는 점유율에서의 우위를 바탕으로 이탈리아의 골문을 노렸고, 이탈리아는 특유의 수비 조직력과 예리한 역습으로 이에 맞섰다. 하지만 벨기에의 황금 세대가 이탈리아의 빗장을 풀기에는 아직 역부족이었다. 특히 지난 시즌 경기당 실점이 채 1골도 되지 않는 유벤투스Juventus의 수비 라인이 고스란히 이식된 이탈리아의 수비진은 너무도 굳건했다. 물론 그 같은 와중에도 벨기에는 몇 차례의 기회를 얻기도 했다. 그러나 벨기에는 스스로 기회를 날리면서 아직은 도금조차도 완벽하게 되지 않았음을 스스로 증명했고, 결국 이탈리아의 빗장을 열어 제치기는커녕 흠집조차 내지 못하면서 0-2로 패했다.

가장 까다로운 상대와의 경기에서 승점 3점을 챙긴 이탈리아의 다음 상대는 E조 첫 경기에서 아일랜드와 1-1로 비긴 스웨덴으로 무난히 승리를 따낼 것이라는 예측과 달리 뜻밖에도 고전을 면치 못했다. 하지만 이탈리아는 후반 43분에 나온 결승골에 힘입어 1-0로 이기면서 2경기 만에 16강 진출을 확정 지었고, 이튿날 벨기에가 아일랜드를 3-0으로 완파함에 따라 자연스레 조 1위 자리 역시 예약하게 됐다. 그리고 예상외로 빨리 조 1위를 확정 지은 이탈리아로 인해 16강 토너먼트의 와일드카드 자리가 걸린 E조 3위 자리는 뜻밖의 변수와 마주하게 됐다,

당초 E조의 3위 자리는 스웨덴이 유력해 보였다. 승점에서 동률을 기록하고 있던 아일랜드에 골득실에서 앞서 있던 데다 조 1위 이탈리아를 상대하는 아일랜드보다는 조 2위 벨기에와 맞붙는 것이 수월해 보였기 때문이다. 하지만 이탈리아가 조 1위로 16강 토너먼트 진출을 확정 지었다는 점은 의외로 스웨덴에 불리하게 작용됐다. 스웨덴과의 경기에서 패하면 16강 진출을 장담할 수 없는 벨기에가 최종전에서 총력을 기울였던 반면 이탈리아는 주전의 상당수를 쉬게 하면서 1.5군으로 아일랜드와의 경기에 나섰던 것이다. 물론 스웨덴이 벨기에를 꺾는다면 조 2위가 될 가능성이 높았기에 굳이 다른 조 3위 팀들의 성적에 신경을 쓸 필요가 없었다. 그러나 경기는 그들의 뜻대로 되지 않았다. 후반 중반까지는 잘 싸웠으나 후반 39분에 결승골을 허용하

면서 0-1로 패한 것이다. 결국 스웨덴은 이탈리아의 스페어 카테나치오를 허물며 뜻밖에도 1-0의 승리를 거둔 아일랜드에게조차 밀리며 조 4위로 유로 2016을 마감해야 했고, 예선에서 11골을 터뜨렸던 스웨덴의 이브라히모비치는 본선 3경기에서는 단 1골도 기록하지 못하고 유로와 작별을 고했다.

F조

24개국 덕에 살아난 포르투갈

F조를 바라보는 시선은 너무도 선명했다. 크리스티아누 호날두Cristiano Ronaldo의 포르투갈과 예선 G조에서 러시아, 스웨덴을 격파하며 9승 1무라는 압도적인 성적으로 본선에 진출한 오스트리아가 무난히 16강 토너먼트 진출권을 손에 넣을 것이라는 의견이 지배적이었던 것이다. 반면 예선 A조에서 네덜란드를 연파하며 사상 첫 유로 본선 무대를 밟은 아이슬란드는 와일드카드를 얻는데 그치며, 44년 만에 본선에 복귀한 헝가리는 그저 프랑스의 잔디를 밟아보는 것에 만족하고 돌아가는 것이 당연하게 여기는 분위기였다. 그러나 그 같은 예측들은 1라운드 만에 산산이 부서졌다.

F조 첫 경기부터 이변이 터졌다. 1902년에 첫 A매치를 치른 이래로 맞이한 136번째 경기이자, 1934년 월드컵 이후 82년 만에 메이저 대회 본선에서 만난 오스트리아와 헝가리의 일전이 뜻밖에도 헝가리의 2-0 완승으로 끝이 나자 현지의 미디어들은 생각지도 못한 이변이라며 모두들 놀라워했다. 하지만 뒤이어 나온 경기 결과는 헝가리의 파란을 순식간에 지워버릴 정도로

더욱 충격적이었다. 메이저 대회에 첫 출전한 아이슬란드가 포르투갈을 상대로 승점을 따냈던 것이다.

전반전이 끝났을 때만 해도 이변은 없을 듯 보였다. 포르투갈은 아이슬란드가 예선 리그에서 보여줬던 단단한 얼음 장벽의 미세한 틈을 뚫고 기어이 골을 뽑아내자 경기 또한 그대로 마무리 될 것 같았다. 후반 5분 아이슬란드의 얼음송곳 같은 날카로운 역습에 동점골을 내주면서 1-1이 되자, 일시적인 술렁임이 있었지만 곧 포르투갈이 추가골을 뽑아낼 것이라 믿어 의심치 않았다. 하지만 아이슬란드의 동점골은 얼음 장벽을 한층 더 두텁게 했고 포르투갈의 계속된 공세는 모두 꽁꽁 얼어붙어 버렸다. 포르투갈은 이날 호날두가 날린 10개의 슈팅을 포함해 모두 27번의 슈팅을 퍼부으며 아이슬란드의 골문을 노렸지만 끝내 추가골을 뽑는데 실패했고, 이로써 변방의 아이슬란드가 첫 유로 본선의 첫 경기에서 거함을 상대로 첫 승점 뽑아내는 파란을 연출하며 1라운드의 막을 내렸다.

첫 경기에서 패배와도 다름없는 무승부를 기록한 포르투갈은 당초 가장 까다로운 상대가 될 것으로 여겨졌던 오스트리아를 상대로 승점 3점을 얻고자 노력했지만 승리의 여신은 이번에도 그들을 외면했다. 전반 29분 나니Nani의 헤딩슛은 골포스트를 맞고 나왔고, 이번 경기를 통해 그간 루이스 피구Luis Figo가 가지고 있던 포르투갈 A매치 최다 출전 기록을 128경기로 새롭게 갈아치운 호날두가 후반 10분과 11분에 연이어 시도한 날카로운 슈팅 역시 상대 골키퍼의 선방에 막히며 무산됐다. 더욱 결정적인 장면은 후반 34분 나왔다. 호날두가 본인이 직접 얻어낸 페널티킥을 실축했던 것이다. 호날두는 5분 뒤 기어이 오스트리아의 골

망을 흔들었지만 이번에는 오프사이드 판정을 받았고, 결국 포르투갈은 23개의 슈팅을 퍼부었음에도 단 한 골도 넣지 못하면서 두 번째 경기 역시 0-0으로 마쳐야 했다.

조별리그 최종전을 앞둔 시점의 포르투갈은 매우 불안한 처지였다. 조별리그 1차전의 파란의 주인공들이었던 헝가리와 아이슬란드가 2차전에서 1-1 무승부를 기록하며 승점 1점씩을 추가함에 따라 조 3위에 머물러 있어야 했던 것이다. 비록 아이슬란드와 승점이 동률인 상황에서 득점이 1점 부족해서 빚어진 상황이지만 자칫하면 나락으로 떨어질 수 있는 위험한 위치에 있음은 분명했다. 물론 포르투갈의 전력이 최종전 상대인 헝가리보다 앞서 있다는 것이 일반적인 중평이었지만 앞서 경기를 가진 아이슬란드, 오스트리아도 포르투갈에 비해 전력이 처지는 상대였다는 점을 감안한다면 그 같은 분석은 위안이 되지 못했다.

시작도 좋지 못했다. 전반 19분 만에 중거리 슛으로 일격을 당하면서 헝가리에 선제골을 허용했던 것이다. 하지만 포르투갈에게는 호날두가 있었다. 앞선 두 경기에서 20개의 슈팅을 기록했음에도 단 1골도 기록하지 못했지만 이날의 호날두는 달랐다. 종종 볼 수 있는 다운그레이드 버전이 아닌 정상 컨디션의 호날두였던 것이다. 호날두는 전반 42분 나니에게 킬 패스를 연결해 1-1이 동점골에 기여한 데 이어 1-2로 뒤지던 후반 5분에는 감각적인 백힐링 슛으로 헝가리의 골 그물을 출렁이며 다시금 2-2 동점을 만들었다. 이로써 호날두는 유로 4개 대회에서 연속 득점을 올린 최초의 선수가 되었지만 이날 그의 맹활약은 거기서 멈추지 않았다. 얼마지 않아 포르투갈은 또 다시 실점을 허용하며 벼랑 끝에서 떨어지기 일보 직전의 상황에 재차 몰렸다. 하지만 호날두는 곧 3-3이 되는 골을 터트리며 또다시 동점을 만들었고 덕분에 포르투갈은 벼랑 끝에나마 계속해서 머물 수 있었다.

물론 호날두의 맹활약에도 불구하고 포르투갈은 더 이상 추가 득점을 얻어내지 못했고, 결국 3-3 무승부로 경기를 마치며 승점 3점에 그치면서 조 3위에 머물러야 했다. 유로 2016이 이전 대회처럼 16개국으로 치러졌다면 그것으로 탈락이었다. 하지만 24개국 방식이 포르투갈을 살렸다. 포르투갈은 6개조의 3위 팀 중 3위를 차지하면서 와일드카드의 자격을 얻었고 단 1승도 올리지 못했음에도 16강 토너먼트에 진출할 수 있었다. 한편 같은 시각 생드니에서 벌어진 아이슬란드와 오스트리아의 경기에서는 아이슬란드가 후반 인저리 타임에 나온 극적인 결승골에 힘입어 2-1로 승리하면서 유로 첫 승을 올리는 기쁨과 함께 헝가리에 이은 조 2위로 16강 토너먼트에 올라서는 기염을 토했다.

16강 토너먼트

오른쪽으로 뭉쳤다

유로 2016의 16강 토너먼트 대진표에서 가장 눈에 띄는 부분은 전통의 강호들이 모두 오른쪽에 쏠렸다는 점이다. 대회 개막 전 도박사들이 꼽은 우승 후보들인 프랑스, 독일, 스페인, 잉글랜드에 더해 조별리그를 통해 우승 후보 중 하나로 급부상한 이탈리아 역시 대진표의 오른쪽에 합류함에 따라 유로 2016 토너먼트 오른쪽의 8강전부터는 매 경기를 결승전 치르듯 하는 상황에 몰리게 됐다. 아울러 본선 참가국이 16개국으로 확대되면서 8강

이상의 토너먼트 대진표가 꾸려지게 된 유로 1996 이후 역대 우승팀이 토너먼트 한쪽에 모두 몰린 사례도 이번이 처음이었다.

반면 대진표 왼쪽의 무게감은 다소 떨어졌다. 왼쪽에 자리한 8개 팀 중 역대 우승팀은 전혀 없었고 결승 문턱에라도 올라가 본 팀 역시 유로 1980 준우승팀 벨기에와 유로 2004 준우승팀 포르투갈 두 팀에 불과했다. 물론 이 두 팀도 대회 개막전에는 우승 후보 중 하나로 꼽히던 팀들이었다. 하지만 그들이 조별리그에서 보여준 경기력이 무척 실망스러운 수준이었기에 되레 유로 2016 토너먼트 대진표의 왼쪽에서는 조별리그에서 가장 인상적인 플레이를 보인 크로아티아가 일약 우승 후보로 부상하며 주목을 받았다.

하지만 대진표 왼쪽의 최강자로 여겨졌던 크로아티아는 생각보다 일찍 꼬꾸라졌다. 디펜딩 챔피언 스페인을 꺾고 D조 1위로 16강에 오른 크로아티아가 F조 조별리그를 간신히 3무로 통과한 포르투갈에게 패한 것이다. 크로아티아는 이날 포르투갈을 거세게 몰아붙였다. 거의 60%에 달하는 볼 점유율을 바탕으로 무려 17개의 슈팅을 퍼부으며 포르투갈을 위협했다. 하지만 유효 슈팅이 단 1개도 없었다. 포르투갈이 시도한 5번의 슈팅 중 2개가 유효 슈팅이었던 반면 크로아티아는 파상공세를 펼쳤음에도 단 한 차례도 골문을 향해 슛을 날리지 못했다. 결국 크로아티아는 연장 후반 12분, F조 3위 팀의 교체 선수에게 결승골을 허용하며 0-1로 패했고, 이로써 스위스를 승부차기로 꺾고 8강에 선착한 폴란드의 상대는 뜻밖에도 포르투갈로 결정됐다.

크로아티아의 탈락 이후로는 16강 토너먼트에서 별다른 이변이 없었다. 웨일즈는 영국 팀끼리의 대결에서 북아일랜드를 꺾고 사상 첫 유로 8강 고지에 올랐고, 도금이 벗겨진 황금 세대 벨기에 역시 F조 1위로 16강에 오른 헝가리를 4-0으로 대파하며 금이 간 자존심을 회복했다. 이는 강호들이 득실거리는 토너먼트의 오른쪽에서도 마찬가지였다. 독일은 뢰브 감독이 또 냄새를 맡는 가운데 슬로바키아를 3-0으로 완파했고, 유로 2008 이후 3대회 연속으로 스페인을 만난 이탈리아는 16강 토너먼트 최고의 빅 매치에서 2-0의 승리를 거두며 지난 대회 결승에서의 참담한 0-4 패배를 조금이나마 설욕했다. 개최국 프랑스 역시 후반에 연이어 터진 앙투안 그리즈만Antoine Griezmann 연속골로 아일랜드에 2-1의 역전승을 거두며 8강에 합류했고, 그러자 모두들 유로 2004 이후 12년 만에 벌어질 프랑스와 잉글랜드의 맞대결에 많은 기대를 모았다. 하지만 유로 2016에서 프랑스와 잉글랜드의 축구 전쟁은 이루어지지 않았다. 16강 토너먼트 마지막 경기에서 그 누구도 생각지 못했던 역대 유럽축구선수권대회 최고의 파란을 일어났기 때문이다.

'축구 선수보다 화산이 많은 나라에 졌다'

유로 2016 16강 토너먼트의 마지막을 장식할 잉글랜드와 아이슬란드 경기의 승자는 이미 정해진 듯 했다. 잉글랜드가 비록 웨일즈에 조 1위 자리를 내주며 조 2위로 16강에 합류했지만 여전히 무패를 달리고 있던 우승 후보였던 반면 아이슬란드는 16강 진출팀 중 최약체로 평가를 받았기 때문이다.

두 팀을 비교하는 것 자체가 불가능했다. 잉글랜드가 인구 5900만 명, 등록 축구 선수가 410만 명인 것에 비해 아이슬란드의 인구는 역대 유로 본선 진출국 가운데 가장 적은 33만 명에 불과했고 등록 축구 선수 역시 유소년과 남녀를 통틀어도 3만5천명 밖에 되지 않았다. 프로 축구 선수 수는 더 적었다. 1885년에 프로리그를 출범한 잉글랜드와 달리 아이슬란드는 정식 프로리그가 아닌 세미 프로리그를 운영 중이었기에 정식 프로 축구 선수라 할 수 있는 이들은 해외 진출 선수를 포함해 120명에 불과했다. 잉글랜드 선수들의 몸값이 4억 7700만 유로였던 반면 아이슬란드 선수들의 몸값은 4475만 유로로 잉글랜드의 10%에도 미치지 못했다. 굳이 그 같은 조건을 따지지 않더라도 메이저 대회에 첫 출전하는 나라가 축구 종주국을 꺾는다는 것은 상상도 할 수 없는 일이었다. 그러나 그 불가능할 것 같았던 일이 현실이 됐다.

전반 4분 잉글랜드가 웨인 루니Wayne Rooney의 페널티킥 골로 1-0을 만들며 일찌감치 앞서나가자 모두들 승부는 이미 결정났다고 생각했다. 이후 아이슬란드가 선제골을 허용한 지 불과 2분 만에 롱 스로인에 이은 세트 피스로 1-1이 되는 동점골을 만들어 냈지만 크게 동요치 않는 분위기였다, 조별리그에서도 포르투갈을 상대로 동점골을 뽑아낸 이력이 있었지만 그 이상은 나아가지 못했었기 때문이다. 하지만 전반 18분 아이슬란드가 오밀조밀한 패스로 잉글랜드의 수비 라인을 흔든 뒤 2-1이 되는 역전골을 뽑아내며 경기를 뒤집자 잉글랜드는 당혹감을 감추지 못했고, 이후 공세를 더욱 강화했지만 원하던 결과는 얻지 못했다. 잉글랜드는 이날 63%에 달하는 볼 점유율을 바탕으로 18개의 슈팅을 퍼부었지만 얼음 바이킹들이 세워 놓은 얼음 장벽은 꿈쩍도 하지 않았다. 잉글랜드는 후반 마지막 순간에 코너킥을 얻어내자 조 하트Joe Hart 골키퍼까지 공격에 가세하며 반전을 노려봤지만 그마저도 바보처럼 무산을 시켰고, 결국 유로 2016 16강 토너먼트의 마지막 경기는 아이슬란드가 잉글랜드를 2-1로 꺾는 역대 최고의 파란과 함께 막을 내렸다.

생각지도 못한 패배에 잉글랜드 전역은 충격을 감추지 못했다. BBC는 '잉글랜드도, 아이슬란드도 세상을 놀라게 했다'는 헤드라인과 함께 '1950 브라질 월드컵에서 미국에 패해 탈락한 이후 최악의 굴욕'이라고 했고, 스카이 스포츠 역시 '잉글랜드의 유로 역사 중 가장 큰 충격'이라며 실망을 감추지 못했다. 잉글랜드의 레전드들 역시 비판에 가세했다. 유로 1996 득점왕인 앨런 시어러Alan Shearer는 '살면서 봤던 잉글랜드 대표팀의 경기력 중 최악'이라고 평가했고, 1986 멕시코 월드컵 득점왕 게리 리네커Gary Lineker는 '화산 숫자(126개)가 축구 선수 숫자보다 많은 나라에 패했다'며 아쉬움을 남겼다.

8강 토너먼트

승부차기 못한 독일이 처음으로 이탈리아의 벽을 넘다

독일에게 이탈리아는 항상 부담스러운 존재였다. 아니 부담 그 이상이었다. 전격전을 펼치며 단번에 상대의 방어선을 돌파하는 막강한 독일 전차라 할지라도 이탈리아의 푸른 빗장은 좀처럼 열기 힘든 존재였다. 독일은 이탈리아를 만나면 늘 고전을 면치 못했다. 35번 만나 8승 12무 15패의 기록 중이었는데, 특히 메이저 대회에서는 단 1승도 없이 4무 4패라는 절대 열세를 보이고 있었다. 메이저 대회 토너먼트에서의 상대 전적은 더욱 끔찍했다. 무승부의 기억도 없이 4패만을 안고 있었다. 독일은 이탈리아를 상대로 한 토너먼트에서는 어김없이 디딤돌 역할만 했다.

상황이 이렇다보니 불과 넉 달여 전 4-1로 완파했던 상대를 다시 만났음에도 불안감을 감출 수 없었다. 전력상 우위를 점하고 있다는 평은 무의미했다. 4년 전 유로 2012 준결승에서도 다수의 전문가들의 독일의 우위를 점쳤지만 또다시 패하고 말았다. 이 정도면 징크스를 넘어 저주에 가까웠다. 이번에도 역시 독일의 우세를 예상하는 의견이 많았지만 결코 안심할 수 없었다. 그리고 저주는 또 재연되는 것 같았다. 후반 20분 메수트 외질Mesut Özil이 이탈리아를 상대로 한 토너먼트에서 사상 처음으로 선제골을 넣자 그간 독일을 지긋지긋하게 괴롭히던 아주리의 악령도 이제는 사라지는 듯 했다. 그러나 악령은 그렇게 쉽게 떨쳐지지 않았다. 10여분 후 제롬 보아텡Jérôme Boateng의 핸드볼 파울은 페널티킥으로 연결되면서 독일의 유로 2016 본선 첫 실점으로 이어졌고, 결국 보이지 않는 벽 이탈리아와의 싸움은 계속됐다. 1-1이라는 스코어는 좀처럼 깨지지 않았다. 전후반 90분을 넘어 연장전까지 이어졌음에도 변화가 없었다.

120분간의 혈투를 1-1로 마친 뒤 결국 4강에 오를 팀을 가리기 위해 승부차기를 벌이게 되자 다수의 축구팬들은 독일의 승리를 예상했다. 승부차기라는 무대에서 독일의 존재가 어떤지는 모두가 알고 있었기 때문이다. 하지만 이번만큼은 독일 역시 승부차기에서 쩔쩔맸다. 5명의 키커 중 무려 3명이 실축했던 것이다. 독일이 승부차기에서 이렇게 많은 실축을 한 적은 없었다. 독일은 그동안 유로에서 치른 2차례의 승부차기에 10명의 키커가 나서서 단 한 번만 실축했다. 월드컵에서도 마찬가지다. 4차례의 승부차기에 모두 18명의 키커가 나섰지만 한 번만 실패했을 뿐 나머지는 모두 골 그물을 흔들었다. 그러나 이번에는 달랐다. 토마스 뮐러Thomas Müller의 슛은 부폰에게 막혔고, 외질의 킥은 골포스트를 때리고 나왔다. 독일의 입장에서 그나마 다행스러웠던 것은 이탈리아 역시 2명의 키커가 공을 골문 밖으로 차내고, 수문장 마누엘 노이어Manuel Neuer가 이탈리아의 다섯 번째 키커를 막아낸 덕에 승부차기에서의 승리를 눈앞에 둘 수 있었다는 점이다.

역대 유로와 월드컵에서 실축한 모든 횟수만큼을 이탈리아와의 승부차기에서 기록했지만 2-2인 상황에서 마지막 키커인 슈바인슈타이거가 성공시킨다면 기나긴 승부도 그것으로 끝이었다. 하지만 2011~12 UEFA 챔피언스리그 결승전 승부차기에서도 마지막 키커로 나와 실축을 했던 심약한 슈바인슈타이거는 이번에도 역시 공을 허공으로 날렸고 결국 승부차기 강자 독일은 그동안 실축한 횟수보다 더 많은 실축을 한 번에 기록하며 승부차기 연장전에 돌입해야 했다. 뢰브 감독은 경기 후 기자회견에서 승부차기 키커는 선수들이 결정한 사항이라고 밝혔는데, 이는 결과적으로 쉽게 갈 수 있는 길을 어렵게 끌고 간 셈이었다. 어찌됐든 독일은 승부차기 강자라는 타이틀은 이어갈 수 있었다. 승부차기 5-5로 맞서던 상황에서 노이어가 이탈리아의 아홉 번째 키커 마테오 다르미안Matteo Darmian의 킥을 막아내자, 독일의 아홉 번째 키커 요나스 헥터Jonas Hector는 부폰의 벽을 꿰뚫고 승부차기의 마침표를 찍었고 이로써 독일이 이탈리아를 승부차기 6-5로 꺾고 준결승 토너먼트에 진출하게 됐다.

독일로서는 절반의 성공을 이룬 셈이었다. 승부차기는 무승부로 처리된다는 점에서 독일은 이번에도 이탈리아를 이기지 못했다. 하지만 독일이 토너먼트에서 이탈리아에 지지 않은 것도, 이탈리아를 넘어 다음 단계로 올라선 것도 이번이 처음이었다. 토너먼트에서 마주한 아주리의 푸른 벽을 완벽하게 부수지는 못했지만 그래도 이번만큼은 그 벽 너머로 갈 수 있었고, 그 결과 아이슬란드의 얼음 돌풍을 5-2로 제압해버린 개최국 프랑스와 준결승 토너먼트를 펼치게 됐다.

한편, 8강 토너먼트의 반대편에서는 포르투갈과 웨일즈가 준결승 토너먼트 진출에 성공했다. 포르투갈은 신묘한 예언으로 유명한 축구 황제 펠레가 대회 개막전 '포르투갈은 이번 대회 4강 이상에 가지 못할 것'이라고 한 덕분인지, 승부차기를 통해 8강에 올라온 폴란드를 승부차기 5-3으로 제치면서 지난 대회에 이어 두 대회 연속으로 유로 4강에 진출했다. 붉은 용 웨일즈도 역사를 새로 섰다. 먼저 골을 내주며 어렵게 경기를 풀어갔지만 이후 벨기에의 황금 세대를 완벽하게 융해시키면서 3-1로 역전승, 유로 첫 출전에 4강 토너먼트 진출이라는 금자탑을 쌓았다.

준결승

58년 만에 개최국 킬러를 꺾다

포르투갈과 웨일즈의 준결승 토너먼트 첫 번째 경기는 의외로 싱겁게 끝이 났다. 전반 45분 동안 팽팽했던 균형은 후반 5분, 호날두가 타점 높은 헤딩으로 대회 3호 골이자 유로 통산 9호 골을 뽑아내며 미셸 플라티니Michel Platini가 가지고 있던 유로 통산 최다 득점 기록과 동률을 이루자 깨졌다. 그리고 불과 3분후 호날두는 나니의 쐐기골에 도움을 건네면서 이번에도 골에 관여했고, 3분 동안에 펼쳐진 그의 맹활약 덕에 포르투갈은 이번 대회에서 처음으로 90분 안에 승리를 거두면서 결승에 선착했다. 하지만 포르투갈의 결승전 전망은 그리 밝지 않았다. 토너먼트 맞은편의 상대들이 너무 강했다. 특히 포르투갈에게 유독 강했다. 포르투갈의 프랑스와의 상대 전적은 5승 1무 18패였고, 독일을 상대로는 3승 5무 10패를 기록 중이었다. 그 어느 팀을 만나도 이기기 힘들어 보였고 이에 모두들 개최국 프랑스와 월드컵 챔피언 독일의 대결을 사실상의 결승전으로 여기는 분위기였다.

프랑스와 독일의 격돌은 쉽게 우열을 가리기 힘들었다. 두 팀의 최근 경기력은 물론 역대 통산 전적까지 팽팽했다, 프랑스가 상대 전적에서 12승 5무 10패로 근소하게 앞서 있으며, 가장 최근에 가진 경기에서도 2-0으로 이겼지만 메이저 대회에서는 독일에 열세를 보이고 있었다. 월드컵에서 4차례 만나 1승 1무 2패를 기록 중이었는데 그 1승도 1958년의 일이었다. 가장 최근의 메이저 대회인 2014 브라질 월드컵에서도 0-1로 졌다. 또 독일은 개최국 킬러로도 이름난 터였다. 유로 1972 개최국 벨기에, 유로 1976 개최국 유고슬라비아, 유로 1992 개최국 스웨덴, 유로 1996 개최국 잉글랜드, 유로 2008 개최국 오스트리아까지 독일에게 모두 졌다. 이중 오스트리아를 제외한 나머지 네 나라는 준결승전에서 독일에 패했다. 개최국 프랑스의 입장에서는 신경 쓰이는 점이 아닐 수 없었다.

다행인 점은 8강 토너먼트에서 격전을 치른 탓인지 독일의 핵심 전력 다수가 프랑스와 경기에 출전하지 못한다는 점이었다.

수비의 핵 마츠 후멜스Mats Hummels가 경고 누적으로 경기에 나서지 못하게 됐고, 고메즈와 자미 케디라Sami Khedira 등도 부상으로 준결승전 출전이 불투명한 상태였다. 그럼에도 불구하고 프랑스는 수비에 주안을 두고 조심스레 경기를 펼쳐 나갔다. 당연히 볼 점유율에서 우위를 점한 독일이 더 많은 슈팅으로 날렸다. 하지만 전반 14분 위고 요리스Hugo Lloris 골키퍼를 깜짝 놀라게 한 엠레 찬Emre Can의 슈팅 외에는 프랑스의 역습이 되레 더 위협적이었다. 그리고 기회가 찾아왔다. 전반 42분에 맞이한 올리비에 지루Olivier Giroud의 결정적인 노 마크 찬스는 그의 거북이 같은 스피드와 베네딕스 회베데스Benedikt Höwedes의 태클에 막히며 무산이 되었지만, 얼마지 않아 더 좋은 기회를 잡게 된다. 전반 추가 시간에 독일의 슈바인슈타이거가 도저히 이해할 수 없는 핸드볼 파울을 범한 덕에 페널티킥을 얻어 냈고, 그리즈만이 이를 마무리 지음에 따라 1-0으로 앞선 채로 전반전을 마칠 수 있었다.

실점을 허용한 독일은 후반 초반부터 맹공을 펼치며 반격에 나섰지만 이날 승리의 여신은 독일의 편이 아니었다. 후반 14분 보아텡이 허벅지 통증을 호소하며 교체 아웃되자 삐거덕거리는 듯 했던 독일의 수비 라인은 더욱 흔들렸고, 후반 27분 골키퍼 노이어가 쳐낸 크로스는 하필 페널티박스 정중앙에 있던 그리즈만에게 연결되면서 그의 대회 6호 골로 이어졌다. 0-2가 되자 독일은 이후 공세를 더욱 강화했지만 요슈아 키미히Joshua Kimmich의 슛이 프랑스 왼쪽 골포스트를 맞고 나오는 등 끝내 추격에 실패했고, 결국 프랑스가 독일을 상대로 메이저 대회에서 58년 만에 승리를 거두며 포르투갈이 기다리고 있는 생드니로 향했다.

결승전
포르투갈의 사상 첫 유로 정상 등극

대다수의 사람들은 유로 2016의 우승은 당연히 프랑스의 몫이라 여겼다. 전력상으로도 프랑스의 확연한 우세가 엿보이는데다 포르투갈이 프랑스와의 상대 전적에서 절대 열세를 보이고 있었기 때문이다. 여기에 1975년 이래로 포르투갈은 프랑스를 이겨본 적이 없었다. 단지 이겨본 적이 없는 것이 문제가 아니었다. 그 기간 동안 단 한차례의 무승부도 10연패만을 기록하고 있었다. 메이저 대회에서의 상대 전적도 마찬가지다. 포르투갈은 프랑스와 유로에서 2번, 월드컵에서 1번 등 모두 3차례의 맞대결을 펼쳤지만 모두 졌다. 유로 1984 준결승에서 2-3으로, 유로 2000 준결승에서는 1-2로 졌고, 2006 독일 월드컵 준결승에서도 0-1로 졌다. 전력에서도, 상대 전적에서도 모두 개최국 프랑스가 포르투갈을 압도하고 있었기에 다수의 미디어들과 베팅 업체들은 물론 일반 축구팬들도 프랑스의 3번째 유럽축구선수권대회 우승을 믿어 의심치 않았다.

우승은 따 놓은 당상이라는 생각에 생드니의 스타드 드 프랑스는 라 트리콜로르 La Tricolore[69]를 휘날리는 푸른색 물결로 가득 찼고, 프랑스는 예상대로 경기 초반부터 포르투갈을 강하게 밀어 붙였다. 하지만 전반 7분 예상치 못한 상황이 발생하면서 경기의 흐름이 뒤바뀌었다. 호날두가 프랑스의 미드필더 파예와의 충돌 후 무릎 부상을 당했던 것이다. 쩔뚝거리며 경기장 밖으로 나갔던 호날두는 이내 그라운드에 다시 들어섰지만 전반 16

---
69) 청색, 백색, 적색의 삼색으로 이루어진 프랑스 국기

분 피치에 주저앉고 말았고, 3분 후 붕대를 감고 재차 피치에 들어섰지만 전반 25분에 결국 눈물을 흘리며 들것에 실려 나갔다. 그러자 모두들 포르투갈은 이제 끝났다고 생각했다. 전력상 열세라는 포르투갈이 수세에 몰리는 상황에서 호날두마저 부상을 입게 되자 그렇게 생각하는 것도 무리가 아니었다. 하지만 호날두의 부상과 교체 아웃은 뜻밖의 분수령이 되었다. 금방이라도 무너질 것 같았던 포르투갈을 더욱 견고하게 했던 것이다.

호날두의 교체 아웃 이후 이상하리만큼 급격히 창끝이 무뎌진 프랑스는 후반 들어 전열을 가다듬고 전반보다 더 많은 슈팅을 퍼부었지만 포르투갈의 골문은 열리지 않았다. 후반 종료 직전에 나온 앙드레 피에르 지낙Andre Pierre Gignac의 결정적인 터닝슛마저 골포스트를 맞고 나오면서 골로 연결되지 못했다. 그리고 그렇게 결정적인 찬스를 놓치자 위기가 뒤따랐다. 연장 후반 3분에 내준 라파엘 게레이로Raphaël Guerreiro의 프리킥은 다행히도 실점으로 이어지지 않았다. 하지만 불과 1분 후 에데르Eder가 페널티 아크 외곽에서 날린 중거리 슛은 기어이 프랑스의 골 그물을 흔들며 결승골로 이어졌고, 그것으로 유로 2016은 종지부를 찍었다. 결국 유로 2004에서 개최국 첫 결승전 패배를 당했던 포르투갈이 유로 2016에서는 개최국 프랑스를 결승에서 1-0으로 물리치고 사상 첫 유로 정상에 서게 됐고, 무릎 부상으로 교체 아웃 됐던 호날두는 쩔뚝거리면서 단상에 오른 후 앙리 들로네컵을 높이 치켜들었다.

유럽축구선수권대회의 24개국 체제는 유로 2016이 진행되는 동안 많은 비판을 받았다. 출전국이 늘어나면서 전체적인 경기력이 저하됐다는 평가와 함께 3위 팀도 와일드카드를 통해 16강 토너먼트에 진출할 수 있게 되면서 수비 위주의 축구가 득세했다는 것이 그 이유였다. 하지만 늘어난 참가국과 경기 수는 역대 유럽축구선수권대회 최고인 19억 4천만 유로의 수익과 8억 3천만 유로에 달하는 순수익으로 이어졌고, 이에 UEFA는 대회 60주년을 기념해 유로 13개 도시에서 분산 개최되는 유로 2020도 24개국 체제를 유지하겠다고 밝혔다.

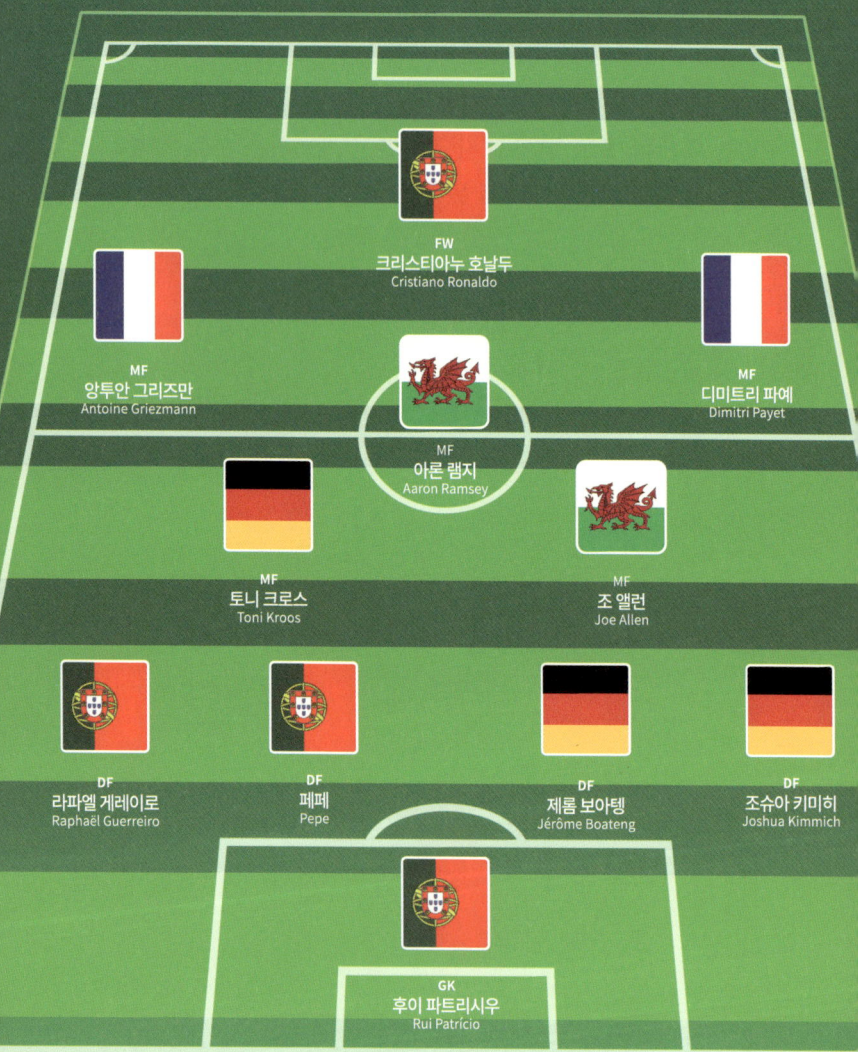